鄭偉宏 著

趣味邏輯

縱橫談

香港中和出版有限公司
www.hkopenpage.com

目　錄

序 一

高若海

時光荏苒，學不可已。偉宏學友的邏輯學新著《趣味邏輯縱橫談》再次引起我的閱讀興趣，並勾起許多合乎邏輯或不合邏輯的遐思。

記得上世紀 80 年代中期，邏輯學雖稱不上顯學，但對邏輯的學習確實熱得可以。邏輯不但是文科學生的必修課，尚且為自學考試的重要科目。筆者擔任責任編輯的一本大學邏輯教材，就曾一印再印，印數逼近 20 萬冊，可見讀者之眾。反觀現在，邏輯學往日風光已經逝去，習之者寥寥，飽嘗生活重壓的人們再也無暇過問邏輯的 ABC，似乎它已經從人們的視野中淡出。邏輯讀物受到冷落，自在情勢之中。

難道邏輯學只有應付考試的功能，它已遠離現今的時代和生活？深長思之，覺得並非如此，倘若再作些考察，就會發現邏輯無處不在，無時不有，其萬能的觸角伸向了社會生活的方方面面，諸如商務談判、庭審辯論、商品推介、項目評估、決策諮詢、論文寫作、論壇演說、資訊傳播，等等。試問，又有哪一項沒有「邏先生」出場，又有哪一項不需要概念明確，推理正確，論證科學呢！

人們説 21 世紀已進入關係時代，人際溝通能力是關係時代不可缺少的重要能力，而溝通所需的語言表達或文字表達，莫不以邏輯為基礎，邏輯思維直接關係着溝通能力的強弱，溝通結果的成敗。正因為邏輯修養已成為人們能力的重要方面之一，國外的一些能力性考試，都把邏輯作為必考的內容，如 TOFEL、GRE、GMAT、LSAT 都設計有邏輯的測試，國內的 MBA、MPA 綜合能力測試中也都含有邏輯題目。這些都從一個側面顯示着邏輯與能力的關係。又因為邏輯學是奠定人類知識大廈的基礎，如今的經濟學、法學這些熱門學科，其自身發展中就很重視邏輯研究，衍生出經濟邏輯學、法律邏輯學等新興學科，説明邏輯學並未被束之高閣，置於可學可不學之列。記得大科學家愛因斯坦十分推崇邏輯的學習，他曾説過：「西方科學的發展是以兩個偉大的成就為基礎，那就是：希臘哲學家發明的形式邏輯系統（在歐幾里德幾何學中），以及通過系統的實驗有可能找出的因果關係（在文藝復興時期）。」愛因斯坦高度評價邏輯學在開發青少年智力中的作用，提出要把邏輯訓練作為學校應該完成的任務之一。這一觀點直到今天仍放射着光芒。

那麼，邏輯修養是否與生具來，不學而得的呢？答案亦是否定的。人不學邏輯固然可以思維，但思維的敏捷與滯頓，卻大有差異。邏輯基礎好，思維必然清晰，執行力自然強，謀事易成。反之，邏輯修養缺乏，思維必然混亂，既難以求真，又無從辨謬，要想做成甚麼事，應當是困難的。

我就耳聞目睹一些年輕人栽在邏輯修養的缺失上。在招聘面試時，有的人答非所問，顛三倒四，語無倫次，自然難免淘汰的厄

運；在項目陳述時，有的人概念不清，條理不順，同義反覆，論證乏力，項目前景自然暗淡；在撰寫論文時，有的人論題論據失當，循環論證，下筆千言，越寫越遠，人們讀後不知所云，即使字數符合八千、一萬字的要求又有何用！我還看到有的報紙竟將「甲流重症患者治癒，病人仍在昏迷」作為標題赫然印在版面上。這類的邏輯病例在報刊上屢見不鮮。2006 年北京的數家媒體曾發起邀請讀者為報刊文章在邏輯與語言方面挑錯的活動。在相關座談會上，有的邏輯學家驚呼現在報刊上的邏輯混亂已經到了令人擔憂的地步。據我體會，這種說法並非聳人聽聞，而是以事實為依據的。問題是此種嚴重的狀況為何會出現，除了社會公共語言豐富、發展變化過快等客觀因素，恐怕與人們輕視邏輯的學習與訓練不無關係。

時下，人們對語言的規範已經有所重視，《咬文嚼字》辦得十分紅火，大大提高了人們對錯字別字的識別能力，為語言的純潔做出貢獻。而邏輯的辨謬活動則顯得相對薄弱。好在偉宏學友書的出版，為這一方面增添了相當好的助力。

偉宏的邏輯散文一改高台講章的枯燥與玄虛，給人以深入淺出、雅俗共賞、清新活潑之感。它涉筆成趣，寓邏輯分析於故事敘述之中。或者從一個故事切入，條分縷析，闡釋出不易為人察覺的邏輯道理；或者用多個掌故、趣聞，層層遞進地講述一個邏輯常識。時而以求真為主調，在求真的解說中使人懂得何以去偽、驅謬；時而從辨謬入手，在何以為謬的敘述中讓人們增添求真的知識，猶如大弦小弦錯雜彈之妙曼，大珠小珠落玉盤之動聽。

全書雖由數十篇散文構成，但大體上可以歸納為概念、判斷、

序 二

沈善增

　　拜讀鄭偉宏教授的《趣味邏輯縱橫談》，很有些感動。在書的「自序」中，他說到：「在《智慧之藤》中，有則關於拿破崙的故事，歷史背景搞錯了。當時有位中學生指出了錯誤，他是著名作家沈善增的兒子。」被他提起，我依稀記得有這回事，但沈雄風說的是甚麼，全然忘記了，我問沈雄風，他也記不起來了，但鄭教授記着，還在「自序」中提到，這不僅表現出他虛懷若谷的謙虛精神，更是顯示了他嚴謹的治學態度。

　　讀「自序」，方知道他寫作這本邏輯科普讀物是花了大功夫的，不是簡單地把知識積累舉一些例子說出來算數。他起意要寫趣味邏輯散文，就因為在大學初學邏輯時感到乏味透頂，因此，當他走上大學講壇教邏輯時，一心要使這門基礎的工具課變得生動有趣，讓莘莘學子樂意接受。他研究發現，「邏輯教學和邏輯讀物的趣味性、生動性、知識性在很大程度上依賴於實例的選擇」。因此，他「從一開始，就訂下標準，要求自己盡量原創」，「材料的來源，一是原有的知識積累，竭力挖大腦的庫存；二是為找素材而泡圖書館，在報刊書籍的海灘上尋覓『發光的卵石和奇異的貝殼』；三是在生活中時時留心，妙手偶得」。功夫不負有心人，因此，書中大

量的實例在各種邏輯書、同類讀物、教科書的正文、習題、邏輯試卷中，甚至在學術論文中被頻繁引用，屢次得獎。這絕非偶然。

鄭偉宏先生之後專攻曾為絕學的佛家邏輯——印度因明的研究，「坐了長達二十多年的冷板凳，先後出版了《佛家邏輯通論》、《因明正理門論直解》、國家社科基金項目《漢傳佛教因明研究》等專著並獲獎。前不久又出版了上海社科基金項目《因明大疏校釋、今譯、研究》。目前主持完成了 2006 年教育部所屬邏輯基地重大項目《佛教邏輯研究》」，是這方面的權威專家。用他自己的話來說：「回首這三十多年，在邏輯園地中最熱門和最冷門的兩個領域，我都竭盡所能，為讀者奉獻精品。」用寫學術專著、搞重點科研項目的認真態度來寫科普讀物，在普遍浮躁的當下，有幾人能夠做到，但若做到了，一定影響巨大而深入。沈雄風就深受《智慧之藤》之惠。他後來告訴我，大學裡沒有上過形式邏輯課，他的形式邏輯知識，對形式邏輯的興趣，主要來自這本書，這本書是他的形式邏輯啟蒙書。他之所以能從數學中讀出美感來，在上海中學數學班畢業時，選擇復旦大學數學系為第一志願（有不少奧數競賽成績比他好得多的同學問他，數學你還沒讀厭嗎？），也與這本書的影響大有關係。我這次重讀，對其中從邏輯學角度分析「濠上之辯」的章節深為歎服。研究過《莊子》的都知道，這一章是難點，歷來的解釋莫衷一是。我覺得鄭教授的解釋比許多註莊大家的意見更為合理、更為高明，使人感受到按邏輯規則來思考的洞察力。這些年我甄讀中國古籍經典，深感邏輯素養是提高人文科學整體研究水平的一個瓶頸，因此，鄭教授的這本書應該是大學生的必讀書。希望有志於搞些研究的青年學子都來讀一下本書，必定受用終身。

自　序

　　《趣味邏輯縱橫談》是我三十多年來趣談邏輯的薈萃本。每一個修訂本都輸入了新鮮血液，使之歷久彌新。

　　在上世紀 60 年代，我在復旦大學初學形式邏輯時，感覺好似夢裡嚼樹皮，那個枯燥乏味勁就別提了。到 70 年代末，當我走上哲學系的講台，手執形式邏輯教鞭時便暗下決心，昔日的情景再不能重現。

　　當時有三本書深深地影響了我。第一本是蘇聯的《邏輯錯誤怎樣妨礙正確思維》。書中引用了世界名著中的許多故事，別開生面。第二本書是法學家吳家麟先生的《故事裡的邏輯》。學了邏輯不會用是個通病，我本人也長期為此苦惱過。我是從這本邏輯故事集中學會了用邏輯的能力。第三本是著名作家秦牧的《藝海拾貝》。此書把文藝真諦講得引人入勝。我反覆咀嚼，品嘗到雋永的趣味。我想，哪怕學到點皮毛，於邏輯的教學也會放出異彩的。於是有了撰寫散文式邏輯讀物的念頭。

　　我與老大哥倪正茂趣味相投，一拍即合，開始了珠聯璧合的寫作。我們盡量把各自搜集的最精彩的材料匯集起來，各自分題撰寫。由於正茂兄的謙讓，每個單篇都由我修改過。起初在《文匯報》內部刊物《文匯通訊》上每期發 2 篇。幾期過後，《文匯報》的

副總編（後任總編）張啟承先生說：「照這樣寫下去不容易。」能得到新聞界老專家的鼓勵，我感到信心倍增：這條道走對了。於是，我們一鼓作氣連續發表了 24 篇。

隨後我們又增補 30 篇結集為小冊子，由復旦哲學系老一輩的邏輯專家沈秉元先生推薦給湖南省出版局的朱悅先生，題名為《邏輯與智慧》的小書於 1983 年在湖南人民出版社呱呱墜地。短時間裡竟一版再版。應我的殷切請求，全國人大副委員長周谷城教授為第二版題寫了書名。著名邏輯學家崔清田、黃石村先生評論說「這是同類著作中的佼佼者」「罕見的邏輯佳作」。國內有《人民日報》等十多家媒體發了書訊書評。香港邏輯學家黃展驥先生在香港報紙上稱讚它是內地最佳邏輯通俗讀物。《澳門日報》轉登了《新民晚報》上的書評《學邏輯，長智慧》，原作者為復旦大學新聞學院院長、著名雜文家公今度（徐震先生）。1988 年，該書獲第二屆全國通俗政治理論讀物二等獎。

1985 年我們又在光明日報出版社合作出版了《邏輯推理集錦》。此後，正茂兄專事法學研究，優質高產，成為享有盛名的法學家。我因為參與國家「六五」重點項目《中國邏輯史》的編撰工作，亦轉向曾為絕學的佛教邏輯 —— 印度因明的研究。捧起唐僧玄奘譯傳的典籍，坐了長達二十多年的冷板凳，先後出版了《佛家邏輯通論》、《因明正理門論直解》、國家社科基金項目《漢傳佛教因明研究》等專著，並且全都獲獎。又完成了上海社科基金項目《因明大疏校釋、今譯、研究》。目前主持 2006 年教育部所屬邏輯基地重大項目《佛教邏輯研究》。

在撰寫邏輯趣談散文方面，這二十多年來仍有收穫：1995 年

應當時的上海電視二台之約，撰寫了三十多集邏輯趣談，還配上圖畫，由華師大中文系兩位老師播講。隨後又將十多年來所寫八十多篇結集出版，題為《智慧之藤——趣味盎然話邏輯》。該書未能保留正茂兄的許多精彩實例和點睛之筆，也是無可奈何的。這個本子被中國邏輯學會評為第一屆通俗著作優秀成果獎（一共評出兩本），還曾被評為上海市中學生優秀課外讀物二等獎。

幾年前，中國社會科學院哲學所邏輯室劉培育研究員主編一套「邏輯時空」叢書，約我承擔其中一本。此舉又得到北京大學出版社著名編輯楊書瀾女士的大力支持。我十分珍惜這一良機，將二十多年來的大部分舊作加以精心修訂。由於割捨不了對《邏輯與智慧》的眷戀，在未徵求正茂兄意見的情況下，便擅自將自選集冠以書名《邏輯與智慧新編》。此書榮獲國家「知識工程推薦書目」稱號。

回首這三十多年，在邏輯園地中最熱門和最冷門的兩個領域，我都竭盡所能，為讀者奉獻精品。每念及此，一種自豪感油然而生。

本書的一個顯著特點是，書中有大量趣味盎然的邏輯實例。有人讚美本書像百寶箱，蒐羅天下珍寶，五光十色；有人又比之為百花園，盛開奇花異草，萬紫千紅。其中絕大多數精品素材都出自我的第一手資料，我喜歡做蜜蜂採花釀蜜的工作，盡量不去效法螞蟻的搬運。邏輯教學和邏輯讀物的趣味性、生動性、知識性在很大程度上依賴於實例的選擇。多年來，拙著中大量的實例被各種邏輯書頻繁引用，在同類讀物中，在教科書的正文、習題中，在考卷中，甚至在學術論文中我都很高興地見到這些「熟面孔」。看來，我的選例大多還是精當的，經得起同行推敲，也為廣

大讀者所喜愛。一些全國重點大學的邏輯教授每次見面，總要向我反饋在課堂上引用書中實例所激發的學生的濃厚學習興趣。能為高校的邏輯教學做點貢獻，內心之愉悅難以言表。

　　多年來，常有人問：「你那麼多材料是從哪兒搞來的？」這就要從我寫邏輯趣談散文的初衷說起。從一開始，我就訂下標準，要求自己盡量原創，因為「吃別人嚼過的饃沒味道」。材料的來源，一是原有的知識積累，竭力挖大腦的庫存；二是為找素材而泡圖書館，在報刊書籍的海灘上尋覓「發光的卵石和奇異的貝殼」；三是在生活中時時留心，妙手偶得。例如，把舉辦集體婚禮說成「集體結婚」的謬誤，這一材料就是我結婚那天，在理髮店陪伴妻子時隨手從報紙上摘錄的。上海音樂學院大提琴演奏家林應榮教授建國初留學蘇聯，一道流行於蘇聯的智力測驗題「真城與假城」就是她送給我的見面禮。順便說一下，在《智慧之藤》中，有則關於拿破崙的故事，歷史背景搞錯了。當時有位中學生指出了錯誤，他是著名作家沈善增的兒子。本書當然也免不了借鑒別人用過的材料，但是轉引材料仍盡量不坐享其成，而是力求在原理解釋方面有所創新，甚至反其意而用之。此外，有些篇章是本人科研成果的結晶，如莊子惠施「濠梁之辯」、公孫龍「白馬非馬」辯、伽利略落體運動是非辯等。也有個別篇章借鑒了他人的科研成果。關於非形式謬誤的幾篇，受益於在美國任教的高旭光先生，他在出國留學前將寶貴的研究資料都留給了我。

　　人們常說「藝無止境」。邏輯通俗著作的寫作亦然，我當繼續努力。

2009 年 9 月

甲編

父與子的是非曲直

—— 邏輯辨謬與求真

　　辯論是孕育邏輯科學的沃土。世界三大邏輯的發源地希臘、中國和印度都有着悠久的辯論傳統，曾經湧現出許許多多能言善辯之士。他們中有人順應歷史大潮，有人則仿效螳臂擋車。他們或者循正理，或者玩奇辭。其中能量大者，真可謂「一人之辯，重於九鼎之寶；三寸之舌，強於百萬之師」（劉勰《文心雕龍》）。在歷史舞台上，他們演出了一幕幕呼風喚雨、縱橫捭闔的活劇。

　　親愛的讀者，在思辨花園的入口處，讓我們拂去歷史的塵埃，先選一則掌故慢慢鑒賞。看一看邏輯是怎樣教人獲得真理，又是怎樣教人辨析謬誤的。

　　故事的主人公是古希臘一對佚名父子。兩千多年前，雅典有個辯才無礙的年輕人，他四處奔波，頻頻發表演說和參與辯論。正當他雄心勃勃地獵取功名利祿時，他的父親卻憂心忡忡地對他說：「孩子，你可得當心！你那樣熱衷於演說和辯論，不會有好結果的。說真話吧，富人或顯貴們會恨死你；說假話吧，貧民們不會擁護你。可是既要演說，你就得或講真話，或講假話。因此，你不是遭到富人、顯貴的憎恨，就是遭到貧民們的反對，總之是有百弊而無一利啊！」

　　兒子聽了，照着他父親的說理方式回答說：「父親，您老不用

擔心。如果我説真話，那麼貧民們就會讚頌我；如果我説假話，富人、顯貴們就會讚頌我。儘管在演説和辯論中我不是説真話，就是説假話，但是不是貧民們讚頌我，就是富豪、顯貴們讚頌我，何樂而不為呢？」

　　這件逸事結局如何，無從查考。我們關心的是，應該怎樣來評論父子兩人的是非曲直？有人説父子兩人使用的二難推理都不合邏輯；有人認為父親的規勸之辭是一個錯誤的二難推理，兒子的反駁也是一個錯誤的二難推理，但是兒子恰巧用了這個錯誤的二難推理駁斥了父親的二難推理。由於兒子反駁了父親，兒子是勝利者；也有人説雙方推理都合乎邏輯，兒子的反駁不失為一種反駁方式，但由於他們的説話方式一致，在前提內容上都有片面性，因而各自的結論都是片面的。我贊成最後一種看法。我們將父親和兒子兩人的二難推理先後列式如下：

如果説真話，則富人、顯貴們憎恨你，
如果説假話，則貧民們憎恨你，
你或者説真話，或者説假話，
所以，或者富人、顯貴們憎恨你，或者貧民們憎恨你。

如果説真話，則貧民們讚頌我，
如果説假話，則富人、顯貴們讚頌我，
我或者説真話，或者説假話，
所以，或者貧民們讚頌我，或者富人、顯貴們讚頌我。

　　父親的二難推理與兒子的二難推理，儘管在假言前提的內容上有所不同，但從二難推理的形式結構來看，完全相同，都具有如下二難推理的形式：

　　　　如果 P，則 R，
　　　　如果 Q，則 S，
　　　　或者 P，或者 Q，
　　　　所以，或者 R，或者 S。

　　從這個二難推理形式的結構上我們可以讀出，它完全正確，也就是說，前提與結論有必然聯繫（有關二難推理的規則將在後面作專題介紹）。可見，說父子兩人的二難推理都是錯誤的二難推理，這是不對的。兒子的二難推理由於與父親的二難推理形式完全相同，稱為反二難推理，從形式邏輯的角度看，不失為反駁的一種有效手段。

　　有人以為，父子兩人各自的結論針鋒相對，其間必有一假。這也是一種誤解。實際上是他們各自都推得了一部分道理。由於各執一端，大家的道理都不完全。其實，這是並行不悖的兩半，這兩半合在一起就是一個較為全面的結論。可以列式如下：

　　　　如果說真話，則貧民們讚頌並且富人、顯貴們憎恨，
　　　　如果說假話，則貧民們憎恨並且富人、顯貴們讚頌，
　　　　或者說真話，或者說假話，
　　　　所以，或者貧民們讚頌並且富人、顯貴們憎恨，或者貧

民們憎恨並且富人、顯貴們讚頌。

我們列出的這個推理從內容、形式兩方面看，都比父子兩人各自的推理要全面一點，因而結論也比父子兩人各自的結論更接近實際。嚴格地說，實際情形也許複雜得多，因為不能排除說真話時窮人、富豪權貴都贊成，而說假話時窮人、富豪權貴都反對的可能性。例如，鼓吹興修水利的好處，也許就得到全社會的支持。實際的反響會怎樣，即推理前提內容是否全面、是否真實，邏輯無能為力，單靠它是回答不了的。但我們不能因此否定前兩個推理。結論的差別來自前提的差別。應當說，三個推理的假言判斷所反映的內容都是可靠的，但不是恰當的，從形式上來看，父子兩人的假言判斷的後件是簡單判斷，而我們的假言判斷的後件是聯言判斷。對於這個差別，邏輯是完全不負責任的。

根據父子兩人的結論來指導實際行動，無論哪一種決策都會陷入片面性。只有看到無論說真話還是說假話，都是有人贊成有人反對，才有可能做出正確的決策。邏輯只管推理的形式結構正確與否，而不管內容的真實與虛假或全面與否。可見，最終的決策不取決於邏輯。古人云「兩害相權取其輕」，不僅如此，《墨經》還有兩利相權取其大的觀點，「斷指以存腕，利之中取大，害之中取小也」。這是走出困境的策略。但最根本的，是要解決怎樣做人的問題。錢氏家訓中有一句話，叫做「利在一身勿謀也，利在天下者必謀之」。對年輕的演說家來說，何去何從，先要想清楚，是圖一己之私利呢，還是為天下人謀公道？

以上評判初步告訴讀者，「邏先生」在裁決當中扮演甚麼角

色，他的權力範圍有多大。簡單說來就是一句話：形式邏輯就是講形式的。拿着這把寶鑰匙，就可以幫助我們打開求真與辨謬的大門。讓我們先來解釋一下與形式有關的問題：甚麼是邏輯錯誤，怎樣判定邏輯的真命題和假命題，邏輯與真理有甚麼關係，等等。

朋友，假如我們站在隧道的入口這端向出口那端望去，這端比那端顯然要大得多。大家知道，實際並非如此，原來我們上了錯覺的當。

當我們仰望夜空，月亮像個銀盤子，比起那無數眨眼睛的小星星來，不知要大多少倍。可是天文知識提醒我們，月亮是球體，月亮與星星相比，才真正是「小不點」。我們又受到視力的蒙蔽。

可以試試，當我們俯身地下，去傾聽羽毛落地的聲音時，那肯定是甚麼也聽不見。事實上羽毛落地也會有聲響，只不過微乎其微罷了。古希臘神話說，羊毛生長還會發出「沙、沙」聲呢！看來，聽覺在欺騙我們。

人會犯各種錯誤。上述錯誤，只與人的感覺有關，屬感知方面的錯誤，與邏輯錯誤不相干。

在論辯當中，下述詞的使用率很高：偷換概念、轉移論題；自相矛盾、模棱兩可；答非所問、王顧左右而言他；推不出、輕率概括、機械類比；丐詞、不相干論證、循環論證，等等。一言以蔽之：不合邏輯，或者說犯了邏輯錯誤。

邏輯錯誤與人們的思想有關，但思想方面的錯誤卻不一定是邏輯錯誤。

假如有人做出一個判斷：「火星上有人。」你可以說他這個判斷是假的，因為不符合實際，但不能說其中包含邏輯錯誤。

　　邏輯錯誤是指思想之間組織結構方面發生的錯誤。倘若有人說「『火星上有人』是對的,『火星上沒有人』也是對的」,那麼,我們不必藉助任何現代航天知識,僅從這句話的結構中,即從前後兩分句之間的關係中便可以讀出,它包含着邏輯矛盾,整個句子是假的。這是一種典型的邏輯錯誤。

　　一個具體判斷是不是真,可以用事實來對照。例如,「火星上沒有人」,符合實際,它是真的。一個邏輯判斷的真,則可以從它的結構中「讀出」。例如,「火星上或者有人,或者沒人」,它具有「P 或非 P」的結構,這就是形式邏輯基本規律排中律的形式結構。從結構中我們就可斷定其為真,大可不必先用事實對照而後下結論。因為這種正確的結構本身就是客觀世界的規律性在思維中的反映。通常我們把思想之間的組織結構稱為「思維形式的結構」。

　　凡真理,其思維形式的結構必定是正確的;但並非所有藉助正確思維形式結構所推導出來的結論都是真理。要使一個推理的結論必定符合實際,既要求推理的結構正確,又要求前提內容真實。

　　達爾文寫了一本《蘭科植物的受精》的書,主張蘭這種植物的繁殖必須以昆蟲為媒介。著作出版不久,有人在馬達加斯加島上發現一種巨蘭,其花房長達 11 英吋。那人未發現並且也不相信有甚麼昆蟲能傳花授粉,於是寫信向達爾文求教。雖說這樣的巨蘭,達爾文也未見過,但他十分自信地認為,這種巨蘭的花房既然是長到 11 英吋,那就非以蟲為媒不可。那人經過長時間的精心觀察,果然發現一種奇異的蝴蝶,有着細長的舌頭,飛行時它把舌頭像捲尺一樣收起來,採蜜時才伸展出來。達爾文根據「蘭必蟲

媒」和「巨蘭也是蘭」這兩個前提，推出結論「巨蘭必以蟲為媒」。這是一個形式結構正確的推理，從中可讀出前提與結論有必然聯繫，再加上大前提又真實地反映了普遍原理，這兩條便決定了結論必定與事實相符。

《呂氏春秋‧淫辭》中記載了一則外交逸事：

> 空雄之遇，秦、趙相與約。約曰：「自今以來，秦之所欲為，趙助之；趙之所欲為，秦助之。」居無幾何，秦興兵攻魏，趙欲救之。秦王不悅，使人讓趙王曰：「約曰：秦之所欲為，趙助之；趙之所欲為，秦助之。今秦欲攻魏，而趙因欲救之，此非約也。」趙王以告平原君，平原君以告公孫龍。公孫龍曰：「亦可以發使而讓秦王曰：『趙欲救之，今秦王獨不助趙，此非約也。』」

秦國預謀攻打魏國，為分化魏、趙相鄰的友好關係，事先在空雄這個地方與趙國訂立互助條約。約定一方想要做的事，另一方就得相助。當秦興兵攻魏，趙欲救魏之際，秦王就派人指責趙王違約。趙王求計於平原君，平原君又求計於公孫龍。公孫龍不愧為名辯家的代表人物，他建議趙王派人以同樣的理由責備秦王違約。《呂氏春秋‧淫辭》沒有交代結局。該書把公孫龍的據理力爭斥為「淫辭」，彰顯出作者的強盜邏輯，也透露出秦王的無奈吧。誰叫你用「所欲為」這樣的模糊字眼呢？當各自的「所欲為」正好是針尖對麥芒時，就只能各行其是了。這個故事的邏輯啟示有二：一是擬合約條文時運用概念要明確，二是對秦王的反駁頗有邏輯

力量。對這類答覆方式，借用中國第一本邏輯著作《墨經》關於「援」式推論的話來說：「子然，我奚獨不可以然？」合約內容是否合理，措詞是否嚴密姑且不論，你可以用合約來約束我、責備我，我為甚麼不可以用同樣的理由來約束、責備你呢？

如果說那個兒子是用與其父親同樣的推理方式來反駁其父，那麼公孫龍是用論敵贊成的理由來反駁對方。可謂各盡其妙，異曲同工。

邏輯能助你求知，邏輯也能助你辨謬，邏輯還能助你正確地表達思想和領會他人的思想，從而達到順利交際的目的。在實際生活中，像俄國作家屠格涅夫的小說《父與子》中的主人公那樣認為邏輯無用的人，已經很難找了。小說中的青年醫生巴扎羅夫是一個虛無主義者，「一個甚麼都不承認的人」，他說：「邏輯對我們有甚麼用呢？您肚子餓的時候，我想，您用不着邏輯幫助您把一塊麵包放進嘴裡去吧？」

然而不少人還是有不學邏輯，照樣寫出好文章，照樣有好口才的想法。誠然，人不學邏輯，照樣思維。這正像不學生理學，照樣會消化一樣。但是，正像懂得生理學，我們便懂得飲食要衛生，甚麼東西有利於健康，甚麼東西不利於健康，也就有助於延年益壽。同樣，學了邏輯學，有助於正確地思考和表達。由於長期以來以模仿為主的經驗，你可以在很多場合，說得不錯，寫得不錯。然而僅憑經驗來辨別正誤，就會知其然，而不知其所以然，知其一而不知其二。須知，感覺到了的東西，我們不能立刻理解它，只有理解了的東西才能更深刻地感覺它。

「邏輯之父」亞里士多德認為，邏輯是研究一切知識的必要思

想工具。

　　愛因斯坦説過，西方科學的發展是以兩個偉大的成就為基礎，那就是：希臘哲學家發明的形式邏輯體系（在歐幾里得幾何學中），以及通過系統的實驗有可能找出因果關係（在文藝復興時期）。

　　邏輯有助於你增長智慧。傑出的物理學家盧瑟福曾經浩然慨歎：「人們的知識在不斷地充實着，而人們的智慧卻徘徊不前。」智力的發展包括增強記憶力，提高思考力，豐富想像力，啟發創造力等很多方面。其中的核心是提高思考力，而思考力的提高離不開邏輯修養的提高。如果説，在浩瀚的知識海洋中，「數學是科學的大門和鑰匙」（羅傑‧培根），那麼，邏輯便是科學的基石和階梯。捨邏輯於不顧而要步入科學的殿堂，近於幻想。

　　好了，讓我們到思辨花園中去漫步吧！

「長長長長長長長」

—— 概念與語詞

　　在著名諷刺小說《格列佛遊記》裡，巴爾尼巴比的學者們認為，說出一個詞來多多少少會侵蝕肺部，因而提倡廢除語詞。他們出門隨身攜帶各種實物，見面時各自打開包袱，指點實物進行交際。指點完畢，各自收拾包袱，相互幫助背上，揮手告別。

　　小說畢竟是小說，如果把它搬到實際生活中來，那有多荒唐啊！

　　世界上沒有任何東西能完全取代語詞的交際作用。交流思想離不開概念，所謂概念是反映客觀事物本質屬性的思維形式。它是思維的細胞，要靠語詞來表達。

　　概念無臭無味，無輕無重，我們可以理解它，描述它，卻無法感知它。我們不能直接看到或摸到概念。要把頭腦中的概念傳達給別人，必須藉助於有聲的或有形的語詞。

　　語詞是表示事物的聲音或筆畫，這些聲音和筆畫之所以能表示事物，就是由於人們頭腦中有相應的概念。概念與語詞相互依存。

　　有人不理解，說用紅綠燈來指揮交通，海上船隻用旗語來聯絡，人們在交際時，點頭表示贊成，搖頭表示反對，這不說明概念也可以感知嗎？

其實，紅綠燈、旗語以及點頭、搖頭所表達的意義還是要通過語詞來解釋，人們才能夠理解。

美國人在公共場合演講，舉起雙手與頭並排，掌心向着聽眾，成投降式，是要求聽眾保持安靜；但是在希臘，這是最侮辱人的手勢。可見，用手勢表達思想還得用語詞來解釋。

鼓掌、吹口哨是表達思想感情的一種方式。可有時候會帶來誤會。20世紀50年代初，京劇大師程硯秋到撫順、鞍山演出。在第一場演出當中，台下掌聲不斷。戲演完後，雖然謝幕10多次，觀眾仍連連鼓掌，不肯退場。劇場經理趕到後台，對程硯秋說：「事先忘了跟您說了，我們東北時興便裝謝幕。您卸裝，換便裝吧！」

這位京劇大師沒有思想準備，一再說：「我卸裝慢，您跟觀眾解釋一下吧！」劇場經理轉達後，無奈觀眾不接受，仍然鼓掌，有人甚至吹起了口哨。

程硯秋誤認為讓他便裝上台，是拿他尋開心，便匆匆卸裝，從後台悄然離去。熱心的觀眾認為程硯秋看不起他們，第二天觀眾驟減，有人買了票也沒來。第三天人更少。本來要演10場，卻只演了3場，京劇大師鬱鬱不樂地離去。

美國著名小說家馬克·吐溫有一次到一個小鎮演講，附近許多農民慕名而來。會場裡擠滿了聽眾，但馬克·吐溫發現聽眾的反應遠不如他想像中那般熱烈，於是提前結束演講，從後台快步繞到會場大門外，了解氣氛不熱烈的原因。

出乎意外，他發現人們在模仿他的話，笑着，議論着。一對遠道而來的老夫婦在登上馬車啟程時，丈夫對妻子說：「他講得真

好笑，我費盡力氣，才忍住沒笑出聲來。」妻子說：「要是忍不住，可就失禮了，人家可是個名人呢！」

大作家長舒一口氣，以後他每每談及此事，總是悔不當初，對不起那些遠道而來的鄉間聽眾。

概念是語詞的思想內容，而語詞是概念的表達方式，但它們不完全是一一對應的。

古時候，不同的人家貼不同的春聯，似有不成文之規矩。人們從門聯就大致可猜出戶主的身份。「文章西漢兩司馬，經濟南陽一臥龍」，一定是書香門第；「入座三杯醉者也，出門一倒歪之乎」，猜酒家不會錯。

有一家的門聯很奇特，左右兩聯都是七個「長」字。過路人圍着看熱鬧，猜不出其中奧妙。這時有個鄉下人進城，邊看邊念，說這一家是賣豆芽的。一問，果然不錯。

「長」字，既可讀作「生長」的「長」，又可讀作「長短」的「長」。「長」還與「常」諧音。這樣，上聯是「常長，常長，常常長」，下聯是「長（zhǎng）得長（cháng）點，長（zhǎng）得長（cháng）點，再長（zhǎng）得長（cháng）點」。這不是發豆芽的又會是甚麼人家呢？

這副對聯的構思利用了一詞多義的情況，即同一個語詞可以表達不同的概念。

「外交用語」是個多義詞。它可以指稱外交家們在交談或行文時實際使用的某種民族語言；也可以用來指稱外交界常用的詞彙、專門的術語；還有第三種也是最普通的意義，是指被用來表示那種經過謹慎考慮的措辭，這種措辭委婉曲折，對方領會，第三者

也懂得，使外交家們能互相談論尖銳的問題而又不致激怒對方或失禮。

在交流思想的過程中，由於不了解某個語詞的多義性而發生誤解的情形常有發生。《尹文子》記載，古時鄭國人把未經雕琢的玉石稱為「璞」，周人把未醃製的鼠肉稱為「璞」。由於同名異實，在一次買賣中鬧了笑話。周人懷裡揣着璞問鄭國的商人：「要買璞嗎？」鄭國的商人說：「要呀！」當周人拿出璞來，鄭人一看竟是鼠肉，「因謝不取」，頗有風度地拒絕了對方。

魯迅先生在《答曹聚仁先生信》中，曾這樣寫道：

> 譬如「媽的」一句話罷，鄉下是有許多意義的，有時罵人，有時佩服，有時讚歎，因為他說不出別樣的話來。先驅者的任務，是在給他們許多話，可以發表更明確的意思，同時也可以明白更精確的意義。如果也照樣的寫着「這媽的天氣真媽的，媽的再這樣，甚麼都要媽的了」，那麼於大眾語有甚麼益處呢？

魯迅先生在這裡提到的一詞多義的情況，是文化落後的一種表現。我們從中也可悟出一個道理：不同的概念究竟是用同一個語詞來表達好呢，還是用不同的語詞來表達好呢？這是沒有一定之規的，要看具體的語言環境來決定。

一個多義詞在一定的語言環境中，它的語義又是確定的，表達確定的概念。

在清朝時有這樣一個真實的故事。那時參加科舉考試的考生

都要填相貌冊，以防止冒名頂替。有位考官對每位考生都要親自過過目。有些考生在相貌冊上填「微鬚」，意思是有少量鬍鬚。哪裡知道，考官大人把「微」當作「無」解，許多考生因此倒了霉，被當作冒名頂替者被攆出了考場。

有個常熟考生填了「微鬚」後感到事情很不妙，急忙找文書修改，偏又找不着，到了半夜，只好到剃頭鋪把鬍子刮光。天一亮趕到考場聽點。誰知那考官一拍驚堂木：「又來了一個頂替者，冊上填明有鬚，而你卻是無鬚的！」原來他的老相識考場文書已代他將「微鬚」改作了「有鬚」。多年苦讀，毀於一旦。

另有一位微鬚的考生不服，與考官爭了起來。考官訓斥他：「讀書人怎麼連朱老夫子（朱熹）以『微』訓『無』都不知道呢？」在明朝，應試者非讀朱熹注解的四書不可，清襲明規，朱注四書成為考試制度中評判高下、決定取捨的標準本。哪想到考生笑着回答：「照你這麼說，那麼孔子微服而過宋，就是脫得赤膊精光了？」

這一駁，直駁得考官啞口無言。「孔子微服而過宋」，是孟子書上的話。這裡的「微」是微賤的意思。「微服」指便服或平民服。古時皇帝微服私訪，就是穿了老百姓的衣服暗中訪察。由於孟子比朱子更有權威，考官只好吃癟。

「微」是個多義詞，一共有 13 種用法。詞義不同，表達的概念便不同。

概念與語詞並非完全一一對應還有第二種情況：不同的語詞可以表達同一個概念。

同義詞中的等義詞，由於其意義完全相同，就是說，其含義

與適用對象都完全相同，因而表達同一個概念。等義詞往往是借用外語詞和方言詞的結果。

「文革」時期「讀書無用論」耽誤了很多青少年，有人問：「賽先生和德先生這兩位先生是何許人？」其實，「賽先生」和「德先生」這兩個詞分別是「科學」與「民主」的代名詞。「科學」與「民主」是外來詞，根據英語音譯過來是「賽因斯」與「德謨克拉西」。「五四」運動前，經梁啟超一趣稱為「賽先生」與「德先生」，就風行全國了。

我們現在叫慣了的「青霉素」，這種在抗日戰爭時期聞名一時的新藥叫做「盤尼西林」或「配尼西林」（英語音譯）。魯迅早期雜文裡提到過的「虎力拉」，即是現在大家熟知的「霍亂」。「維他命」在當代漢語裡已改為「維生素」。維生素保留了原來音譯借詞中的第一個漢字「維」，而創造了音義相關的「維生」加上表意的「素」，就構成了這樣一個意譯和音譯結合的新詞。

在方言中，以不同的方言詞表達同一個概念的現象也是很常見的。「向日葵」這個概念的方言詞就很多。河北唐山叫「日頭轉」，承德叫「朝陽轉」，任丘叫「望天葵」，山東濟南叫「朝陽花」，昌樂叫「向陽花」，莒縣叫「轉日葵」，棲霞叫「轉日蓮」，湖南邵陽叫「盤頭瓜子」，等等。

在同義詞中，有一部分具有不同的形象色彩、風格色彩或感情色彩。「母親」「媽媽」「娘」，這三個詞的含義及適用對象都完全相同，但是在風格色彩和感情色彩上是有不同的。「母親」很莊重，多用於書面語。「媽媽」很親切，是口頭語。「娘」則富於地方色彩，也很親切，常用於口頭稱呼。這三個詞所反映的客觀內

容是完全相同的，它們只在主觀運用上有所區別，因此是同一個概念的不同表達方式。在不同的語言環境裡，如果能選用不同的語詞去表達同一個概念，那麼説話或行文就會更加生動貼切。

在文學語言中，有不少看起來是相反的語詞，表達的卻是同一個概念。例如，「好神氣」與「好不神氣」，「好快活」與「好不快活」，「好傷心」與「好不傷心」，等等。每一組都是同一個概念的不同表達。每一組中的後一語詞中都有「不」，按本義是表達否定的意思，但是「不」在這裡卻失去了它的本義，而起到強調語氣的作用，「好不神氣」就是「好神氣」。

大家知道，「讀書人偷書不算偷」是一種奇談怪論。照這種邏輯，工人偷產品不算偷，銷售員偷商品也不算偷。可有人不這麼看，魯迅小説中一位窮困潦倒的書生孔乙己就説，「竊書」不能算「偷」。他自以為用一個書面語「竊」就能改變問題的實質，真是可悲又可笑。

武大郎賣甚麼？

—— 概念的內涵與外延

武大郎是賣甚麼的？不同時期有過不同的回答。在中央電視台電視連續劇《水滸傳》播出前，很多人說：「這還用問？誰不知道武大郎賣燒餅呢？在電視連續劇《武松》和其他許多戲曲裡不都說武大郎賣燒餅嗎？」

翻一翻施耐庵的小說《水滸傳》，那上面明明寫的是賣「炊餅」，而不是賣燒餅。把賣炊餅說成賣燒餅，那是想當然。要知道，20 世紀 70 年代末復旦大學的教授在上古代漢語課時就曾認認真真地講解：「炊餅者，饅頭也。」

《水滸傳》作者施耐庵是明朝人。有的文章考證說，明朝有本書把麵食分成三種：煮的麵食如切麵叫湯餅；蒸籠裡蒸出來的叫籠餅，又叫炊餅，就是今天的饅頭；爐子上烤出來的麵食叫胡餅，也就是燒餅。可見，武大郎賣的是饅頭而不是燒餅。《水滸傳》電視連續劇播出後，這才成了現代人的常識。

使用一個概念，就要弄明白這個概念的意思，它有哪些含義，適用於哪些對象。從邏輯上來說，就是要掌握概念的內涵和外延。

概念的內涵是指概念對事物的本質屬性的反映。概念的外延就是具有概念所反映的本質屬性的那些事物。例如，「人」這個概念的內涵是會製造生產工具的動物。它的外延是指古今中外的所

有的人。又如，「語言」這個概念的內涵是指由詞彙和語法構成的系統，是人類交流思想的工具，它的外延是包括漢語在內的世界上的一切語言。

《新民晚報》2005 年 2 月 23 日 A 版夜光杯欄目刊載題為《彭文應先生百年祭》的文章，文章說到「看過《彭文應先生百年誕辰紀念冊》全文」。可見是彭文應先生誕辰已滿百年，而不是謝世已經百年。造成這一錯誤的原因是混淆了「誕辰百年」與「百年祭」中的兩個「百年」是兩個不同的概念。當一個人活着的時候，談論他今後的去世往往用委婉語詞「百年」，如說「某人百年後怎樣」；一個人沒有活到百歲，從出生時算起滿百年，於是有「紀念誕辰百年」一說，但是在「百年祭」中的「百年」則約定俗成地解釋為「去世後百年」。同一語詞在不同的語境中往往表達不同的概念，有不同的內涵和外延。

不了解某一個概念的內涵與外延而盲目地使用，難免要鬧笑話。

山東軍閥韓復榘不學無術，又好附庸風雅。據說，有一次他到某大學作演講，信口開河說：「今天到會的人十分茂盛，敝人實在很感冒，你們都是大學生，懂得七八國的英文，我不懂這些，今天真是鶴立雞群了。」這是編出來的笑話還是實有其事，筆者無從考證。

「茂盛」指植物長得多而好，怎麼能用來形容人呢？「感冒」是疾病，並非表示情緒的概念，縱使算作修辭學上的借代，也是詞不達意，它表示「反感」而不是「感動」。「英文」作為語種，世界上只有一種。雖說美國英語與英國英語大同小異，也不至於有

「七八國」之多。這個大老粗既要硬充「謙謙君子」，又以「鶴立雞群」自詡，真是語無倫次！

20 世紀 80 年代初，在宣傳婚事新辦時，有的報刊卻把「集體婚禮」寫成了「集體結婚」，這就差之毫釐，謬以千里了。結婚，是男女兩方結為夫妻的行為。婚禮是為這種行為舉行的儀式。所謂「集體結婚」有它的特定意義，就是指十幾個以至幾十個青年男女群居。把「集體婚禮」誤寫成「集體結婚」，不是與西方某些頹廢青年的荒唐行為混為一談了嗎？當時有大報專為此發表讀者來信加以糾正。

報載「集體結婚」的始作俑者要追溯到 20 世紀 30 年代中期。為了變革中國傳統的婚嫁儀式，提倡節儉，某報說南京市政府共舉辦過八屆「集團結婚」。

「徵婚」不等於「結婚」，本來是頭上的蝨子——明擺着的事。可是，有位 19 歲的農村男青年在某雜誌上發表「徵婚啟事」，沒料到引來當頭棒喝。有篇文章批評說，「不管這個小伙子各方面的條件如何出眾，替他覓妻子卻實在要不得」，因為「我國現行婚姻法明文規定了男性公民的法定結婚年齡不得低於 22 週歲」。類似的批評早已有之。端木昌撰文《徵婚不等於結婚》，標題就點明了「徵婚」與「結婚」是截然不同的兩個概念。婚姻法規定了結婚年齡，而沒有規定徵婚年齡，19 歲的男青年徵婚雖說早了點，但與違法還是八竿子都打不着的。

在中學生的作文中，混用「發現」與「發明」的錯誤曾經不少見。有的學生在作文中寫道：「我國古代數學家祖沖之比歐洲人早一千多年發明了圓周率。」圓周率是客觀存在的數，它是不能「發

明」的，用「發現」就準確了。

　　關於「發現」與「發明」，還有個魯迅嘲笑論敵的故事。魯迅在一篇文章中曾批判一班「最恨科學」而又「好講鬼話」的人。他們故意搗亂，把科學東拉西扯，羼進鬼話，弄得是非不明，使科學也帶了妖氣。他們說：「精神能影響於血液，昔日科希博士發明霍亂（虎力拉）病菌，有某某二位博士反對之，取其所培養之病菌，一口吞入，而竟不病。」

　　魯迅揭露他們連基本的事實也搞錯了：是「發現」而非「發明」了真霍亂菌的科希，為了證明別人發現的是假菌，而毫不畏懼地把對方的菌吞了。魯迅還特地指出，「查出了前人未知的事物叫發現，創出了前人未知的器具和方法叫發明」。魯迅通過闡明概念的內涵，嘲諷了論敵的無知可笑。

　　概念的內涵與外延相互對對方有所規定，一定的內涵有一定的外延與之相應，因為只有具有內涵所反映的本質屬性的事物才屬於這一概念的外延。反過來也可說概念的外延也決定了概念的內涵，因為內涵是外延所指的事物所共有的本質屬性的反映。

「猴子案件」與進化論的歷史功過

查爾斯·羅伯特·達爾文（1809—1882）是英國博物學家、生物學家，是進化論的奠基人。他於 1859 年出版了震動當時學術界的《物種起源》。進化論摧毀了各種唯心的神造論和物種不變論。

早在 1871 年，即達爾文的進化論剛公佈不久，喬聖治·米沃特就對達爾文的進化論提出了疑問，例如，某些特定的差異有突然發生的可能，而不一定是逐步發生的；有機形式中有眾多現象是自然選擇無法解釋的。達爾文進化論中確實有回答不了的問題，這與學問的大小無關，與科學的發展也無關，而是所有的人都無法回答。那麼是以後的科學家錯了，還是達爾文錯了呢？

相信進化論科學與否的歸宿，不久會由當代科學家做出最後的評說。我這裡要講述的「猴子案件」發生在進化論問世的初期，是教會對進化論的抵制和批判。它是理性的嗎？它合乎邏輯嗎？讓我們從一百多年前的一場爭論說起吧。

達爾文的《物種起源》剛問世，英國教會裡便吵吵嚷嚷，好像打翻了一鍋熱湯。他們咒罵該書有損人類尊嚴。因為《聖經》上明明說「上帝造人」，而此書卻妄言人、猿同種，血脈相承，豈非大逆不道！

在英國科學協會召開的一次辯論會上，大主教勃甫司親自出

馬，攻擊達爾文關於「人類起源於類人猿」的論斷是褻瀆神靈，甚至對堅決捍衛達爾文進化論的博物學家赫胥黎肆意侮辱道：「請問你，究竟是你的祖父還是你的祖母同無尾猿發生了親屬的關係？」

赫胥黎，這位自詡為「達爾文的鬥犬」的博物學家，機智地還擊了勃甫司的攻擊：「我曾說過，現在我再重說一次，一個人沒有任何理由為他的祖先是個無尾猿而感到羞恥。如果一個祖先使我在追念時感到羞恥的話，那他大概是這樣的一個人：他有浮躁而善變的性情，他不滿足於他在自己活動範圍內所取得的令人懷疑的成功，而要插手他並非真正懂得的科學問題。結果只是以一種沒有目的的辭令把科學問題弄得混亂不清，而且用一些流利的但離題的議論，以及巧妙地利用宗教上的偏見，把聽眾的注意力由爭論的真正焦點，引到別處去。」

赫胥黎的這一席話，博得了熱烈的掌聲；大主教勃甫司一下子像泄了氣的皮球，悻悻地溜出了會場。

但是，鬥爭還在繼續。「一帆風雨路三千」，真理往往是經過長期的鬥爭以後才確立的。到了 20 世紀 20 年代，又出現了一個舉世聞名的「猴子案件」。

在美國田納西州的達頓城，一個名叫斯科普斯的青年教師，在課堂上大膽地講授了達爾文關於人類起源於猿的進化論思想，竟遭到學生家長的控告：散佈異端，反對宗教，誤人子弟。結果，這位進化論的宣傳者在達頓城的廣場上受到一群流氓的「審判」。這群流氓佩戴臂章，臂章上寫着：「我們不是猴子，也決不允許把自己說成是猴子。」

天啊！有誰說過他們就是猴子呢？請聽聽當代卓越的生物學

家褒班克是怎樣答覆這群流氓及充當後台的教會勢力、金融寡頭的吧。在美國三藩市的一座大教堂裡，褒班克擠開做禮拜的人群，登上祭壇，義形於色地宣告：「朋友們，達頓城正在審判斯科普斯。是的，他們不是猴子，可是他們比任何一種猴子要壞上百萬倍。」

今天，對達爾文的人類起源於猿的學說，舉世公認。「猴子案件」這一歷史冤案也終於平反昭雪。

大主教勃甫司失足在哪裡？固然有宗教和政治原因，單從邏輯上分析，他們有意無意地混淆了集合概念與普遍概念的界限。赫胥黎準確地抓住這兩個問題，揭露勃甫司在「巧妙利用宗教上的偏見」的同時，用「離題的議論」，「把科學問題弄得混亂不清」。

達爾文的進化論說的是「人類起源於類人猿」，勃甫司的非難卻把「人類」與某一個人（「你的祖父或祖母」）混為一談。「人類」這個概念與「你的祖父」或「你的祖母」是不能等同的，它們的內涵與外延都不同，「人類」稱為集合概念，「你的祖父」與「你的祖母」則為兩個單獨概念。

甚麼是集合概念？目前我國邏輯學界有種種定義，有待探討，我們姑且採取較流行的說法。所謂集合概念，就是反映集合體的概念。「中國邏輯學會」就是一個集合概念。中國邏輯學會是由中國邏輯史研究會、西方邏輯史研究會、各省市邏輯學會等許多分會組成的集合體。每一個會員和分會與整個中國邏輯學會間的關係好比小齒輪、部件與整部機器之間的關係，是部分與整體的關係，我們不可以說某個會員、某個分會是中國邏輯學會。整體與組成部分是相對而言的，反映整體的集合概念也是在相對的

意義上來使用的。

　　所謂普遍概念，就是這樣的概念，它的外延可以包含許多的事物。例如，「人」是一個普遍概念，它的外延有許多：曹操、孫權、劉備……我們可以說：「曹操是人」「孫權是人」「劉備是人」。

　　所謂單獨概念，就是這樣的概念，它的外延是獨一無二的事物。「1949 年 10 月 1 日」這個唯一無二的時間概念是單獨概念；「復旦大學」反映的是世界上唯一無二的個體對象，也是單獨概念；「第二座長江大橋」也是單獨概念；珠穆朗瑪峰是世界上最高的山峰，「世界上最高的山峰」是單獨的概念。「最」有「極」「無比」的意思，嚴格說來，帶有「最」字的都是單獨概念。因此，不是表示獨一無二的對象概念，最好不要加上「最」。當然也有例外，李寧與童非都拿了體操單槓比賽的滿分──10 分，可以說他們各自都是最高分的獲得者之一。搞清了甚麼是集合概念、普遍概念及單獨概念，我們便可以知道，「中國邏輯學會」是集合概念，「會員」是普遍概念，「張三」是單獨概念。我們可以說「張三是中國邏輯學會會員」，但不可以說「張三是中國邏輯學會」。

　　從「中國邏輯學會」反映的是集合體這個意義上說，它是一個集合概念；從它的外延只有一個這個意義上說，它又是一個單獨概念。「中國邏輯學會」這個單獨概念與「會員張三」這個單獨概念，雖然都是單獨概念，但是它們是兩個不同的概念，一般不會混同。同樣，說「人類起源於類人猿」，是說古今中外所有的人組成的整體是起源於類人猿，經歷了幾十萬年演變。把「人類」偷換成某一個人當然是荒唐可笑的。

　　不少邏輯教科書把「森林」誤當作僅僅是樹的集合體的反映，

其實，它是反映一種植物群落，是集生的喬木及與其共同作用的其他植物、動物、微生物和土壤、氣候等的總體的反映。既然森林由這麼多的不同的部分組成的集合體，「森林」當然是集合概念。森林的外延包括大興安嶺森林、小興安嶺森林……既然「森林」的外延有許多，因此「森林」是普遍概念，而「大興安嶺森林」才是單獨概念，又是集合概念。

有的語詞，既可以表達集合概念，也可以表達普遍概念。例如，有的年輕人為了論證自己是勤勞勇敢的，常常舉出如下理由：因為中國人是勤勞勇敢的，而我是中國人，這也是千真萬確的。我們說你這兩句話都講得不錯，分開來看都很符合實際，但是從這兩句話卻推不出你是勤勞勇敢的。因為「中國人是勤勞勇敢的」中的「中國人」是指的中國人的整體，是集合概念，而「我是中國人」中的「中國人」指的不是整體，它是一個普遍概念。中國人中的一個與所有中國人組成的集合體當然不是一回事。同一個詞，在不同句子裡，表達同一個概念還是不同的概念，這要根據具體的語言環境來確定。

我國邏輯學界對集合概念的定義，有各種說法，若加以深入的考察，便發現無論哪一種說法都與形式邏輯的整個理論體系是不合拍的。

本文姑且採用的是國內教科書中最有權威和最流行的定義——「所謂集合概念，就是反映集合體的概念」。森林固然是集合體，誰能說樹木就不是集合體呢？樹木是由一棵棵樹組成的。如果說樹木是集合體，樹難道就不是集合體？樹由樹根、樹幹、樹枝和樹葉等組成。按照上述標準，沒有理由說「樹」不是集合概念。

　　上述定義對組成集合體的部分的性質沒有加以限制，因此作出的定義太寬。有的教科書便修正說：「所謂集合概念，就是把同類對象作為一個整體或集合體來反映的概念。」據此，只有「樹木」（由一棵棵樹組成）、「馬匹」（一匹匹馬組成）、「布匹」（一匹匹布組成）等才是集合概念。「森林」（它是反映一種植物群落，是集生的喬木及與其共同作用的其他植物、動物、微生物和土壤、氣候等）、「樹」（樹由樹根、樹幹、樹枝和樹葉等不同部分組成）便不是集合概念。但是，森林由大興安嶺、小興安嶺……一個個森林組成，樹由許許多多植物細胞（不能說它們不是同類的個體）集合而成的，布由一條條紗組成。因此，沒有理由說「森林」「樹」「布」不是集合概念。

　　形式邏輯教科書上關於集合概念的定義有個共同特點，即企圖把所有事物一刀切，一半是集合體，另一半是非集合體，從而把實體概念一分為二，分為集合概念和非集合概念。這在理論上和實踐上都難以辦到，因為類與集合體的區別並不表現在兩個不同事物身上，而是一個事物從不同方面考察的結果。任何一個事物，當它與自己內部的各部分進行比較時，它是集合體；當拿它與別的事物比較時，就有同類不同類的問題。一個事物總是一身二任，它既是一個集合體，又是某類的一個分子。因此，在形式邏輯裡，把集合概念和非集合概念當作概念的一個種類劃分出來是不恰當的。分類是概念產生的起點，也是直言判斷和直言推理的基礎。一個概念在反映它所對應的類時，不把這個類作為「整體」或「集合體」來反映，而是通過內涵反映這個類所有分子的特有公共屬性，通過外延來反映這個類的所有分子。換句話說，概

念的外延組成一個類，類中的每一個分子都是一個集合體。所以說，我國邏輯學界對集合概念的定義，無論哪一種說法都與形式邏輯體系不合拍。如果僅僅從「整體概念」相對於「部分概念」來區分集合概念和非集合概念，還是有一些實際意義的。

科西嘉怪物、拿破崙、陛下

1814 年歐洲反法聯軍攻陷巴黎，拿破崙被流放到厄爾巴島。當他重新集結力量東山再起時，法國許多報紙的臉譜也像風雲變幻的政治氣候一樣反常。就拿報紙對拿破崙的稱呼來說吧，就很耐人尋味。

在拿破崙離開厄爾巴島剛剛登陸時，報紙上第一次傳出消息，稱他為「科西嘉怪物」。第二個消息寫道：「吃人魔王向格雷斯前進。」

隨着拿破崙由南到北向巴黎推進，報紙的腔調也在逐步變化。接着是「篡位者進入格勒諾布爾」，「拿破崙佔領里昂」，「陛下將於今日抵達巴黎」，等等。

同一個拿破崙，在一個短時間裡，卻有種種不同的稱呼：科西嘉怪物、吃人魔王、篡位者、拿破崙、陛下等。

從咬牙切齒地咒罵，到直呼其名，到恭敬地尊稱「陛下」，這些感情色彩大不相同的稱呼表明了當時的報人隨風轉舵的投機心理。

這件事在邏輯上有甚麼啟示呢？同是一個對象，可以有種種不同的稱呼，在語言學上表現為種種不同的語詞，在邏輯學上表現為這樣那樣的概念。

　　事物與事物之間有各種各樣的聯繫，作為事物的反映形式的概念，相互之間也有各種關係。概念間的何種關係屬於形式邏輯的研究對象呢？

　　2大於1，這是兩個數之間的大小關係；

　　鐵的比重比水大，這是兩種物質之間比重大小關係；

　　唯物主義與唯心主義相比較而存在，相鬥爭而發展，這是兩種思想之間的比較關係；

　　阿凡提比皇帝聰明，這是智力高下的比較關係。

　　我們不能說唯物主義比唯心主義重一些，也不能說2比1是相鬥爭而發展的。木頭與夜晚哪個長？智慧與米粟哪個多？異類的量不能簡單拿來相比。形式邏輯不研究以上諸如此類的不可比較關係。

　　在概念方面，有沒有可以相互比較的同一單位的東西呢？有，那就是概念外延之間的同異關係。外延之間的同異關係是存在於各類概念之間的。形式邏輯是從概念的外延方面來研究概念間的關係即同異關係的。

　　概念間的關係分相容與不相容兩種。相容關係指兩個概念在外延上完全重合或部分重合。不相容關係指兩個概念在外延上完全排斥。

　　同一關係是相容關係的一種。所謂同一關係是指兩個概念在外延上完全重合，因此又叫全同關係。有同一關係的概念反映的對象相同，具有相同的外延，但是它們的內涵不同，因而是不同的概念。

　　對拿破崙的不同稱呼，有不同的內涵，每個稱呼所揭示的屬

性不同；它們又有相同的外延，都指稱拿破崙這個對象。這些不同的稱呼，被稱為同一關係的概念，或者說這些概念具有全同關係。

「宇宙觀」與「世界觀」，它們的內涵與外延都完全相同，這是用不同的語詞表達同一個概念。就一個概念而言，談不上有沒有關係，兩個以上的概念之間才有比較關係問題。

魯迅既是《風波》的作者，又是《藥》的作者，「《風波》的作者」與「《藥》的作者」也構成同一關係。一個對象有許多屬性，對同一對象的不同屬性分別加以反映，就形成了同一關係的若干個概念。

李準的小說《李雙雙》是這樣開頭的：

> 村裡街坊鄰居，老一輩人提起她，都管她叫「喜旺家」，或者「喜旺媳婦」；年輕人只管叫「喜旺嫂子」。至於喜旺本人，前些年在人前提起她，就只說「俺那個屋裡人」，近幾年雙雙有了個小孩子，他改叫作「俺小菊他媽」。另外，他還有個不大好聽的叫法，那就是「俺做飯的」。

這六個稱號指的都是李雙雙這個人。它們反映了李雙雙與周圍人的不同關係，因而每個稱號都有不同的內涵。

在美國電影《維多利亞女王烈史》中有這樣一組鏡頭：

維多利亞辦完公務，已經夜深。回到臥房，她敲了敲門。

丈夫阿爾伯特公爵在房內問：「誰？」

她習慣地回答：「我是女王！」

門仍然緊閉着，她再敲，房內又問：「誰？」

她威嚴地答道：「維多利亞！」

門還是緊閉着，她徘徊了一陣，再敲，房內傳出聲來：「誰？」

這一次，女王溫柔回答說：「你的妻子。」

門打開了，一雙手把她拉了進去。

她終於敲開了丈夫的心扉，同時也敲開了臥室之門。

這組鏡頭很有意思。不同的自稱有不同的內涵，因而在同一語境中產生了不同的感情效果。「女王」「維多利亞」「你的妻子」三個概念指稱同一個對象，在同一語境中，從邏輯上說，代入哪一個都是正確和準確的，但是只有「你的妻子」是得體的，是切合語境的。

由於同一關係的概念所指外延相同，而僅有內涵不同，在說話寫文章時，往往可以替換使用。這就是語言中使用代名詞的邏輯依據。適當採用幾個同一關係的概念說明同一對象，第一個好處是，可以揭示對象的豐富的內涵，多側面地反映對象，因而反映出來的對象是立體的而不是平面的。

第二個好處是使表達更加生動靈活。文章高手講究行文的錯落有致，語調的抑揚頓挫，還注意到感情色彩的濃淡。這些都與同一關係的概念用得好不好有關。

掌握同一關係的概念，第三個好處是，它們在某些場合就成為委婉語詞。在人們交往的許多場合，都大量使用委婉語詞，它的使用可使某個說法比較好聽，比較含蓄，尤其是在某種容易使人激動或特別敏感的場合，使人們容易接受。

人固有一死，有的人青史留名，有的人遺臭萬年。一般的人死了，人們在談論到這件事時，往往避而不用「死」這個字眼，而

採用種種代用說法。例如，「離開了人間」「閉上了眼睛」「永別了」「老了」「百年之後」，文學語言中還有「辭世」「作古」「歸西」「仙遊」「長眠」等等。

對於那些為正義戰爭而死的人，則往往用「犧牲」「流盡了最後一滴血」「獻出了自己寶貴的生命」等帶有稱頌色彩的語詞。

如果一家通訊社或報紙發「×××死了」的消息，那麼表明了這家通訊社或報紙對死者的鄙視的態度。於是世人都知道了某個反面人物結束了可恥的一生。徑直把「死了」這個詞用在標題上，不僅表示了生物學上的意義，即生命的終結，而且還帶有「早該死」的感情色彩。

關於「死了」的種種代用說法，從語言學的角度講，都稱為委婉語詞，即婉轉曲折的語詞，它比較好聽，比較含蓄和審慎，使人易於接受；從邏輯學的角度講，上述代用詞又都稱為同一關係的概念。

在外交活動中，假使一個政治家或一個外交家通知另一國政府，說本國政府對某一項國際糾紛「不能置之不理」，這就暗示對方，他的政府必然要干預這個糾紛。如果他用了本國政府表示「關切」或「甚表關切」等詞句時，大家都懂得，這是即將採取強硬措施的代名詞。用諸如此類謹慎的、有分寸的詞句，一個外交家就能夠不用威脅性的語言，而向外國政府表達嚴重的警告。如果外國政府置若罔聞，他可以加強語調，但仍然很客氣、很和緩。他可以這樣說：「在這種情況下，本國政府深感有必要慎重地重新考慮他們的地位。」這就意味着友好關係將要轉變為敵對狀態了。一個外交家，倘不懂得「甚表關切」等詞語是甚麼意思，豈不是要

誤大事。

　　三國時，曹操統率八十萬大軍征討吳國。其檄文曰：「今治水軍八十萬眾，方與將軍會獵於吳。」用「會獵」來代替「征討」，你看這戰書下得多麼輕鬆！

　　當自由主義者屠格涅夫私人上書亞歷山大二世，表示忠於皇朝，並且捐了兩個金幣來慰勞那些因鎮壓波蘭起義而受傷的士兵時，赫爾岑主編的《鐘聲》雜誌就發表了文章說：「有一位白髮蒼蒼的聖女馬格達琳娜（男性）上書皇上，陳訴她夜不成眠，焦慮皇上不知道她誠心懺悔。」在這裡，屠格涅夫的代名詞就不是委婉語詞，而是諷刺用語了。

卓別靈與《大獨裁者》

—— 概念間的關係之二

　　1938年10月，美國著名電影藝術家差利·卓別靈寫了以諷刺和揭露希特拉為主題的電影劇本《獨裁者》。第二年春天影片開拍時，派拉蒙公司說他們已用「獨裁者」寫過一齣鬧劇，所以這名字是他們的「財產」。卓別靈派人交涉不成，便親自上門商討解決辦法。派拉蒙公司堅持要卓別靈付25000美元轉讓費，否則要訴諸法律。卓別靈靈機一動，當即在片名前加了個「大」字，變為《大獨裁者》，並且風趣地說：「你們寫的是一般的獨裁者，我寫的是大獨裁者，這兩者之間風馬牛不相及。」說完揚長而去，派拉蒙公司的老闆們個個氣得乾瞪眼。

　　事後，卓別靈對朋友幽默風趣地說：「我多用了一個『大』字，省下了25000美元，可謂一字值萬金！」

　　「大獨裁者」和「獨裁者」是兩個有相容關係的概念。前者外延小，稱為種概念。後者外延大，稱為屬概念。一個概念的全部外延是另一個概念外延的一部分，這後一概念與前一概念的關係便叫屬種關係。種概念除了有屬概念的內涵外，還有自己的特殊內涵。

　　楚王曾經帶著名弓良箭，在雲夢的場圃打獵，不慎把弓弄丟了。隨從們請求去尋找。楚王說：「不用了。楚國人丟了弓，楚國

人拾了去，又何必尋找呢？」孔子聽到了說：「楚王的仁義還沒有做到家。應該說人丟了弓，人拾了去就是了，何必要說楚國人呢？」

「人」與「楚人」構成屬種關係，種概念「楚人」的外延包含在屬概念「人」的外延之中。

屬種概念是相對而言的。「人」概念相對「動物」而言又是種概念。最高的屬概念是哲學範疇──概括性極大的基本概念，如「物質」「運動」「時間」「空間」。最低的種概念是最小的類，不再包括其他類，它的成員是個體，稱為分子。分子具有類的性質。

毛澤東公開發表的詞《念奴嬌·崑崙》有兩個版本，後一個版本將前一版本中的「還中國」改成了「還東國」。為甚麼要這樣改？因為「中國」只是「東國」這個類概念的一個成員，把「中國」改成「東國」，擴大了範圍，顧及到了其他成員，即沒有忘記日本人民，意思就完滿多了。

一般說來，具有屬種關係的概念不能並列使用。例如：「他編輯的報刊、雜誌和叢書有四十多種。」「報刊」已經把「雜誌」包括進去了，「報刊」與「雜誌」並列就重複了。遺憾的是，這樣的重複在新聞報道中出現的頻率至今還很高。

概念的相容關係除了同一關係和屬種關係外，還有一種交叉關係。

1980 年 8 月新華社發了一則「方成漫畫展」在京開幕的消息。這則消息說：

　　這次展出的一百多件代表作品，一部分是原稿，一部分

是複製品，還有一些是近年來的新作。

稍作思考便不難發現，短短的消息中，對概念的使用不無問題。「原稿」「複製品」和「新作」三個概念是不能簡單地在同一層次上一併陳述的。「新作」中可能有「原稿」，「新作」也可能是「複製品」，它們是交叉關係的概念，為節省文字一併陳述，層次就不分明了。

具有交叉關係的概念其外延有一部分重合，一部分不重合。

著名作家徐遲寫過關於陳景潤研究哥德巴赫猜想的報告文學，有篇文章在談到作家本人的數學水平時說道：「他自己說蹩腳得很，只有加減乘除有點把握，一到分數就乾瞪眼了。」

有的邏輯工作者指出，從運算角度看，「加減乘除的運算」與「分數的運算」是交叉關係，有的分數運算涉及加減乘除，有的分數運算不涉及加減乘除。把它們相提並論，就缺乏條理了。

兩個概念，如果它們在外延上沒有任何部分重合，它們就是全異關係即不兼容關係的概念。

兩個具有不相容關係的概念，如果它們同屬於一個屬概念下的種概念，那麼又分兩種情況：矛盾關係和反對關係。

如果兩個概念的外延完全排斥，並且它們的外延之和等於屬概念的外延，那麼，這兩個概念間的關係就是矛盾關係。

漢淮陰侯韓信墓前有副對聯：「生死一知己，存亡兩婦人。」這副對聯概括了韓信的生平大事。「一知己」指的是蕭何。韓信能官拜大將，建功揚名，有賴於蕭何向劉邦保薦；當着「鳥盡弓藏」時，設計誘他落網的也是蕭何。所謂「成也蕭何，敗也蕭何」就是

上聯的意思。「兩婦人」一指漂母(洗衣人),一指呂后。韓信從軍前,曾受漂母一飯,而懷報以千金之心。當他被蕭何誘捕後,將他斬首的則是呂后。這便是下聯的內容。這副對聯對仗工穩,上下聯都用了兩個矛盾關係的概念:「生」與「死」,「存」與「亡」。一個人非「生」即「死」,非「存」即「亡」。

戰爭有正義與非正義之分。「正義」與「非正義」也是矛盾概念。

如果兩個概念的外延完全排斥,同時外延之和小於其屬概念的外延,邏輯上稱之為反對關係的概念。例如,對「先進」「中間」「落後」三個概念而言,兩兩之間構成反對關係。

矛盾關係概念與反對關係概念的主要區別是,在兩個有矛盾關係的概念之間沒有中間概念存在,它們非此即彼。「生」與「死」,「存」與「亡」都包括了生存狀態的全部。「正義戰爭」與「非正義戰爭」一起,構成了古今中外的一切戰爭。而反對關係概念之間則有中間概念存在。

明人馮夢龍的《笑府》中,有這樣一個笑話:

　　有自負棋名者,與人角,連負三局。他日,人問之曰:「前與某人較棋幾局?」曰:「三局。」又問:「勝負如何?」曰:「第一局我不曾贏,第二局他不曾輸,第三局我要和,他不肯,罷了。」

大家知道,象棋比賽的結局是三種:勝、負與和。勝與負、勝與和、和與負之間各自構成反對關係,而非矛盾關係。

「我不曾贏」，否定了贏，那麼還有兩種可能：輸與和；「他不曾輸」，那麼，「我」還有輸與和兩種結果；第三局和不成，那麼「我」也有贏與輸兩種選擇。看來，這位「自負棋名者」，棋術雖不高明，「小聰明」倒還有一點。他明明全輸了，卻死要面子，轉彎抹角地回答問題，企圖使人認為他並非三盤皆輸。此人的「小聰明」，從邏輯上分析就在於鑽了概念間的反對關係的「空子」。如果下象棋像現在下圍棋那樣，只有輸贏，沒有和局，那麼，他就無所施其技了。

美學家和蝙蝠的苦惱

—— 概念的定義與劃分

　　古往今來，美學家的苦惱是找不到一個公認的關於美的定義；《伊索寓言》裡的蝙蝠的苦惱是無家可歸，無法歸類。本文要談一談明確概念的兩種方法：定義與劃分。

　　樊莘生、高若海著《美與審美》這本美學讀物告訴我們：有這樣一種現象，人們談論得最多的東西，往往對它知道得很少。美就是這種現象之一。

　　兩千多年來，有多少哲學家、美學家都曾試圖作出完滿的回答，眾說紛紜，結局仍不免莫衷一是。

　　古希臘的柏拉圖試圖找到美的本質，當他把「美在恰當」「美在有用」「美是有益」「美是視覺聽覺的快感」等一系列流行說法都否定以後，仍然找不到一個簡明的定義，他不得不歎息說：「美是難的。」

　　俄國大文豪托爾斯泰說：「多少博學的思想家寫了堆積如山的討論美的書，『美是甚麼』這一問題卻至今還沒有完全解決，而且每一部新的美學著作中都有一種新的說法。」

　　美的定義之所以會層出不窮，原因在於下定義的着眼點不同。黑格爾說：「乍看起來，美好像是一個很簡單的概念。但不久我們就會發現，美可以有許多方面。這個人抓住的是這一方面，

那個人抓住的是那一方面，縱然都是從一個觀點去看，究竟哪一方面是主要的，也還是一個引起爭論的問題。」

　　人們談論得最多的東西，往往對它知道得很少。人們談論中醫，敢說真正知道「中醫是甚麼」的人比知道美的人更少。

　　據中新社報道，著名《周易》專家、山東大學劉大鈞教授為「中醫」正名。他說：「中醫不是中國醫學的簡稱，而是以《周易》『中』的概念醫療、平衡人體以恢復健康。將中醫理解成中國醫學是一大誤解。」劉教授認為，「中醫」兩字的本義，是一個「易」、醫結合的概念，是對中醫理論最高度最簡潔的概括。他還指出這一誤解的原因，是由於近人將西方醫學稱為「西醫」，與西醫對應，人們由此播下將中國之醫簡稱為「中醫」的種子。日本學者還將中醫稱為「漢醫」「漢方」，並編寫了《漢方大全》，更是推波助瀾、錯上加錯。

　　確定美和中醫的本質是給美和中醫下定義的關鍵。形式邏輯無法越俎代庖，沒有能力為你找出美和中醫的本質，因而僅僅依靠形式邏輯是無法為你下出一個確切的定義來的，但是形式邏輯可以為任何概念包括美和中醫提供一個下定義的方法。

　　定義是明確概念內涵的邏輯方法。明確概念的內涵就是明確事物的本質屬性。形式邏輯的定義方法對任何科學都是適用的。

　　定義的特點是言簡意賅，使用精煉的語句揭示出對象的本質。因此，定義的作用是以壓縮的形式把對事物的認識加以總結。通過定義，可以把握一個概念或語詞的內涵，明確它們的區別，確定各自的適用範圍，以使交際順利進行。例如：

憲法就是國家的根本法。

商品就是用來交換的勞動產品。

所謂有公民權，在政治方面，就是說有自由和民主的權利。

以上是用得最多的屬加種差定義。「憲法」稱為被定義項，「國家的根本法」稱為定義項，「就是」是定義聯項。一個完整的定義由這三部分組成。「法」是屬概念，「國家的根本的」這一性質就是種差，種差把憲法與其他法區別開來。

被定義項的外延與定義項的外延相等是定義的一條規則。

古今中外，「人」的定義很多：

人是會走路的動物。

人是會哈哈大笑的動物。

人是沒有羽毛的兩腳直立的動物。（柏拉圖）

人是城邦的動物。（亞里士多德）

人之所以為人者，非特以二足而無毛也，以其有辯也。

（荀子）

柏拉圖的一個學生跟老師開玩笑，他把一隻雞拔光了毛，說：「這就是柏拉圖的『人』！」這一嘲諷，暴露出柏拉圖的定義過寬。類人猿就能二腳直立且沒有羽毛。

現代科學已經證明，許多動物都具有一定的思維能力（有辯），但與萬物之靈的人仍有天壤之別。

「人」的正確定義應為：人是能製造和使用工具的動物。

1990 年第三屆亞洲大專辯論會決賽的辯題是：人類和平共處是一個可能實現的理想。

正方認為：和平共處是與戰爭相對而言的。按照聯合國的文件，所謂人類的和平共處是指國家、民族、集團之間不使用武力地平安相處。其被定義項與定義項外延相應相稱，非常恰當。

反方卻認為：人類的和平共處是與暴力相對而言的。參考美國社會科學大辭典的解釋，所謂人類的和平共處，從積極面來說，人類應該放棄用一切暴力的手段來解決彼此的衝突；而從消極面來說，人類應該免除暴力的威脅。

針對反方主張「放棄一切暴力的手段」這一種差使得定義項外延過大的錯誤，正方譏諷說：「如果兩個小孩為了一塊糖果而打了一架，這也是對人類和平共處的一種威脅嗎？」

甚麼是新聞？一位美國記者說：「新聞嘛，就是關於離奇的、非同一般的、出乎預料的事情的報道。」他舉例說，狗咬人不是新聞，人咬狗才是新聞。

由於很多新而不奇的事情也是報道的內容，因而這個定義太窄了。

有人說：「宗教信仰自由就是信仰某一種宗教的自由。」這個定義也太窄了。宗教信仰自由既包括信仰任何一種宗教的自由，也包括不信仰宗教的自由。

循環定義是常見的錯誤。有人說：「麻醉就是麻醉劑所起的作用。」在定義項「麻醉劑所起的作用」中直接包含了被定義項「麻醉」，自然甚麼也沒說明。

「慾望就是為了歡愉的欲求。」亞里士多德認為，一切慾望都是為了歡愉的，因此，為了歡愉與慾望就是同語反覆。

梁啟超先生在《學問的趣味》中說：「怎樣才算『趣味』，不能不下一個註腳。我說：凡一件事做下去不會生出和趣味相反的結果的，這件事便可以成為趣味的主體。」這一循環定義究竟告訴人們甚麼呢？

有本台曆，把下面這些對愛情的不同理解稱為「較著名的定義」：

> 愛情是生活中的詩歌和太陽。（別林斯基）
>
> 愛情，不是兩人相對而看，而是朝着一個方向看。（聖·埃格祖佩里）
>
> 愛情，不是一顆心去敲打一顆心，而是兩顆心共同撞擊的火花。（伊薩柯夫斯基）
>
> 愛情是一根魔杖，能把最無聊的生活點化成黃金。（西班牙諺語）
>
> 愛情是一位甜蜜的暴君，戀人都心甘情願地忍受它的折磨。（德國諺語）

可惜的是，凡定義都不能用比喻，這些「較著名的定義」都是比喻，雖然對愛情作了直觀的生動形象的說明，但不能準確地揭示概念的內涵，達不到定義的目的。

在各種定義中，語詞定義的使用率很高，語詞定義就是說明或規定語詞意義的定義。「炊餅者，饅頭也」就是一個說明的語詞定義。

　　1942 年，劇作家曹禺的《日出》在延安上演獲得成功，他收到一份從延安拍來的賀電，引來了一群全副武裝的警察、特務。搜查者從一本油印小冊子上發現四個奇怪的字──「第四堵牆」。「啥事叫『第四堵牆』，這是你們的甚麼暗語？說！」曹禺聽了，啼笑皆非，說道：「這個？請你們聽我的一年級戲劇概論課就懂了。」最後，這些人掃興而回。「第四堵牆」是戲劇術語，指掛幕簾的這一層空間。

　　北京距渤海約 150 公里，然而有不少「海」，如中南海、北海、什剎海都在城內。有人解釋說，「海」是蒙古語「海子」的簡稱，意即湖泊水潭。這是元代沿襲下來的名稱。

　　1958 年，著名進步詩人柳亞子先生逝世。為了紀念這位民主鬥士，周恩來總理指示，應將柳老的書稿、遺物作為革命文物收藏。中國歷史博物館在清點其家屬捐獻的遺物時發現有兩枚印章很特殊。有一枚的印文是：「前身禰正平，後身王爾德，大兒斯大林，小兒毛澤東。」另一枚印文是：「兄事斯大林，弟畜毛澤東。」保管人員對印文含義大惑不解，以為用這樣的詞加之領袖大不敬。文物鑒定專家史樹青則說：「話出有典，未必是不恭之辭。」印章就登記入藏了。

　　可是「文革」一開始，「中央文革小組」顧問康生批示：「反動之極，二印立即銷毀……有關人員必須追查。」史樹青等五六人被關進了牛棚，一再挨批鬥。

　　其實，禰正平就是三國時赤身擊鼓罵曹的禰衡，他性格傲岸，沒有媚骨。王爾德，是 19 世紀著名的英國文學家。柳亞子以二人自比，是自我欣賞。「大兒」「小兒」則典出《後漢書·禰衡傳》：「大

兒孔文舉（孔融），小兒楊德祖（楊修），餘子碌碌，莫足數也。」
此處的「兒」，是男兒、男子漢之意，相當於現代的「健兒」美稱。

　　20世紀50年代，詩人柳亞子是以古喻今大大稱頌了斯大林
和毛澤東。他年紀比斯大林小，比毛澤東大，於是他說像對兄長
一樣看待斯大林，像對小弟一樣對待毛澤東。

　　以上對「第四堵牆」「海」和「大兒」「小兒」以及「兄事」「弟畜」
等語詞的意義的解釋，都是屬於說明的語詞定義。說明了一個語
詞的意義，也就同時揭示了事物的本質屬性即概念的內涵。

　　作出一個科學的定義，要具備兩個條件。首先必須具備科學
的知識，其次是要掌握下定義的方法和規則。

　　如果說概念的定義是揭示概念內涵的方法，那麼概念的劃分
則是明確概念外延的方法。

　　在古今中外的寓言裡，有不少是以蝙蝠為主人公的。在中國
的民俗中，蝙蝠之蝠與福諧音，蝙蝠是吉祥物。但在西方的著述
中，它每次出場，名聲都不大好聽，是個反面角色。

　　伊索的一則寓言說到，鳥獸各開大會，蝙蝠奔於禽以四足被
逐，歸於獸又以雙翅見排。從這則寓言可以看到，蝙蝠被孤立於
集體生活之外，日子是不好過的。俗話說「物以類聚，人以群分」，
誰叫它長成個「四不像」呢？

　　其實，從生物學的知識來看，蝙蝠是哺乳動物，理應劃分到
「獸」類裡去，「獸」類不納是沒有道理的。但寓言畢竟是寓言，我
們總不能去責怪獸類既不懂生物學，也不懂邏輯學吧。

　　還有鴨嘴獸，它的歸屬也曾引起人們的誤會。19世紀中葉，
當英國博物館展出澳洲的哺乳動物鴨嘴獸所生的蛋時，有的生物

學家提出抗議，要求取消這一圖謀贏利而不惜譁眾取寵的展覽。那時的常識是，它是哺乳動物，而哺乳動物都是胎生的。年輕的恩格斯也把這一展覽視為愚蠢之舉。在生物學家到澳洲實地考察了鴨嘴獸的卵生、哺乳過程之後，在哺乳綱動物中增設了單孔目鴨嘴獸科。面對科學的結論，恩格斯在給朋友的信中，鄭重地向鴨嘴獸請求原諒。

把事物分門別類，在邏輯上表現為概念的劃分。概念的劃分，就是把屬概念分為若干種概念的邏輯方法。通過對概念的劃分，我們就明確了該概念的外延包含哪些對象。

要明確一個單獨概念的外延，我們可以指出這個對象。對某些有限的普遍概念如「人造衛星」的外延，也還有可能把它包含的對象一一列舉，但天下的樹有多少，就無法也沒有必要一一列舉。我們可以說樹有兩種：針葉樹和闊葉樹。把樹分成這樣兩個小類，「樹」這個概念的外延就較明確了。

劃分有三個要素：母項、子項與劃分的標準。母項就是被劃分的屬概念，子項是劃分所得的種概念。每次劃分必須以一定屬性作根據，這作根據的一定屬性就是劃分的標準。

把句子分為陳述句、疑問句、感歎句和祈使句的標準是語氣；把戰爭分為正義戰爭與非正義戰爭的標準是戰爭的性質；劃分社會形態的標準是生產方式。

劃分的標準可以是本質屬性，也可以是非本質屬性。劃分包括分類。科學分類的標準是事物的本質屬性。因此，分類的結果可使人們對某些對象的知識系統化，並固定在每門科學之中。

劃分以甚麼為標準，這要從實際出發。處理一批古舊書，你

送到廢品收購站去，值不了幾個錢，因為那裡是以紙張的形式——大小規格以及紙質來歸類和論價的；倘若送到古舊書店就不同了，這裡是以書的內容或版本等作為取捨和定價的標準。不同的標準，體現了不同的實用價值。魯迅說：「分類有益於揣摩文章，編年有利於明白時勢，倘要知人論世，是非看編年的文集不可的。」

　　每次劃分只能根據一個標準，所劃得的子項不得兼容。下面一個例子編得實在好：有人跟一個小朋友開玩笑，要他來分四個蘋果，挑一個最大的給爸爸，最好的給媽媽，最紅的給姐姐，最圓的留自己。這可難為了他，因為有一個是最大的，也是最好的，還是最紅的，而且是最圓的。給誰好呢？在一次劃分中提出了「大」「好」「紅」「圓」四個標準，可面對的實際情況是，所分對象兼容，無法操作。這種在一次劃分中用兩個以上標準的做法，在語言文字表達上便會造成層次不清，子項勢必交叉重疊。

「眷制生」的喜劇

—— 概念的限制與概括

明朝馮夢龍編的《笑府》中有一則笑話題為《謬誤》。

這則笑話說，有一監生（在國子監求學的人）偶爾看見別人投寄書信，署名為「眷制生」。他深感其中一個「制」字用得新奇，很想效法一下。有一次，他給住得很遠的一位親戚寫信，寫好信後就端端正正地署上「眷制生」三個字。

打發僕人去送信後，他得意非凡。不久，僕人回來了。這位監生便急不可耐地問：「主人有甚麼話嗎？」僕人答：「當我的面看信後就問：『老相公康健嗎？』我回答說：『安好。』又問：『老奶奶康健嗎？』我回答說：『安好。』聽我回答後，主人沉吟片刻，笑着進去寫回信，當即打發我回來。」監生一聽大喜，頗為感歎地說：「人真是不可以不學啊，我只是一個『制』字用得好，他見了，便添下多少殷勤！」

這位監生哪裡知道，自己盲目附庸風雅，竟鬧下了大笑話！

中國古代有講究書信禮儀的優良傳統。一個人懂不懂書信禮儀是體現其文化素質和個人涵養水平高低的標誌之一。「眷生」這個概念，是舊時姻親之間的互稱。對平輩的自稱「眷弟」，對長輩的又自稱「眷晚生」，對晚輩則自稱「眷生」。「制」這個概念，是舊時依禮守喪之稱，常指死了父親或母親。在「眷生」中加進一個

「制」字，就是告訴對方自己死了父或母，還在服喪。《紅樓夢》第一百十四回裡有句「因在制中，不便行禮」的話，就是說的這個意思。這位監生的父母雙親明明健在，他卻要自稱「眷制生」，真是可笑之至。

從邏輯上來說，「眷制生」這一概念是對「眷生」的限制，它比「眷生」多了「制」即死了父或母的內涵，外延卻比眷生小了。

概念的限制，是明確概念的一種邏輯方法。它是根據內涵與外延的反變關係來進行的。對概念進行限制，就是縮小概念的外延，增加概念的內涵，使外延較大的屬概念過渡到外延較小的種概念。例如，把屬概念「現代化」限制為「中國式的現代化」，後一概念比前一概念外延要小，而增加了「中國式」的內涵。運用概念的限制這種邏輯方法，有助於具體、準確地表達思想，恰如其分地反映客觀事物。

毛澤東給陳毅關於談詩的一封信中，有這樣一句：「如同你會寫自由詩一樣，我則對於長短句的詞學稍懂一點。」從手稿上看得出來，「長短句的」這四個字一開始是沒有的，是後來添進去的。為甚麼要添上這四個字？因為「詞學」不僅包含「詩詞學」，還包含「詞彙學」。添上「長短句的」四個字，就對「詞學」這個概念作了限制，使之不表達「詞彙學」，而只表達「詩詞學」，就準確了。

對概念進行限制，往往容易出現以下幾種毛病。

一是加上去的概念即附加語與原概念重複。

1949 年 6 月，毛澤東在中南海邀集各界人士座談，徵集關於國家名號問題的意見。毛澤東提出，中央意見擬用「中華人民民主共和國」。這時候，張治中發表意見說：「『共和』這個詞本身就包

含了『民主』的意思，何必重複？不如就乾脆叫『中華人民共和國』。」毛澤東覺得此話有理，建議大家採納。經眾人反覆討論，終於決定了一直沿用至今的國名。

在《青年一代》雜誌上登過一篇《選拔王昭君演員引起的》的文章，說到有個 20 歲的小姐毛遂自薦，她介紹自己說「一個您並不熟悉的陌生女人」。「陌生」就是「不相熟悉」的意思，再加上「並不熟悉的」就疊床架屋了。

第二種毛病是限制後自相矛盾。

杜林主張有「可以計算的無限序列」，既是無限序列，又怎能計算呢？

「他是幸存的死難者」，既是「死者」中的一個，又怎能是「幸存」者，應改為「他是幸存的受難者」。

有人問：「紅墨水」為甚麼又說得通呢？這是因為這裡的「墨水」已經失去了它黑色的本義，只是泛指有顏色的可書寫的水，所以不與「紅」相矛盾。

埃及出現過「活死人」的概念，與「紅墨水」的說法相類似。「活」的「死人」誰見過？原來，在古埃及生產力極其低下的原始社會，抓到的俘虜通常是被處死的，「死人」是俘虜的代名詞，到了奴隸社會，俘虜被強迫從事奴隸勞動，「活死人」就是指活着的俘虜。

英國著名歷史學家湯恩比著有《歷史研究》大卷。美國的基辛格博士曾說這部大卷屬「最沒有讀者的暢銷書」，意為深奧得難於理解，以至乾脆不看，但又非買不可，僅僅因為它是湯恩比所著。

第三種毛病是限制得不合事理，不倫不類。

　　倪正茂先生舉過一個很生動的事例。在 20 世紀 70 年代末一次科學知識廣播中，説到有一位婦女生了個遍身是毛的男嬰，還特別説明產婦是「一位貧農女社員」。有的文章就問，為甚麼要特別説明是「貧農」呢？是要説明別的成份或身份的婦女生不出毛孩呢，還是想説明貧農之外的婦女生下毛孩來就沒有科學價值呢？或者説這是貧農婦女的特別榮耀，其他婦女不配享有呢？或者反過來説，因為是農民而且是貧農，才生個「怪胎」，而其他成份或身份的婦女則不會有這種事呢？不必要的説明反使得宣傳科學知識的廣播變得不科學了。

　　話説回來，對生「毛孩」的婦女，應怎樣來限制才恰當呢？只要説：「遼寧的一位婦女」，或者説：「遼寧某地農村的一位婦女」，就可以了，硬要在「婦女」前面貼上成份的標籤，就節外生枝了。

　　還有一種常見的錯誤是把分解當作限制。例如，有人指着一篇文章中的一段話對我們説：「這裡用的就是概念的限制方法。」拿過來一看，原來是：

　　　　1948 年，郭沫若在香港與茅盾聚談時，説起魯迅「俯首甘為孺子牛」這句詩。郭沫若説：「魯迅願做一頭為人民服務的『牛』。我呢？我願做這頭『牛』的『尾巴』，為人民服務的『牛尾巴』。」茅盾接着笑了笑説：「那我就做『牛尾巴』上的『毛』吧！它可以幫助『牛』把吸血的大頭蒼蠅和蚊子掃掉。」

　　乍一看，把「牛」縮小為「牛尾巴」，再縮小為「牛尾巴上的毛」，似乎是限制，其實不然。前面説過，概念的限制是把屬概念

限制為種概念，而不是將反映事物的整體的概念縮小為反映該事物的部分的概念。又如，「上海」與「上海的外灘公園」，它們分別反映的是事物的整體與部分，也不是限制。「上海」是一個單獨概念，它下面沒有種概念，所以不能再作限制。

概念的概括，是指通過減少概念的內涵從而擴大概念的外延，即由外延較小的種概念過渡到外延較大的屬概念的一種思維活動。概括與限制正相反。

有則笑話是嘲笑「以小人之心度君子之腹」的：

> 「小姐，今早我買東西時您算錯了三塊錢。」
>
> 「當時你為甚麼不聲明？」營業員怒形於色，「現在為時已晚了！」
>
> 「那好，那多找給我的三塊錢就不退給您了！」

「算錯」是外延較大的屬概念，它包括了「多找」和「少找」兩種情形。「算錯」是對「多找」的概括。

在日常生活中，我們經常看到「因故」之類的公告：飛機航班「因故」取消，火車「因故」晚點，會議「因故」改期……究竟甚麼原因呢？只有當事人知道。「因故」二字的使用，很概括、很省力，它既能為好事圓場，也能為壞事遮羞。

北京過去有一類商店，專賣四樣東西，商店的招牌就叫「石灰、磚、瓦、麻刀商店」。因為它不賣別的建築材料，不能叫「建築材料商店」，所以只好取這麼一個囉嗦的名稱。這跟百貨商店、中藥鋪、山貨店不同，這些商店如果也用類似的方法命名，那就

沒有那麼大的招牌可以寫得下了。

　　對概念進行概括有助於對事物的認識從特殊過渡到一般，掌握事物的本質。在科學研究中，發現了一類新事物，總要把新事物歸入某一類，這就需要概括，例如說：「鴨嘴獸是卵生的哺乳動物」，就把鴨嘴獸歸到哺乳動物這一大類中去了。

乙 編

算命先生的訣竅

—— 判斷與句子

　　唐朝人高擇在《群居解頤》這本書中講了這樣一件事：節度使韓簡，是個大老粗，與讀書人談話，常常聽不懂，覺得很羞愧。於是叫人為他講解孔子的言行錄《論語》。在聽完《為政》篇的講解之後，他對別人說：「鄙人最近知道古人淳樸，年至三十方能行立。」聽到這話的人「無不絕倒」。

　　堂堂節度使，聽講《論語》的心得體會竟是古人淳樸到三十歲才能站立、行走，如此笑話怎不令人「絕倒」呢？

　　孔子曰：「三十而立，四十而不惑，五十而知天命，……」「三十而立」是說三十歲建功立業的意思。韓簡這個人雖然鬧了笑話，但他以不學為恥，而且敢於發表心得體會，還是好的，只不過留給後人一個笑柄而已，無礙甚麼大事。

　　笑話只能在允許其存在的時代裡流行，在「滿臉都是死相，說笑便是放肆」的時代，是談不上笑話的流行的。至於盛行文字獄的社會，則更會因為一舉手、一投足、一句話、一行字為統治者所不容，因而慘遭殺身之禍。例如，清朝有人吟了兩句詩「清風不識字，何必亂翻書」，就身首異處。在「四人幫」橫行的十年中，我們又耳聞目睹了同類的現象。

　　南京有個鐵路工人在土窯西側勞動，當時颳東風，滿頭滿臉

都是灰，他便説了句：「要是颳西風就好了！」就是這樣一句話，竟銀鐺入獄，吃了 3 年官司。罪名是和一句名言唱了反調。

上面兩個例子説的都是一句多解的情況，從邏輯上來説，是關於命題、判斷與句子的關係問題。命題是有真假的句子，判斷則是斷定了真假的命題。《水滸傳》中的軍師吳用為宋江提供的計謀可視為命題，一旦為宋江採納則成為判斷。在日常運用中，我們往往忽略二者的區別。作為邏輯通俗讀本，本書也只談判斷而不用命題這一字眼。

判斷是斷定事物情況的思維形式。對事物具有（或不具有）某種屬性作出斷定（肯定或否定），這就形成判斷。正如概念與語詞的關係一樣，判斷的表達方式是有真假可言的陳述句。判斷是句子的思想內容，句子則是判斷的表現方式。句子與判斷間的關係也不全是一一對應的：有的句子在不同的場合可以表達不同的判斷；不同的句子也可以表達同一個判斷。

產生一句多解的情況，常常是因為句子中用了多義詞。「立」既可解作站立的立，也可解作成家立業的立。「東風」與「西風」是自然現象。「大凡家庭之事，不是東風壓倒西風，便是西風壓倒東風」，林黛玉用來譬喻大家族中各勢力的爭鬥，毛澤東主席也曾借用來説明世界上政治勢力的較量。

明朝李東陽居官時曾出上句「庭前花始放」求對，眾人疑其太容易，卻又無佳對。李便説：「何不對以『閣下李先生』？」眾人一笑而散。「閣下李先生」一句既指物，又指人。王安石的兩句詩「莫嫌柳渾青，終恨李太白」也是一語雙關。

有的算命先生糊弄人的一個訣竅是講「活絡話」。例如他説

「父在母先死」。「在」是多義詞，這句話既可解釋為「父親在而母親先死」，也可解釋為「父親比母親先死」。倘若父母雙全，他仍可自圓其說，解釋成預卜未來。有的算命先生就是利用多義詞來糊弄人。

在《史記‧老子韓非列傳》中，記載了這樣一件事，老子看見周朝衰落，打算出關隱居。當他過城關時，關令尹喜要他留下傳世之作，才肯放他出關，於是老子寫下《道德經》五千言。原文中說：

> 老子……居周久之，見周之衰，乃遂去。至關，關令尹喜曰：「子將隱矣，彊為我著書。」於是老子乃著書上下篇……

在「關令尹喜曰」這個句子裡，「尹喜」是人名，「關令」是尹喜的官名。據說，許多古文字學家、史學家有不同的解釋。有的解作「姓關的令尹高興地說」，有的解作「姓尹的關令高興地說」，有的又解作「令尹關喜說」。文言簡古，容易發生歧義。你看，短短的五個字，引得注家蜂起，眾說紛紜。由此看來，使用一個容易發生歧義的多義詞，必要時應加以解釋。

上海南京路附近曾有一家「謝客來」酒店。天啊，誰敢來？既然你「謝客來」，還開甚麼酒店？酒店老闆或許是要表達「感謝顧客光臨」的意思，但謝客即拒客，這也是起碼的常識。

有時孤零零的一個句子有歧義，很難下結論，可以把它放到具體的語言環境中去，聯繫上下文來加以確定。把「三十而立」與「四十而不惑，五十而知天命……」聯繫起來，一般人都不會發生

誤解。韓簡的錯誤在於斷章取義，生吞活剝。

　　又如，「夔一足」，這三字既可說是夔這個人只有一條腿，也可以說有夔這樣一個人就足夠了。單從字面看，兩種解釋都不錯。究竟哪種解釋正確呢？《呂氏春秋‧察傳》中記載了魯哀公與孔子的對話：魯哀公問孔子道：「主管音樂的夔只有一條腿，可信嗎？」孔子回答說：「從前舜要用音樂來教化天下，就命重（有羲氏）和黎（有和氏）於草莽之中選拔到夔這個人，舜便用夔主管音樂。夔就調正六律、五聲、使八方的風協和，天下都對舜很順從。重、黎二人又想再多找些人。舜就說：音樂是天地間最精華的東西，可以調和得失，所以只有有才智的人能夠調整音樂。夔是能夠這樣的，並且能使天下安定，有夔這樣一個人就足夠了。所以說『夔一足』，並不是說他只有一條腿。」

　　孔子博古通今，他將「夔一足」的來龍去脈一交代，孰是孰非就一清二楚。

　　古時有個縣令，是個刮皮老爺。他做生日，要老百姓送禮，老百姓都恨死他了，但不送不行。於是眾人送他一塊匾，上書四字：「天高三尺」。縣令大喜，說道：「我做父母官，天都高了三尺。」他哪裡曉得人家是罵他連地皮都刮了三尺呢？

　　不同的句子可以表達同一個判斷。在說話寫文章時，人們往往選擇不同類型的句子來表達同一判斷。例如，「中國人民是多麼勤勞、勇敢的人民啊！」「中國人民難道不是勤勞、勇敢的人民嗎？」「中國人民是勤勞、勇敢的人民。」感歎句、反問句、陳述句，感情色彩不一樣，語調上抑揚頓挫有差別，選擇哪一句型較適合，就要視具體場合而定了。

　　牛津大學有個叫艾爾弗雷特的人，因能寫點詩而在學校小有名氣。有一次他在同學面前朗誦自己創作的詩。有個叫查爾斯的同學說這首詩是從一本書裡偷來的。這使艾爾弗雷特非常惱怒，他要求查爾斯當眾道歉。查爾斯卻說：「我以前很少收回自己講過的話。但這一次，我認錯了。我本以為他的詩是從我讀的那本書裡偷來的，但我到房裡翻開那本書一看，發現那首詩仍在那裡。」

　　「那首詩是從一本書裡偷來的」與「那首詩仍在那本書裡」，雖然語言形式不同，但表達的意思一個樣。查爾斯對文抄公作了辛辣的嘲諷。

　　用不同的句子表達同一個判斷，還有這樣一種情形值得注意，「我們戰勝了敵人」與「我們戰敗了敵人」，雖然分別用了「戰勝」與「戰敗」兩個相反的概念，但是兩個句子表達的卻是同樣的意思，即「我們打敗了敵人」。

「所有人是笨蛋或人和笨蛋是笨蛋」

—— 結構歧義

這是十年浩劫時期發生的一件真事，然而是一個笑話。

某女教師接到弟弟拍來的一份加急電報，電文是：「父心肌梗死搶救死亡危險速回」。

「死亡」，這個可怕的字眼一映入眼簾，不幸的女教師慟哭一場，隨後便急急告假奔喪。誰知未進家門，便見老父親正倚門而待，朝她微笑着哩！

誤會是怎麼產生的呢？上述電文可以作兩種不同的解釋：一是，父親心肌梗死經搶救無效而死亡，並且有危險請速回；二是，父親心肌梗死正在搶救，有死亡危險，請速回。

按第一種理解既說死亡又說有危險（尚未死亡），這顯然自相矛盾。從情理上說，這種不合邏輯的熱昏胡話不會是弟弟想要表述的。而第二種理解完全合乎事理，應是發報人的想法。

女教師的真正「不幸」是在於她將「死亡」和「危險」斷開，誤解了電文，留下笑柄。姐姐的不幸或許是太粗心，或許是邏輯修養欠佳，見矛盾而不以為怪。弟弟也是不幸的，這有歧義的電文就是他的傑作。

這有歧義的電文犯了結構歧義錯誤。結構歧義是這樣一種謬誤：由表達命題的語句的語法結構的不確定而引起的命題歧義。

包含了這種謬誤的命題往往有多種解釋，一般說來，其中的一種解釋是正確的，其餘的都是不正確的。使用有多種解釋的同形異構語句，不利於順利進行思想的交流。例如：

伯特是一個肥胖牲畜飼養員。

這個句子在結構上是模棱兩可的。是說牲畜飼養員伯特很胖呢，還是說飼養員伯特飼養的牲畜很胖？

再看下面一個句子：

我聽說他是在學校裡。

這也是一個模棱兩可的句子。究竟是想說「當我聽說他的時候，我是在學校裡」，還是指「我聽說，他這人在學校裡」呢？

前一篇說過，算命先生的一個訣竅是講「活絡話」。「父在母先死」，既有語詞歧義，又有結構歧義。

《論語》文不加點，其中一句「民可使由之不可使知之」使得後世說解紛紜，孔夫子本人也被搞得面目不清。

傳統的斷句是：「民可使由之，不可使知之。」

清末康有為設想斷為二重複句：「民可使，由之；不可使，知之。」

此後，還有人斷為：「民可，使由之；不可，使知之。」

不同的斷句表達不同的意思。根據傳統的斷句，歷史上的思想又有四種不同的註釋：

　　第一種是漢代流行的「愚民」説：「只能讓民眾服從，而不能讓民眾知其所以然。」

　　第二種是宋代程頤、朱熹為代表的「民愚」説，意思是説老百姓太愚笨了，沒有辦法使民眾百姓明白所以然。

　　第三種是「民乃弟子」説，認為「不可使知之」一語是承上章「興於詩，立於禮，成於樂」而來。謂詩、禮、樂可使民由之，不可使知之。

　　第四種註釋是陸稼書為代表的「民知之有益」説。認為孔子是主張「欲治民者，多方開導，以使之知也」，絕不會不讓民眾知其所以然，不會主張實施愚民政策。

　　今人有文指出，上述各説，同原句含義及孔子一貫主張相悖謬，唯有康有為的斷句是正確的。意為：「如果民眾可以被役使，就任其去行動罷了；如果民眾不可以被役使，那就要教育他們。」認為孔子不是主張「愚民」「民愚」，恰好相反，正是他「智民」「教民」「誨人」教育思想的一個組成部分。文章認為這一斷句法對於正確評價孔丘在我國及世界教育史上的地位都極為重要。這一翻案文章能否得到公認，還是由專家去討論吧。

　　西方中世紀邏輯學家十分重視對非範疇詞（命題聯結詞和量詞）的研究，正確地指出了非範疇詞決定命題形式。這一理論奠定了中世紀邏輯的基礎。例如：

　　　所有人是笨蛋或人和笨蛋是笨蛋。

　　這是一個結構歧義命題。它可以有下面兩種不同的結構：

1.「所有人是笨蛋或人」和「笨蛋是笨蛋」。

2.「所有人是笨蛋」或「人和笨蛋是笨蛋」。

按照第一種結構，它是聯言命題。這個聯言命題是真的。因為它的兩個聯言支都是真的。

按照第二種結構，這是一個選言命題。這個選言命題卻是假的。因為前一個選言支「所有人是笨蛋」為假，後一個選言支又是一個聯言命題，這個聯言命題中的支命題「所有人是笨蛋」是假的，這樣，聯言命題為假，而整個選言命題的兩個選言支都為假，整個選言命題是假的。

還有一種結構歧義是相互涉及歧義。句子中的一個語詞或短語涉及某個在別處提及的對象，但不清楚是指哪一個。例如：

1. 由史密斯夫人如此慷慨地贈送的洗禮盤將放在教堂東頭的位置上，嬰兒現在在兩頭都可以接受洗禮了。

2. 由於利物浦法官在他們季度聚會上的活動，政府迫於壓力採取措施去阻止增長中的飲用甲醇變性的酒精的惡行。

在 1 中，「兩頭」是指教堂的東西兩頭呢，還是指嬰兒的兩頭。

在 2 中，政府是迫於利物浦法官的壓力去阻止惡行呢，還是迫於公眾輿論去阻止利物浦法官的活動？

有些句子孤立地看會產生歧義，但在一定的語言環境中就只有一種很確定的含義，這類句子不能看作有謬誤的句子。如果一個句子在一定的語言環境中仍有歧義現象，那就是包含了結構歧

義的句子。

　　改寫是消除結構歧義的一個好辦法。例如，一首著名的德文
復活節讚美詩在維多利亞時代的譯文是這樣開始的：

　　　　基督永生！現在再也不會了，
　　　　你的恐懼、死亡能使我們害怕。

　　在英語口語中，其中一種可能的意思是同傳統的基督教的教
義明顯不一致，而英語讚美詩的校訂者認為它最好改寫成：

　　　　基督永生！現在你的恐怖，
　　　　啊，死亡，再也不能使我害怕了。

楊絳説「初戀」

—— 關係判斷

法國國王路易十一酷好占星術。他在宮廷中養了一名令他佩服萬分的占星師。這個占星師曾準確預言宮中一名貴婦會在 8 天之內死亡。路易為此而震驚。他想，要不是占星師謀殺了貴婦以證明其預言之神，就是太精於此道。不論是哪一種情況，占星師的存在都威脅了路易本人，占星師都得死。於是，路易十一召見占星師。

在占星師到來之前，國王向埋伏在周圍的士兵交代了動手的暗號。占星師到來後，國王決定問他最後一個問題：「你聲稱了解占星術而且清楚別人的命運，那麼你自己的命運如何，你能活多久？」占星師回答説：「我會在陛下駕崩前三天去世。」

動手的訊號一直沒有發出。占星師不但保住了命，而且受到國王的全力保護。他吃喝玩樂，痛快瀟灑，還有高明的御醫關照他的頭痛腦熱。最後占星師比國王還多活了好幾年。事實否定了他的預言，卻證明了他操控權力的高明「法術」。

故意把自己的命運説成與國王密切相關，這便是占星師的救命符，這便是他的真正「法術」。

在明人馮夢龍的《古今譚概》中有一則題為《王元澤》的故事：

　　　王元澤數歲時，客有以一獐一鹿同器以獻，問元澤：「何
　　者是獐，何者是鹿？」元澤實未識，良久對曰：「獐邊者是鹿，
　　鹿邊者是獐。」客大奇之。

　　小元澤思索良久，終於悟出了一個道道。既然是「一獐一鹿
同器以獻」，那麼，在一獐一鹿之間就存在着「相鄰」關係，獐位
於鹿之旁，而鹿位於獐之旁。根據這種「相鄰」關係，他作出了兩
個關係判斷。

　　「獐邊者是鹿，鹿邊者是獐」，並沒有指明究竟哪個是獐，哪
個是鹿。但是，一個數歲的娃娃，在從未見過獐和鹿因而無法確
認的情況下，說出上述兩句話來，不失為巧妙的回答。

　　客觀事物有各種各樣的性質，斷定對象有無某種性質，在思
想上就形成性質判斷（直言判斷）。性質判斷的主項是一個或一類
對象。「金屬是導電體」就是一個性質判斷。這個判斷揭示金屬有
導電的性質。

　　宇宙萬物，都是相互關聯而存在的。反映兩個以上對象之間
的關係的判斷叫做關係判斷。占星師編造了自己比國王「早死三
天」的關係，王元澤悟出了獐與鹿的「相鄰」關係。

　　關係判斷是斷定對象之間具有或不具有某種關係的判斷。因
此，關係判斷中的關係項至少是兩個。「獐」與「鹿」便是兩個關
係項。「江蘇在上海與山東之間」，則有三個關係項：「江蘇」「上
海」「山東」。

　　《墨經》是我國古代的邏輯學著作。其中有一句「苟兼愛相若，
一愛相若，一愛相若，其類在死也」，非常難解。墨家主張「兼

愛」，即博愛。「相若」意為相等，就是要無差別地愛所有人。後三句卻不知何意，難倒古今多少治墨學者！

著名邏輯學家沈有鼎先生一語破的：「《墨經》指出關係判斷的特點是在於它的不可割裂性。」他根據前人的校勘，將「其類在死也」改為「其類在死蛇」，後三句便豁然貫通。他通俗地解釋說，「甲和乙是湖南人」（聯言判斷）這句話可以拆成兩句：「甲是湖南人，乙是湖南人。」但「甲和乙是朋友」（關係判斷）這句話就不能拆成：「甲是朋友，乙是朋友。」另一個例子是「愛甲與愛乙相若」（相若即相近，關係判斷）這話如果拆成兩句：「愛甲相若，愛乙相若」（「一愛相若，一愛相若」），就沒有意義了。好像一條活蛇用刀切成兩段，就成了死蛇。將關係判斷拆成性質判斷，每一個性質判斷便只有一個主項，不但改變了關係判斷的原意，而且不成話。沈先生的奇思妙想是否符合《墨經》的原意，還有待進一步探討。

由於萬事萬物之間的關係是多種多樣的，因此反映在關係判斷中的關係也就各不相同。「落霞與孤鶩齊飛」，是斷定「落霞」與「孤鶩」有「齊飛」關係；「秋水共長天一色」，是斷定「秋水」與「長天」有「共一色」關係。「珠峰比天下所有山峰都高」，其關係是「……比……高」。

端木蕻良在《曹雪芹》這部書的序言中寫道：「雪芹生活的時代，在歐洲，正是從路易十四頭上摘下的王冠，戴在路易十五頭上的時候。在東方，正是不列顛東印度公司已經入侵印度的時候。在中國，正是西洋傳教士和商人已經踏上『天朝』大門的時候。」

這是將國際、國內的幾個大事件對照起來寫，使讀者對曹雪芹生活的時代背景有一個具體而又形象的概念。其邏輯依據是幾

個大事件具有「同時代」關係。

　　理解和使用關係判斷，要注意關係的對稱性問題。如果甲與乙有某種關係，乙與甲也有某種關係，那麼甲與乙之間的關係就叫做對稱關係。「同時代」關係是對稱關係之一。「張三與李四是同學」。「同學」關係也是對稱關係。張三與李四有同學關係，李四與張三也有同學關係。「相鄰」關係亦然。說「獐與鹿相鄰」，也可說「鹿與獐相鄰」。

　　《阿Q正傳》中，當趙太爺的兒子中了秀才的時候，阿Q剛喝了兩碗黃酒，便手舞足蹈地說，這於他也很光彩，因為他和趙太爺原來是本家，細細排起來他還比秀才長三輩呢！其時幾個旁聽人倒也肅然的有些起敬了。哪知第二天便遭到趙太爺一頓臭罵，還挨了一個嘴巴。從邏輯上說，「本家」關係是對稱關係。他是你本家，你便是他本家。這是不能責怪阿Q的。「你怎麼會姓趙……你怎麼配姓趙！」不許阿Q姓趙，那是強盜邏輯。

　　在章學誠的《文史通義》裡記載說，明萬曆年間蘇州人王某弄了個光宗耀祖的稱號：「太師大學士申時行隔壁豆腐店王二奶奶之位」。申時行是當朝首輔。那位豆腐店奶奶死後能身價百倍，全虧了排牌位的人替她攀龍附鳳，與申時行拉上了「鄰居」關係。你和我是鄰居，自然我和你便是鄰居。可見「鄰居」關係也是對稱關係。其他諸如「相等」「矛盾」「同盟」「親戚」等關係都是對稱關係。

　　不用說，那位王二奶奶是認識當朝首輔申時行的。至於申時行則可能認識這位鄰居，也可能壓根兒就不知道天地間有這麼一位豆腐奶奶。可見，「認識」關係是非對稱關係。所謂非對稱關係是指：如果甲對乙有某種關係，乙對甲可以有某種關係，也可以

沒有某種關係。薛寶釵愛賈寶玉，賈寶玉卻不愛薛寶釵而愛林妹妹。

　　葉聖陶與妻子胡墨林的感情被長子葉至善稱為「曠世愛情」。婚前葉只見過胡的照片，既沒通過書信，也沒見過面，婚後卻情投意合。葉聖陶常常對別人開玩笑説，娶到胡墨林就像「中了頭彩」。「愛」「不愛」是非對稱關係。其他諸如「佩服」「喜歡」「幫助」等都是非對稱關係。

　　與「愛」「不愛」類似，「戀人」和「初戀」也是非對稱關係。吳學昭寫的《聽楊絳談往事》是楊絳唯一親點的傳記。書中談到，楊絳被刨根究底 3 年，無奈道出隱私。楊絳與在清華讀書的錢鍾書邂逅，雖然沒有交談一句話，但有一見鍾情的感覺。事後牽線人孫令衙告訴他的表兄錢鍾書，楊絳有男朋友，但錢不信。第二次見面時，錢鍾書開口便説：「我沒有訂婚。」楊絳則説：「我也沒有男朋友。」從此書信往返、林間漫步、荷塘小憩，開始了長達 60 多年的愛情生活。書中又提及，除了錢鍾書，楊絳從未與任何人談過戀愛。吳學昭説：「有一次我告訴楊先生，某報大字標題『費孝通的初戀是楊絳』，卻沒有甚麼內容。」楊先生當即説：「費的初戀不是我的初戀。讓他們炒去好了，別理它。」

　　有個外國故事説，一個吝嗇鬼不慎掉入深水中，別人伸手去救他，説：「給我手！」但是吝嗇鬼就是不伸過手來。救人者突然醒悟過來，改口説：「給你手！」這時吝嗇鬼掙扎着伸過手來，才免於一死。這當然是笑話，嘲笑吝嗇鬼在性命交關的時刻還不肯給別人手。「給」也是非對稱的。你給他，他可能給你，也可能不給你。

　　在非對稱關係的判斷中，關係前項與關係後項的位置是有講究的。次序一變，意思就不一樣了。

　　1932年2月，英國作家蕭伯納到中國訪問。魯迅、蔡元培等人與他在宋慶齡家裡歡聚。飯後，大家到花園散步。這時恰逢多日連綿陰雨後，天氣初晴，柔和的陽光照在蕭伯納的銀髮上，蔡元培先生高興地說：

　　「蕭翁，你真有福氣，在上海看到了太陽。」

　　蕭伯納聽後微笑了一下說：

　　「不，這是太陽有福氣，在上海看到了蕭伯納。」

　　蕭伯納的話妙趣橫生，充滿了詩情畫意。

　　與對稱關係相對應的還有一種反對稱關係。「三大於二」，那麼二就必不大於三。所謂反對稱關係是指：如果甲對乙有某種關係，乙對甲必然無此種關係。「快於」「重於」「早於」「壓迫」「侵略」等等，都屬於反對稱關係。如果說占星師比路易十一早三天死的話，那麼決不能反過來說路易十一比占星師早三天死。

　　對稱關係與非對稱關係及反對稱關係，不能混同，混同了就要犯邏輯錯誤。十年浩劫中，有人就誤將非對稱的「了解」關係當作對稱關係來進行逼供信。例如根據「張三了解李四」，推斷李四也一定了解張三。

　　理解和使用關係判斷，還要注意關係的傳遞性問題。如果甲與乙有某種關係，並且乙與丙也有這種關係。那麼甲與丙就必有這種關係，這種關係就是傳遞性關係。例如，A大於B，B大於C，那麼A大於C。又如曹操比周瑜年長，周瑜比諸葛亮年長，那麼曹操一定比諸葛亮年長。

　　與傳遞性關係相對應的也有反傳遞與非傳遞關係。如果甲與乙有某種關係，乙與丙也有這種關係，而甲與丙必無此種關係，那麼甲與丙的關係就是反傳遞關係。例如，祖孫三代，其父子關係就是反傳遞的。祖與父有父子關係，父與子也是父子關係，而祖與孫就必然不是父子關係。

　　如果甲與乙有某種關係，乙與丙也有這種關係，而甲與丙可以有這種關係，也可以沒有這種關係，那麼甲與丙的關係就是非傳遞關係，例如，「認識」「喜歡」「相鄰」等關係是非傳遞的。不能因為甲認識乙，乙認識丙，就推斷甲一定認識丙。「老子革命兒好漢，老子反動兒混蛋」，血統論把本來是非傳遞的政治關係當作了傳遞關係。

　　古時候有個聰明的老人，他有個打獵的朋友，送給他一隻兔子。老人很高興，當即用兔子做菜招待了獵人。一個星期後，有五六個人找上門來，自稱「我們是送你兔子的那位朋友的朋友」，老人便拿出兔湯招待了他們。又過了一個星期，又來了八九個人，對老人說：「我們是送給你兔子的那位朋友的朋友的朋友。」老人就給他們端來一碗泥水。客人很詫異，問：「這是啥？」老人說：「這就是我那位朋友送來的兔子的湯的湯的湯。」我和你是朋友，你和他是朋友，我和他可能是朋友，也可能不是朋友而是冤家。老人的機智就在於形象地把朋友間的非傳遞關係揭示了出來。

　　還要提請大家注意的是關係判斷的量項。任何一個關係判斷都有量項，同性質判斷一樣，分為單稱、特稱與全稱三種。把握關係項的量項對於準確把握關係判斷的意義有密切的聯繫。對下面兩句話，人們往往把它們混為一談：

　　有人欣賞所有新產品。

　　對所有新產品來說，總有人欣賞它們。

　　前一句意思是說，至少有一人，他欣賞所有新產品。後一句的意思則不然：所有新產品都有人欣賞，每一個新產品不是這個人欣賞，就是別的人欣賞。總有人欣賞，但不一定指至少有一個人欣賞全部新產品。為便於理解，舉例來說，全部新產品是十件，有十個人，每人各自欣賞一件，便是其中的一種情形。

複雜的生命之網

—— 假言判斷

你相信嗎？某一區域內貓的數目可以決定該區域內某些花的多少。乍一聽，許多人都要覺得奇怪，把貓與花搭上，真是風馬牛不相及！

但是，上述觀點不是甚麼瞎七搭八，而是科學考察的結論。打開達爾文的著作《物種起源》便可知道，「自然界地位相距極遠的動植物」「被一種關係複雜的網聯繫在一起」。就拿蘭科植物來說，大都需要昆蟲傳遞花粉，才能授粉。據達爾文的實驗結果，熊蜂幾乎是三色菫授粉所必需的，因為別的蜂類都不訪這種花。還有幾種三葉草的授粉，亦需要蜂類為媒介。這就可以滿有把握地推論，如果整個蜂屬在英國絕跡，或變得極稀少，則三色菫和紅三葉草亦將極其稀少，或甚至絕跡。

一個地方熊蜂的數目又和田鼠的數目很有關係，因為田鼠常破壞蜂窩，吃蜂的幼蟲。而田鼠的數目又和貓的數目很有關係。

因此，一區域內有了大量的貓，首先通過對田鼠，隨着又通過對蜂的干預作用，可以決定該區域內某些花的多少。

有的科普讀物繼續發揮達爾文的思想，說英國海軍的強弱與當時英國的尼姑的多少也有關係。因為尼姑喜歡養貓，尼姑多則貓多……三葉草多則牛奶和牛肉的產量高，因而海軍官兵的體質

就強壯。這是不是牽強附會呢？還是由專門家去研究吧。

達爾文的以上敘述，包含了一系列的假言判斷。

假言判斷是反映對象之間存在的條件與結果的關係的判斷。「只要堅持開展植樹運動，祖國就會變得更加美麗。」這是假言判斷，這句話的前半部分說的是「條件」，稱「前件」；後半部分說的是「結果」，稱「後件」。整個假言判斷反映「條件」與「結果」之間的關係，亦即「前件」和「後件」的關係。

假言判斷按前件與後件之間的不同關係，可以分為充分條件假言判斷、必要條件假言判斷以及充分而且必要條件假言判斷。

充分條件假言判斷，就是前件為後件的充分條件的假言判斷。這是一種從前提導致結論的關係。其表達式為：

如果 p，那麼 q

如果摩擦，那麼物體會升溫；如果日曬，那麼物體會升溫；如果燃燒，那麼物體會升溫；等等。我們就說摩擦、日曬、燃燒等是物體升溫的充分條件。有甲、乙兩種事物情況，如果事物情況甲存在，乙就存在；如果甲不存在，乙不一定不存在，在這種情況下，甲就是乙的充分條件。

在充分條件假言判斷中，前件和後件的關係是：有前件必有後件，無前件卻不一定無後件。可以用這樣兩句話來概括：「有之必然」，「無之未必不然」。例如，如果摩擦，那麼物體會升溫；但不摩擦，卻不一定不升溫，因為還可以通過燃燒等來升溫。

達爾文考察到的上述現象，可以列成一系列的充分條件假言

判斷：

> 如果貓多，那麼田鼠少。
>
> 如果田鼠少，那麼熊蜂多。
>
> 如果熊蜂多，那麼三葉菫與三葉草多。

其中，「貓多」會使「田鼠少」，「田鼠少」會使「熊蜂多」，「熊蜂多」會得到「三葉菫與三葉草多」的結果，三個判斷的前件分別是其後件的充分條件，所以都是充分條件假言判斷。

充分條件假言判斷在漢語裡通常以「如果……，那麼……」的句式出現，此外，還有以「只要，就」「倘若，則」「假如」「要是」等作為邏輯聯結詞的。例如，魯迅說：「只要兩天不吃飯，飯的香味便會是一個特別的誘惑；要是走過街上飯鋪子門口，更會覺得這個香味一陣陣衝到鼻子來。」

但也不能認為凡是使用了「如果，那麼」等聯結詞的句子就統統是充分條件假言判斷。例如：「如果說杜牧的《阿房宮賦》是賦體的餘脈，又是賦體的名篇的話，那麼，王勃的《滕王閣序》則可稱為駢文的餘脈，又是駢文的名篇。」這個復合句儘管使用了「如果，那麼」，卻並不是表示兩者有甚麼條件聯繫，而只是將兩者加以對照。

在說話、寫文章時，人們往往將充分條件假言判斷的邏輯聯繫詞省略。例如：「石在，火種是不會絕的」；「慶父不死，魯難未已」。

有的假言判斷不僅省掉了聯結詞，而且還以各種不同的語句

形式出現。古希臘人説：「你想變得強壯，你就跑吧；你想變得美麗，你就跑吧；你想變得聰明，你就跑吧。」這是倒裝句。

　　在自然語言中，含有「如果，那麼」一類聯結詞的句式可以表達各種不同的含義。例如，「如果水銀柱上升，那麼溫度升高」，前、後件是理由與推斷關係；印度邏輯中常見以煙推火的論證式，「如果有煙，那麼有火」，前果後因，反映事物間的因果聯繫；「假如中國不發生『文化大革命』，中國也許已經成為中等發達程度的國家了」。這是假設句，或者稱為反事實條件句、虛擬條件句。前件是反事實的假設，後件是由前件引出的猜測。除常見的以上幾種以外，邏輯專家還注意到時序關係、詞義關係等都可以用「如果，那麼」一類聯結詞的句子來陳述。形式邏輯不研究以上這些內容大不相同的種種關係，更不會去研究每一種類關係中千差萬別的各種含義和用法。一個充分條件假言判斷在內容上是否真，這是各門科學回答的問題。形式邏輯的充分條件假言判斷把上述種種關係中個別的、特殊的含義和用法作為不相關成份拋棄掉，只針對它們的共同特性作抽象。甚麼是「如果，那麼」句式的共同特性呢？那就是當前件真時後件必真，而當前件真並且後件假時，則整個判斷為假。怎樣來判定一個充分條件假言判斷是否成立呢？先把真假以外的一切內容都捨棄掉，只考慮前、後件各自的真假情況，以此來確定整個判斷的真假。

　　一個充分條件假言判斷前後件的真假怎樣影響整個判斷的真假呢？在古希臘對此有過激烈的爭論。有人形容當時的爭論説：「甚至連屋頂上的烏鴉也呱呱叫着哪些條件句是真的。」

　　一個真的充分條件假言判斷在三種情形下得到：當前件真並

且後件也真時，例如，「如果這是白天，那麼天亮」；當前件假並且後件也假時，例如，「如果地球會飛，那麼地球有翼」；當前件假並且後件真時，例如，「如果地球會飛，那麼地球存在」。

一個假的充分條件假言判斷只在一種情形下得到：前件真並且後件假，例如，「如果這是白天，那麼這就是夜晚」。

充分條件假言判斷又稱為蘊涵，根據以上四種情況來判定整個判斷的真假，稱為實質蘊涵。實質蘊涵是對自然語言中含有「如果，那麼」句式所表達各種不同含義的最高度抽象。實際運用時，可以不考慮判斷中除真假以外的具體內容和心理因素，使問題簡單化，又能得到最廣泛的運用，適用於一切領域。

前件是後件必要條件的假言判斷，叫必要條件假言判斷。必要條件假言判斷的邏輯聯結詞是「只有，才」「必須，才」等等。例如，「必須借得東風，才能大破曹軍」「只有坦坦無憂愁，才能長壽」。「借東風」是「破曹軍」的必要條件，「無憂愁」是「長壽」的必要條件。

必要條件表明無此條件則必定不能產生某一結果，有此條件卻不一定能產生這一結果，即「無之必不然，有之未必然」。其表達式為：

　　　　只有 p，才 q

必要條件的假言判斷也表示前提與結論之間的關係，僅僅表明前提對結論的必要性，沒有 p 就沒有 q，而不能從前提推出結論。

紀曉嵐的《閱微草堂筆記》中有一段關於伊犁城中找水的記載：「伊犁城中無井，皆出汲於河。一佐領曰：『戈壁皆積沙無水，故草木不生。今城中多老樹，苟其下無水，樹安得活？』乃拔木就根下鑿井，果皆得泉。」佐領的思路是很對頭的：水是樹活的必要條件。

黑格爾講過這樣一件軼事：古希臘哲學家泰勒斯抬頭觀望星辰時，掉進一個坑裡，有人嘲笑他雖然認識天上發生的事情，卻看不見自己腳下的東西。

黑格爾評論說：只有那些永遠躺在坑裡，從不仰望高空的人，才不會掉進坑裡。這一個必要條件假言判斷說得多好啊！

有一首歌，從標題到歌詞全是由必要條件假言判斷組成：

> 沒有太陽就沒有鮮花，
> 沒有黎明就沒有朝霞，
> 沒有泥土就沒有莊稼，
> 沒有熔爐就沒有鋼花，
> 沒有理想就沒有宏圖，
> 沒有基石就沒有大廈。

它們以「沒有……，沒有……」句式出現。「不破不立，不止不行，不塞不流」則以「不……，不……」句式出現。

一個真的必要條件假言判斷在三種情形下得到：當前件真並且後件也真時，例如，「只有有水，樹才能活」；當前件假並且後件也假時，例如，無水，樹也不活；當前件真並且後件假時，例

如，有水，但樹不活。

一個假的必要條件假言判斷只在一種情形下得到：前件假並且後件真，例如，沒有水樹也能活。

下面一個故事選自《波斯趣聞》：

> 有一次，國王問身邊的大臣：「王宮前面的水池裡共有幾杯水？」
>
> 大臣回稟：「這種問題，只要問一個小孩子就能得到正確的答覆。」
>
> 於是，一個小孩子被召來了。
>
> 「要看是怎樣的杯子」，小學生不假思索，應聲而答，「如果杯子和水池一般大，那就是一杯；如果杯子只有水池的一半大，那就是二杯；如果杯子只有水池的三分之一大，那就是三杯；如果……」
>
> 「行了，完全對。」國王說着，獎賞了小學生。

對於這個難題的解答，小孩子的思考方法是脫出常規的。首先他以敏銳的洞察力看到了問題的關鍵 —— 並未限定杯子的規格，因而池水的杯數就隨杯子的大小而不定。天下當然不會有和水池一般大的杯子，這只不過是小孩的大膽假設而已。他的一系列巧妙回答，用邏輯語言來說，就是一系列充分必要條件假言判斷。「一般大」是「一杯」的充要條件，「一半大」是「二杯」的充要條件。

充分必要條件是「有之必然，無之必不然」。充分必要假言判

斷是指前件既是後件的充分條件，又是後件的必要條件的假言判斷。其表達式為：

當且僅當 p，則 q

有前件則一定有後件，沒有前件則一定沒有後件。

「當且僅當一個數在其數位上的數之和能被 3 整除時，這個數就能被 3 整除。」「當且僅當」是這個充要條件假言判斷的聯結詞。在日常生活中，人們沒有用「當且僅當」的習慣，據說是從英語直譯過來的，源於英國邏輯學家的生造。

一個真的充分必要假言判斷有兩種情形：前後件同真或同假；一個假的充分必要假言判斷也有兩種情形：前後件不同真或不同假，一真一假。

「我要嫁給希特拉！」
—— 假設條件句的真假

　　標題上的這句話出自正在參加「香港小姐」評選決賽的一位選手之口，她不是精神病人。她面對電視鏡頭，侃侃而談，還贏得台下觀眾滿堂彩！這是生活中的一幕，還是小說中的虛構？還是先從阿凡提的故事說起。

　　阿凡提開了個小染坊，巴依想刁難他。有一天，巴依來染布，對阿凡提說：「我要染的顏色普通極了，它不是紅的，不是藍的，不是黑的，又不是白的，不是綠的，不是黃的，也不是青的……你明白了嗎？」

　　阿凡提說：「明白了，明白了，我一定照你的意思染，你就到那一天來取吧！那一天不是星期一，不是星期二，不是星期三和星期四，又不是星期五和星期六，連星期天也不是。我的巴依，如果那一天到了，你就來取吧！」

　　巴依給阿凡提確實出了個難題，他自以為得計，卻沒想到那麼快就失效了。巴依所要的顏色說是普通，但是在實際生活中是不曾有的，事實上阿凡提也很難染出這種顏色來，更何況巴依的話裡隱含的意思是，他要的這種普通顏色不僅事實上具有的各種顏色都不是，連邏輯上假想的顏色也在排除之列。難題之難，難在根本不可能！

　　可是這樣一個難題一到阿凡提手裡，就迎刃而解了。解決的辦法出人意料之外，又在情理之中。阿凡提沒有去正面反擊，而是滿口答應，「一定照你的意思染」，來個欲擒故縱。接着就仿照巴依說話的方式，也提出一個要求。這個要求看起來數量上有所不同，巴依是要染無數顏色之外的一種顏色，而阿凡提選擇的卻是有限的一個星期七個日子之外的一天。巴依的要求根本無法實現，阿凡提的要求也不可能滿足。由於阿凡提滿口答應了巴依的要求，並在此基礎上提出自己的要求，換句話說，後一個要求是以前一個要求為依據，為前提的，因此，首先提出無理要求的巴依也沒有理由質難阿凡提。由於阿凡提所要求的那一天永遠不會到來，巴依所要的那種顏色也永遠不會出現。阿凡提就是這樣極其巧妙地「滿足」了巴依的願望。

　　有人說，阿凡提的戰法極其高明，他採用的是「以其人之道，還治其人之身」的辦法，這樣說，誠然是對的。但是，這種方法的邏輯依據又是甚麼呢？

　　我們可以把阿凡提的答話看成是一個假設句：假定有你說的那種顏色的話，那麼也一定會有我要求的那樣一天。

　　這個假設句的意思是，假定發生某一件事情，然後得出結論說，另一件事也存在着。我們知道，假設句的邏輯結構是邏輯蘊涵，也就是說，這個假設句的邏輯結構是充分條件假言判斷。我們用標準的邏輯語言把上面這個假設句改造一下便成為：

　　　　如果有那樣一種顏色，那麼會有那樣一天。

　　這個充分條件假言判斷是真的還是假的呢？在日常語言中，判別一個句子是真是假，首先要考察前一句與後一句之間在內容上是否有必然聯繫。由於形式邏輯不研究內容上的聯繫，因此，「如果有那樣一種顏色，那麼有那麼一天」，其前、後件是否有必然聯繫，這是很難回答的。換句話說，阿凡提根據心理因素，把前後兩件事扯在一起是否合理，這是沒有標準可言的。形式邏輯僅僅從句子的真假關係這唯一保留的內容因素來判別句子的真假。按照形式邏輯的判定方法，上述句子儘管前一句和後一句都是假的，但整個句子聯起來看卻是真的。

　　為甚麼說阿凡提的這一句話，第一分句是假的，第二分句也是假的，但總起來看仍是真的呢？

　　根據經驗，我們知道，「如果下雨，則馬路濕」這個判斷是真的。

　　當着事實上在下雨，並且事實上馬路也濕了時，「如果下雨，則馬路濕」這整個句子是真的。

　　當着事實上沒有下雨，而馬路濕了，這整個句子仍是真的，因為它沒有排除其他原因會造成馬路濕，例如可能由於灑水車灑了水。

　　當着事實上沒有下雨，馬路也不濕時，整個句子還是真的，也就是說，前後兩個分句都是假的時，整個句子仍為真。因為它根本沒有斷定下着雨或馬路濕，而僅僅是說：如果下雨，則馬路濕。阿凡提的話，前後分句都假，就與這第三種情況相同。

　　只有在發生了這樣的事，即同我們的經驗相反，下着雨，但馬路卻不濕，在這種情形下，我們說「如果下雨，則馬路濕」，才

是假的。當然，這第四種情形在實際上是不可能的。

　　同樣，當我說「如果你贏了這一盤，則我將自己的『將』吃下去」時，我的意思是：第一，我想說，我造的這個復合句是真的；第二，我從這樣一個前提出發，即「我將自己的『將』吃下去」這個句子是假的；第三，我想表明，在這種場合，第一句「你贏這一盤」也必然是假的。這個句子和「如果下雨，則馬路濕」不同，在被聯結的句子之間沒有內容上的聯繫。聯繫只存在於被聯結的句子的真假方面，這一點和阿凡提的話是大致相同的。

　　1997 年出生的中國最年輕的圍棋九段柯潔於 2015 年一年連拿 3 個世界冠軍後，不斷有記者追問他的學棋經歷。他說小時曾在北京聶衛平圍棋道場學棋，一度成績不好沒人要。有一年個人賽 1 勝 7 敗。柯浩輸急了便說：「再輸就吃棋盤。」可是最後還是輸了，但棋盤也沒吃。

　　他這樣說，只是要表示不再輸的一種決心。從「如果你贏了這一盤，則我將自己的『將』吃下去」以及「我不將自己的『將』吃下去」出發，就可推出「你贏不了這一盤」──即「你贏這一盤」是假的。這是一個充分條件假言推理的否定後件式。從邏輯形式上來看，是完全有效的。同樣，阿凡提的話裡也包含了這樣一個推理形式：

　　　　如果有那樣一種顏色，那麼會有那樣一天，
　　　　不存在那樣一天，（在阿凡提話中省略了）
　　　　所以，不存在那樣一種顏色。

　　當然，上述的分析是我們根據形式邏輯作出的，阿凡提不可能這樣來思考。只不過是他的話中不自覺地運用了這種邏輯方法而已。

　　至此，我們可以看出，阿凡提雖然沒有正面指出巴依的要求是辦不到的，但是，這個結論是必然地包含在前提中了。這一點，阿凡提清楚，巴依也很明白。

　　下面我們要來解釋本文標題「我要嫁給希特拉！」是怎麼回事了。

　　香港小說《選美前後》中有這樣一個情節：香港選美進入決賽階段，主持人為了測試參賽的楊小姐的談吐應對技巧，便問道：「假如要你在兩個人中選擇一個做你的終身伴侶，你會選擇誰呢？這兩個人，一個是波蘭大音樂家蕭邦，一個是德國法西斯頭子希特拉！」

　　漂亮聰穎的楊小姐不慌不忙，語出驚人：「我要嫁給希特拉！」

　　台下觀眾頓時騷動起來，追問她為甚麼選擇希特拉。楊小姐微笑着回答：「我希望自己能感化希特拉。如果我嫁給希特拉，第二次世界大戰就不會死那麼多人，也肯定不會讓他發動第二次世界大戰！」

　　楊小姐知道，蕭邦和希特拉都是歷史人物，要她嫁給哪一個都是不可能的，是假的。因為條件假，所以她可以隨意選擇而不需要兌現。回答嫁給蕭邦會落入俗套，回答嫁給希特拉卻驚世駭俗。果然，她以自己的睿智贏得了全場觀眾的熱烈掌聲。

磨工賣驢的啟示

—— 選言判斷

　　拉·封丹是法國 17 世紀著名的寓言詩人。他有首《磨工賣驢》的寓言詩，饒有風趣又發人深省，概述如下：

　　　　一個老磨工和他十五歲的兒子一起趕集賣驢子。為了使牲口顯得肥壯而易出售，他們便抬着驢子走。路上罵聲不絕於耳：「可憐蟲！傻瓜！粗胚！蠢材！」有人還大笑說：「三個中最笨的笨驢，看來不是驢子自己！」磨工於是讓兒子騎驢，自己徒步。走不多久，一位老商人向孩子大喝：「下來！下來！」理由是「青年人帶老跟班」，不成體統。於是他們換了一個地位。後來三個少女看見，又大罵老蠢材虐待孩子。老人連忙叫兒子也上驢子。走不到三十步，又有旁人為驢子抱不平。老磨工叫苦不迭，只好讓驢子領隊，爺兒倆做跟班。某君又嘲諷說：「這是不是新的風尚，把驢子也來個解放？」這時，磨工終於大徹大悟，從中選擇了一個方案，隨人家怎麼說，走自己的路。

　　這則寓言告誡人們，凡事要有主見，不要隨便讓人在自己腦子裡跑馬。寓言本身包含了一個邏輯道理。可以把老翁、孩子與

驢子的關係列成一個選言判斷：或者是爺倆抬着驢子走，或者是孩子騎驢而老翁徒步，或者是換個位，或者是「委屈」一下驢子，兩個人都騎上去，或者是對畜牲施與人道。

在上述選言判斷中，老翁有五種選擇，他們應該也完全可以從其中找出至少一種妥當的辦法來。「他就這麼做了，倒是做得很好！」

選言判斷是斷定事物若干可能情況的判斷。

在選言判斷中，所反映的事物的每一種可能情況都形成一個支判斷，稱為選言支。選言支至少有兩個，以供選擇。整個判斷沒有對每一種事物情況作最後的判定。

一個判斷是不是選言判斷與一個選言判斷是真是假屬於不同的兩個問題。

選言判斷的真假與選言支是否窮盡有關。所謂窮盡，是指把每一種可能性都列舉出來。

一個窮盡的選言判斷必定是真的選言判斷。在特定範圍內，它已包括了一切現實的可能性，而其中必定至少有一為真，因而整個判斷為真。例如，上海地面沉降的原因或者是由於海平面上升，或者是由於大量抽取地下水，或者是由於高層建築的壓力，或者是由於地下天然氣的開採。這裡把各種可能性都窮盡了，所以是一個真的選言判斷。

一個真的選言判斷卻可以是不窮盡的。「張三或是廣東人，或是江西人」，如果張三能被確定是廣東人、江西人二者之一，儘管這選言判斷不窮盡，它也是真的。

選言判斷是人們常用的一種思維形式。公安人員破案要列舉

種種可能性，一個指揮員要作出種種戰鬥方案來加以比較，醫生看病要提出各種假設……這樣形成的選言判斷估計到情況的各個方面，使人們考慮問題周到，從而為認識問題指明範圍，為解決問題提供線索。

意大利的伽利略是近代實驗物理學的巨匠，他的聰明才智在破案上也閃耀過光芒，卻不大為人所知。

有一天，一位家裡養有很多鳥的富翁在郊外別墅舉行宴會。宴會開始不久，來賓中一位伯爵夫人遺失了一隻鑽戒。她是在洗手前把鑽戒放在三樓客廳的桌子上，但從洗手間回到客廳時鑽戒不見了，桌上卻多了一支小牙籤。以前這裡也發生過一件相同的事情，同樣在遺失鑽戒的地方，放着一支小牙籤。

鑽戒確實被偷，這不是虛報。大家議論紛紛。小偷或者從門裡進來，或者是從窗上爬進來。但是，這間三樓客廳，兩次丟失鑽戒時，都上了鎖，小偷用鑰匙開門的可能性也被排除，窗外沒有梯子和其他攀登工具。鑽戒真可說是不翼而飛。

正當來賓們迷惑不解的時候，伽利略送來富翁所訂購的最新式望遠鏡。有人對他說：「伽利略先生，你有超人的智慧，能不能幫我們偵破這案子？不然，我們都成了嫌疑犯。」

伽利略聽了兩次失竊的介紹後，問：「發生失竊時，別墅裡的養鳥人在哪裡？」富翁說：「他在院子那邊的小屋中，也沒來過。」

伽利略說：「他就是失竊案的主謀，一定不會錯！」

養鳥人供認不諱。人們讚歎伽利略不愧為有頭腦的科學家，既敏捷又思路開闊。

原來，養鳥人暗中訓練了他餵養的鳥，讓鳥飛到三樓去銜鑽

戒，為了防止鳥兒叫，就讓它銜住一支小牙籤。如果鳥兒行竊時被捉，人們也不會加以追究。

客人們的議論「小偷或者是開門進來，或者是從窗上進來」，是一個不窮盡的選言判斷。它恰恰遺漏了真的那個選言支，因而是一個假的選言判斷。

古代有一個笑話說，有個魯國人，拿了一根長竹竿要進城，開始是豎着拿，由於竹竿太高，進不了門；橫過來拿也太長，還是進不了門。他想不出辦法。一位老先生對他說：「我不是聖人，但見得多了，你幹嗎不把它鋸斷了拿進去呢？」

這兩個人都不懂得最簡單的生活常識，真是迂腐可笑。兩位先生的思維過程可以共同形成一個怎樣拿竹竿進城的不窮盡的選言判斷。老先生出的雖是餿主意，但你不能不說這也是方案之一，也不能不承認這個選言命題是真的。由於它恰恰遺漏了更方便的持竿進門法，因此說這一選言判斷不是一個恰當的選言判斷。但判定恰當不恰當卻不是邏輯管得了的。

在生活中有很多出奇制勝的例子，很值得學習。宋朝的司馬光從小就很聰明。有一次，一個小孩掉進盛滿水的大缸裡，一大群小孩都驚慌失措。這時，司馬光撿起一塊大石頭，毫不猶豫地把缸砸破，及時救出了同伴。

救人的方案可以多種多樣，當事人要根據具體情況作出相應的選擇。

有一輛載重卡車要從橋下通過，由於貨物裝得太高，超出了10毫米。司機下車看了很久，正考慮是把貨物卸下來，開過去重新裝車呢，還是改道繞行多走30公里。這時馬路旁一個小孩說：

「你把輪胎的氣放掉一點，開慢車就過去了。」

　　這真是絕妙的好主意。司機作出的選言判斷是不窮盡的，他沒有找到最佳方案。放氣的辦法對司機來說是思考問題的盲點。

　　有一道智力測驗題，題目是軟木塞塞緊了飲料瓶的瓶口，軟木塞又是齊瓶口的，怎樣才能最快地喝到飲料？最佳方案是用力把木塞撳到瓶裡去。這也是解決問題的盲點，因為通常木塞是要往外拔的。

　　一位著名的飛機設計師說過，在尋求最佳方案的時候，有時故意向所謂荒謬的地方去找一找，或許會獲得成功。當然，怎樣才能找到最佳方案，一個選言判斷怎樣才能全面反映實際情況，這不是邏輯本身所能解決的。

　　選言判斷可分為相容的選言判斷和不相容的選言判斷。所謂相容的選言判斷，是指各個選言支所反映的事物或情況，是可以共存的，它可以有兩個甚至全部都同時存在。前面關於地面沉降的選言判斷，是相容的選言判斷。

　　相容選言判斷中各選言支的選擇關係，一般由聯結詞「或者……，或者……」「也許……，也許……」「可能……，也可能……」來表示。

　　如果一個相容的選言判斷是真的，那麼，它至少有一個支判斷是真的，也可以有兩個支判斷甚至全部支判斷是真的。如果沒有一個支判斷是真的，那麼，整個判斷就是假的。例如，「孔夫子或是思想家，或是教育家，或是哲學家」。在這個真的選言判斷中，三個支判斷都是真的。又如，「土星的第六號衛星，要麼有生命，要麼沒有生命」。這個不兼容選言判斷的各個選言支不能共

存，它有一支並且僅僅有一支是真的。

不相容的選言支所反映的事物或情況是不能同時存在的。包含不相容選言支的選言判斷，就是不相容選言判斷。

不相容的選言判斷的各選言支的選擇關係，一般是由聯結詞「要麼……，要麼……」「不是……，就是……」來表示。「或者」有時也被用作不相容選言判斷的聯結詞。

既然「或者」「或」可以表示相容的選擇關係，也可以表示不相容的選擇關係，那麼究竟怎樣來斷定它是相容的還是不相容的呢？這要對具體內容加以分析，形式邏輯本身就無能為力了。

下面我們來分析一個實例：

> 這個作品在思想性方面有缺點，或者藝術性方面有缺點，或者兼而有之。

對於上面這個選言判斷，有的書上說：「這裡加上了『兼而有之』，就十分明確地表示了思想上有缺點與藝術上有缺點這兩者是兼容的。」

這一看法其實是不對的。如果上面這個判斷不講「或者兼而有之」，它倒是一個相容的選言判斷，從內容上來判定，它還有第三種可能性，即思想性方面和藝術性方面都有缺點。但是上面這個判斷既然把這第三種可能性列舉出來了，那就不能再說第一個選言支與第二個選言支可以兼容。

「不戰、不和、不守，不死、不降、不走」

—— 選言判斷的負判斷

　　在第二次鴉片戰爭（又稱「英法聯軍之役」）中，兩廣總督葉名琛奉行不抵抗政策，結果身敗名裂，被釘上了歷史的恥辱柱。

　　這位雙手曾經沾滿起義人民鮮血的劊子手，對待外國虎狼之敵卻色厲內荏，總是幻想侵略者發善心、講道理，他鼓吹甚麼「羈縻外人之術，在使彼之理屈而我之理伸」。

　　1856 年 12 月 23 日，第二次鴉片戰爭爆發。在人為刀俎、我為魚肉的危急關頭，兩廣總督大人卻自認有神明護佑，迷信降神扶乩。

　　早在 10 月 29 日，英軍攻入廣州城，晚上又自行退兵時，葉名琛驕橫自大地宣揚，這全是他不抵抗政策的成效。到了 12 月 24日，英法聯軍發出最後通牒時，草包總督還笑得起來：「彼故作態勢，來嚇我耳。我不與和，彼窮蹙甚矣。」

　　部將們見到強敵兵臨城下，請求調兵設防，他不批准；請求召集廣州市民組織團練，協同守城，遭到拒絕；部將們又請求派兵偵察，他卻下令：「敢有赴敵船者，按軍法處置！」他為何如此篤定呢？原來他曾對部下說過：「乩語告以過十五日（即陽曆 12 月30 日）必無事。」

　　扶乩究竟不敵炮火的威力，29 日廣州城淪陷。躲藏在花園中

的這位總督大人被英、法聯軍生擒活捉。他先被囚於香港，後又受禁於印度加爾各答。在苟延殘喘之際，葉名琛還自命為「海上蘇武」，但他終於在 1859 年做了異鄉鬼。

歷史給了他公正的評價。人們當時譏諷説：「不戰、不和、不守，不死、不降、不走；相臣度量，疆臣抱負；古之所無，今亦罕有。」

敵人下了戰書，我方「或戰、或和、或守，或死、或降、或走」，總得有個選擇。這是一個窮盡了各種可能的選言判斷，其中必有一真，整個選言判斷是真的。可是葉名琛的態度是「不戰、不和、不守，不死、不降、不走」，這是一個聯言判斷，是對前面那個窮盡了各種可能的真選言判斷的否定，即選言判斷的負判斷。原判斷和它的負判斷是矛盾關係，原判斷為真，負判斷則為假。可見，「海上蘇武」的態度是不合邏輯的。他的不抵抗態度如果要冠之以邏輯術語的帽子，就叫做濫用選言判斷的負判斷。

濫用選言判斷的負判斷是這樣一種謬誤，對一個窮盡了各種可能的選言判斷加以否定。

對一個不窮盡的並且沒有一個選言支是真的選言判斷，加以否定，就得到一個真的選言判斷的負判斷。例如，對象棋比賽預測，一人説「甲或勝或負」，另一個説「不見得，我看甲既非勝，也非負」。後一人的話否定了前一人的話，是一個負判斷，相當於説「並非甲或勝或負」。當比賽結果為和棋時，前一人的預測為假，後一人預測為真。

如果有人説下象棋無非兩種可能，或分勝負，或下和棋，別人若不同意，説並非如此，那麼便作出了一個虛假的負判斷，犯

了濫用選言判斷負判斷的錯誤。

　　有一則俄國格魯吉亞童話故事：一個大公要求英雄盧斯傑姆給他找一匹馬來，這匹馬不能是鐵青色毛，也不是栗色毛，也不是有斑紋的毛……他列舉了凡是所見過的毛色。英雄盧斯傑姆答應找，但他也提出一個條件，就是允許他在任何一天找來，除了星期一、星期二、星期三……他列舉了一個星期的全部日子。

　　大公的要求在邏輯上來說是允許的，但在實際上卻難乎其難。因為他所要的馬的毛色，在現實中可能是從未有過的，但並沒有排除發現一種前所未見的新毛色的可能。這樣說來，大公作出的選言判斷的負判斷在邏輯上並無破綻。英雄盧斯傑姆是聰明的，他深知大公的難題無法滿足，便以其人之道，還治其人之身，提出了一個根本不可能的條件，反而難住了大公。這樣的一天哪裡去找呢？任何一天都只能是從星期一到星期日中的一天，除非是「白日參辰現，北斗回南面」。盧斯傑姆雖然「解決」了大公的難題，但從邏輯上不能不說是濫用了選言判斷的負判斷。

　　甚麼季節適宜讀書？有人這樣回答：或者是春季，或者是夏季，或者是秋季，或者是冬季。雖然讓人無所適從，但它肯定了至少有一個季節是讀書的大好時光。有一首詩嘲笑懶人道：

　　　　春日不是讀書天，夏日南風正好眠。
　　　　秋多蚊蟲冬又冷，一心收拾待來年。

　　懶人的心理活動躍然紙上，被刻畫得入木三分。應該說，四季都是刻苦攻讀的大好時光。即使是在舊時代，一般的讀書人也

「惜時如金」。起碼，不會認為四季之中竟無一天可以讀書。所以，「懶人」之「一心收拾待來年」，無異於提出了一個選言判斷的負判斷，也就難免「懶人」之譏。

「華人神探」一生只做一件事

—— 模態判斷

　　明代江盈科編撰的《雪濤小說》有則關於雞蛋的故事。

　　從前有個人，家裡窮得吃了上頓沒有下頓。忽然有一天，他撿到一隻雞蛋，對他老婆說：「我有家當了！」老婆問：「在哪裡？」他拿出那個雞蛋說：「這就是。只要十年功夫，家當就有了。」他解釋說：「我拿這個雞蛋，到鄰居家借母雞去孵，待小雞孵出，從中拿一隻小母雞回來，雞生蛋，蛋孵雞，兩年之內，就可以有雞三百隻。把雞賣了，可買回五頭母牛。母牛生母牛，三年可以有牛二十五頭。母牛再生母牛，再過三年可以有牛一百五十頭。把牛賣掉，即可得到一大筆錢。把這筆錢全部用來放債，再過兩年，我就有一份像樣的家當了。」

　　這個人越想越高興，越說越得意，於是就盤算發財以後的事情了：置地、蓋房，還要娶個小老婆……老婆一聽說他要娶小老婆，勃然大怒，「不要留禍根」，一拳就把那個雞蛋打碎。丈夫把老婆痛打一頓後告到縣衙，請求法官處死這個惡婦。縣官問過緣由，認為罪大當死，命人煮了她。那婦人申辯說：「他說的家產都還是想當然的事，怎麼就煮了我？」縣官說：「你丈夫要買妾，也是不一定的事，你怎麼就妒忌起來？」老婆說：「雖然是這樣，但是除禍要趁早。」縣官笑着把她放了。

　　這個故事的啟示是，從哲學上說，做任何事情都不要把可能性當成了現實性，甚至當成必然性。凡事預則立。謀劃一件事情，要考慮它的成算，不要把偉大理想寄託在「一個雞蛋」的家當上。以一個雞蛋的物質基礎來構建遠大家庭夢想，其現實性真是微乎其微。從邏輯上來說，不要混淆了可能判斷與實然判斷和必然判斷的區別。夫婦二人有一個共同的錯誤，都把可能判斷當成了實然判斷，甚至當成了必然判斷。

　　判斷中有「可能」「不可能」「必然」「不必然」等概念的判斷都稱為模態判斷。本書在前面所說的命題和判斷，不同於模態判斷，都是實然命題和實然判斷。普通邏輯裡常見的模態判斷多指含有「必然」或「可能」這兩個最基本模態詞的狹義模態判斷：必然判斷或可能判斷。廣義的模態判斷還包括「偶然」「必須」「相信」等模態詞。

　　必然判斷是指斷定事物情況的必然性的模態判斷。可能判斷又稱為「或然判斷」「蓋然判斷」，是指斷定事物情況的可能性的模態判斷。

　　日常生活中，常有這種情況。有人說：「明天可能下雨。」有人反對說：「明天可能不下雨。」第三個人說：「你們都可能說得對，互相不打架。」前兩人中，明明一個說「下」，一個說「不下」，為甚麼都可以對？在甚麼情況下，說「可能下的」不對？又在甚麼情況下，說「可能不下」的不對呢？回答上述問題就都要用到模態判斷的知識。

　　「必然是」「必然不是」「可能是」「可能不是」等四個模態聯繫詞表達的四種模態判斷之間的對當關係，與 A（全稱肯定判斷）、

E（全稱否定判斷）、I（特稱肯定判斷）、O（特稱否定判斷）四種直言判斷之間的對當關係相類似。A、E、I、O四種直言判斷或性質判斷相互之間真假對當關係我們在前面沒有介紹過，所以在模態判斷中補上這一課。

「必然是」與「必然不是」是上反對判斷，可以同假，不能同真。只能以其中一個判斷為真推出另一個判斷為假，而不能以其中一個判斷為假推出另一個判斷為真。例如，已知「一切事物必然是發展變化的」為真判斷，可以推出「一切事物必然不是發展變化的」為假判斷。已知「所有人都必然是會游泳的」為假，但不能以此推出「所有人都必然不是會游泳的」為真。

「明天可能下雨」與「明天可能不下雨」是下反對判斷，可以同真，但不能同假。所以既不能用前者來否定後者，也不能用後者來反駁前者。不能以一個真來推另一個假，只能以一個假來推另一個真。你用它們來相互否定和反駁，説了等於沒説。因為你真，我也可以真。只能用「明天必然不會下雨」來否定「明天可能下雨」，也只能用「明天必然會下雨」來否定「明天可能不下雨」。它們才各自構成矛盾判斷。

語詞「不可能是」相當於「必然不是」，「可能是」相當於「並非必然不是」，「必然是」相當於「不可能不是」，「並非必然是」相當於「可能不是」。

有位名人説：「我一生只做了一件事，使不可能成為可能。」

既然是「不可能」，又怎麼能讓它成為「可能」呢？「不可能」即「不可能是」，等值於「必然不是」。「不可能是」與「可能是」是邏輯上的一對矛盾概念，二者的真假關係截然對立，水火難容。

其間非此即彼，沒有第三種可能。這句名言是否像「我母是石女」一樣自語相違，不合邏輯呢？我們應該怎樣來正確理解這句名言？

這句名言出自享譽世界的「華人神探」李昌鈺。

這樣身份的人怎麼可能隨便說出「矛盾」的名言呢？

李昌鈺一生所做的許多事情，並非客觀上必然不可能做到的，並非想抓着自己的頭髮離開地球。囿於作案對象、作案動機、作案環境、作案工具、作案時間、破案思路、破案技術和破案手段等種種因素，華人神探遇到的難題是一般人難於甚至不可能破解的。非常之功必待非常之人。李昌鈺高人一籌，他常常能拓寬案件的思路，千方百計找到證據，從而把每一懸案辦成鐵案，於是他把一個個難破之案變成為可破之案。化腐朽為神奇，驚天地泣鬼神。這不是認識上的邏輯矛盾，而是事物的辯證法。

「可能」「可能不」「必然」「必然不」等模態詞事實上有多種用途，在不同場合有不同的含義。按照不同的標準，邏輯學家把模態判斷分為不同的種類。

客觀的模態判斷是反映客觀事物自身存在的必然性或可能性的模態判斷。例如，「金屬必然導電」，它反映的是金屬有導電性質的客觀必然性。不管你知道不知道，這種客觀必然性不以我們認識的模態而轉移。

主觀的模態判斷反映人們對事物認識的不同確實性程度。它與客觀的模態判斷相對。例如，「聶耳一定是《義勇軍進行曲》的作者」。它不是反映聶耳為《義勇軍進行曲》作者的必然性，而是表示對聶耳為《義勇軍進行曲》作者的認識達到了必然的程度。

　　事物的模態又稱為從物模態，指模態詞修飾或限制的是判斷主項所表示的事物與判斷謂項所表示的屬性之間的聯繫方式。例如，「地球之外可能有外星人」。模態詞「可能」修飾事物「地球之外」與其屬性「外星人」之間的聯繫方式。

　　與事物的模態相對應的是命題的模態，又稱為判斷的模態、言辭的模態、從言模態，其主項為一判斷，謂項為模態詞。命題的模態或判斷的模態是修飾或限制某一判斷的模態。例如，「『金屬導電』是必然的」。它的判斷詞置於判斷之後。主項由「金屬導電」這一判斷承擔，謂項由模態詞「必然的」承擔。

　　「『埃及金字塔是由外星人造的，或者不是由外星人造的』是必然真的」，該判斷的主項為一正確的選言判斷，其必然真被邏輯學家稱為「邏輯地」必然真。

　　當我們知道音樂家聶耳出生於 1912 年，並且到 1934 年還在世，那麼命題「在 1934 年聶耳是 22 歲」就是在認識上是必然的。這與「邏輯地」必然真有所不同。邏輯學家把這種根據已知知識來斷定一個命題必然真，稱為「在認識上」必然真。

　　命題「如果一個人從摩天大樓上往下跳，那麼他會掉下來」，「任何一個人想抓着自己的頭髮離開地球，這是必然不可能的」，是物理的必然；命題「如果一個神志清楚的成年人跳離摩天大樓，那他期望去摔死」，這是認識的必然，不同於物理的必然。

　　科學常常因事先認準某事為不可能而陷入困境。偉大的化學家拉瓦錫認為，隕石是不可能的虛構之物，因為天上顯然沒有石頭。這是認識的局限導致的「不可能」。但是現今的常識告訴我們，這位偉大的化學家錯了。「大自然比我們想像中的更具創造性，所

以誰也不要輕易說出『不可能』這樣的話。」

　　2015 年 5 月 31 日，在國際田聯鑽石聯賽尤金站男子 100 米比賽中，中國選手蘇炳添以 9.99 秒獲得第三，成為首個跑進 10 秒大關的黃種人，創造了歷史。在這一天之前，「亞洲人必然跑不進百米 10 秒大關」。這是反映事物有無某種屬性的模態，而非判斷的模態。它也是認識的模態判斷、主觀的模態判斷，表明人們對這一事件之前的認識達到了必然的程度。黃種人能力的暫時不足導致了在某個時段之前的「不可能」。

　　9 秒 99 並非蘇炳添的極限，有專家堅信他會再上新台階：「從目前狀況看，只要技術熟練，防傷防病，未來可以達到 9.95。」改變條件，就能使不可能變成可能。

　　「我一生從來沒有碰到過這麼困難的挑戰！」中央電視台「挑戰不可能」節目評委之一李昌鈺在首播現場為一位前來挑戰的「同行」鳴不平，與節目主持人撒貝寧發生分歧，不惜叫停錄製，激動表示應再給挑戰者一次機會。

　　在首期節目中，主持人撒貝寧在「足跡專家」這個項目原有規則基礎上增加難度，並笑言「既然要挑戰『不可能』，就要一不做二不休」，讓節目評委之一周華健混跡於足印參與者中，不但與人臨時換鞋，左右腳反穿，甚至改變著力位置留下腳印。另一位評委董卿當場直言「於心不忍」，周華健則大呼「實在太難」！而李昌鈺早已一臉不相信說：「要是這樣都能猜出來，我拜她為師！」結果是挑戰者出人意料順利過關。

　　第二輪挑戰再增難度。挑戰者需從三十位體貌相似的模特中，找出唯一足跡的主人。一個多小時過去後，正確答案已被挑

戰者排除，主持人撒貝寧果斷提出挑戰結束。評委席上的李昌鈺忍不住衝上台打斷錄製，為應試女警抱不平。「我們在平時的工作中都是要反覆看好幾遍，並不是一次就可以判定，這樣對挑戰者太不公平」，並要求再給她一次挑戰機會。主持人則根據挑戰規則認為挑戰已經結束，並再三詢問現場導演。兩人在現場打起「嘴仗」，錄製一度暫停。

李昌鈺設身處地總結說：「她的挑戰超出了平常的刑偵工作，這是六個專家一個星期的工作量。我們平時是1∶1，她現在是1∶30，她是一個數一數二的，很值得我們驕傲的非常寶貴的公安人員。」

「挑戰不可能」節目還播出過廈門市公安局的警犬訓練專家李維福警官和他訓練的警犬「草根」成為節目的主角。挑戰內容是警犬用嗅覺尋找血的稀釋溶液。

一開始由警官介紹辦案時用試紙或儀器檢測人的一滴血的水溶液。當一滴血液在300倍水中稀釋，試紙就不能檢測出要檢測的目標。

更讓人驚歎的是讓節目評委王力宏的一滴血滴進消防車水箱內，然後將水箱攪拌10分鐘。再將這稀釋的血水取出。這消防車水箱裝滿了10噸水。血水稀釋後的稀釋度是二千萬倍，就用世界上最先進的儀器也根本檢測不出是誰的血液。

從15輛目標汽車中找出目標血液，即為挑戰成功。為了使挑戰真實可靠，檢測是選了15位年輕女子作助手，每人手中一隻小箱子，其內部在相同位置放一紙袋，內有稀釋血液的樣品兩件。其餘不放。然後將箱子放入小轎車內鎖好。

　　然後，李警官將警犬「草根」帶到場地，開始尋找目標樣品。警犬非常迅速地繞着每一輛車轉圈，然後發現 8 號車和 15 號車內藏有血液樣品。經三位評委現場開箱一一確認。都是正確的。

　　若對中央電視台「挑戰不可能」節目裡的各個項目作個預測，基本上是可能完成也可能不能完成，即使已經練就了超人的達標的絕活，即使參與挑戰的選手在平時十拿九穩，也可能受到臨場主客觀種種因素的干擾而失敗。因此，對選手來說，偶然性很大，「既可能成功並且也可能失敗」。邏輯學家把這類「可能是並且可能不是」的模態判斷稱之為偶然判斷。偶然判斷是斷定事物情況可能存在並且也可能不存在的模態判斷。偶然判斷既不同於必然判斷，也不同於可能判斷。例如，「明天可能下雨並且可能不下雨」，就是偶然判斷。可見，偶然判斷是復合判斷中的聯言判斷，並非是包含矛盾的判斷。

丙 編

「得一文，天誅地滅」

「當官不與民做主，不如回家賣紅薯。」這是電影《七品芝麻官》中唐成立的誓言。他敢說敢為，令人敬佩。在封建官吏中，像這樣寫「誓聯」的雖大有人在，但十有八九是騙人的。

清人黃圖珌編過一則《誓聯》的笑話。說的是有個縣令上任伊始，便在堂上高懸一副對聯：「得一文，天誅地滅；聽一情，男盜女娼。」打官司的富貴人家相信「有錢能使鬼推磨」，他們照例把金錢玉帛往這個「清水衙門」裡送。這位「清官老爺」則照收不誤。有人氣不過，便直截了當地說：「你辦事錯了，怎麼忘了對聯上立的誓言呢？」縣官老爺卻振振有詞地說：「我沒有違背誓言，因為我所得到的不是一文錢，受賄徇情也非一次呀！」

這副對聯明明是說要秉公辦事，哪怕是一文錢也不收，一次情也不徇。它還隱含這樣一個意思，「得一文」，「聽一情」，尚且要「天誅地滅」，要被罵為「男盜女娼」，得更多的錢，聽更多的情，就更是傷風敗俗，更要雷打火燒了。縣老爺的解釋當然是強詞奪理，歪曲誓聯本來的含義，這說明他在擬對聯時就存心玩弄詭辯，蓄意欺騙世人。

從邏輯上看，這個縣令的詭辯違反了同一律。

同一律是邏輯思維基本規律之一。它的內容有語形和語義兩種表述。它的語形表述是：在同一思維過程中，每一思想都必須

保持自身的確定和同一。它的公式是：

　　A 是 A

　　A 表示概念或者判斷。同一律要求，在同一思維過程中，每一概念、判斷都必須是確定的，並且與自身前後保持一致。

　　由於概念無真假可言，而判斷是有真假之分的，因此同一律在判斷方面還有語義表述：

　　　　在同一思維過程中，如果一個思想是真的，那麼它就是真的；如果一個思想是假的，那麼它就是假的。

　　同一律要求在同一個思維過程中保持概念、判斷的同一性，不得將不同的思想劃上等號，也不得將某一思想任意改成別的思想。否則，就要犯違反同一律的錯誤。

　　概念明確，是使判斷、推理遵守同一律的前提。

　　古代一些哲學家、邏輯學家十分強調明確概念的重要性。古希臘「邏輯之父」亞里士多德認為：一個名稱應當有一個確定的意思；人們思考一個東西的時候，必須用一個名稱指代它。戰國末期的唯物主義哲學家荀子曾經提出要確定政治、哲學等方面的重要概念的含義。愛因斯坦指出，科學語言所追求的是高度的精確性。馬克思主義經典作家都非常注意明確概念。在《哥達綱領批判》中，馬克思、恩格斯指出，《哥達綱領》全篇充滿着含混和混亂的詞句。《哥達綱領》不過是千字文，馬、恩就找出二十多個不

明確的概念，一一加以剖析。列寧説：「如果要進行論爭，就要確
切地闡明各個概念。」毛澤東多次講到「概念要明確」的問題，這
是大家所熟知的了。

我們把不自覺地將一個概念換成另一個概念稱為混淆概念，
而把自覺地將一個概念換成另一個概念稱作偷換概念。縣太爺的
詭辯就是偷換概念。

有篇題為《「不折騰」怎麼譯？國際媒體「暈了」》的文章説，
胡錦濤總書記在紀念改革開放 30 週年大會上，在表明中國走社會
主義道路的堅定不移的決心時，用了北方方言「不折騰」三個字。
「不折騰」三字剛落，觀眾席傳來會心的笑聲。笑聲表明觀眾聽懂
了「折騰」「不折騰」的含義，但是怎樣準確地翻譯呢？這真難倒了
國內外媒體界的雙語精英。這篇署名「中新」的文章介紹説：「網絡
上，讀者主動搜集了五花八門的各種譯法，像『翻來倒去』(don't
flip flop)，『別走岔路』(don't get sidetracked)，『別反覆』(don't
sway back and forth)，『不躊躇』(no dithering)，還有翻譯成『沒
有重大變化』(no major changes) 的。」「中新」與英語媒體同行覺
得上述譯法都不夠精彩，沒有把「混亂」「自我消耗」含義體現出來。

有趣的是，在 2008 年 12 月 30 日國務院新聞辦的發佈會上，
當有記者問到與「不折騰」有關問題時，現場翻譯乾脆念出這三字
的漢語拼音，再次引發現場的一片笑聲。看來，中國又要為外語
詞庫擴容作貢獻了。

翻譯得準確與否，看起來是如何遣詞造句的語言問題，從根
本上説是一個邏輯問題。是否恰當地表達原意，意味着是否遵守
了同一律。

　　有人留學美國，一天和一位美國友人談到語言上的溝通問題，坦言自己雖然能應付日常會話，但有些內心深處的話仍難於表達。

　　美國友人安慰道：「不必多慮，我認為你已經進步很快。我和妻子都是美國人，結婚 10 年了，到今天還有許多內心深處的話不知怎樣表達呢？」

　　這位友人的安慰，真可以說是擀麵杖吹火——一竅不通。因為留學生說的是兩種語言的溝通問題，即翻譯問題，他還不能用英語來自如表達某種思想感情，要是用母語來遣詞造句則完全不成問題。友人的意思是，儘管他們熟知作為本國語言的英語，但是內心深處的思想還是簡直無法用語言表達出來。可見留學生與友人說的壓根就是兩碼事。友人混淆了概念。

　　從形式邏輯的角度來看，混淆概念和偷換概念有哪些表現形式呢？

　　任意改變某個概念的內涵與外延，使它變成另外一個概念，此其一也。

　　魯迅《且介亭雜文末編·半夏小集》裡寫了段對話：

　　　　A：B，我們當你是一個可靠的好人，所以幾種關於革命的事情，都沒有瞞了你，你怎麼竟向敵人告密去了？

　　　　B：豈有此理！怎麼是告密！我說出來，是因為他們問了我呀。

　　　　A：你不能推說不知道嗎？

　　　　B：甚麼話！我一生沒有說過謊，我不是這種靠不住的人！

　　魯迅沒有發表一句評論，他只是將 A 與 B 的對話寫下來，但讀者一看就明白，這是對告密者的拙劣辯護的揭露和批判。對己「可靠」，對敵來說就一定「不可靠」；反過來對敵「可靠」，那對己一定「不可靠」。這本來是一個極簡單明白的道理。B 任意改變「可靠」的內涵與外延，生拉硬扯地把「向敵人告密」也說成「可靠」，其手段不可謂不拙劣。

　　在實際生活中，馬克‧吐溫稱得上是位幽默大師。社會上流傳着很多關於他本人的趣事逸聞。其中有不少故事，主人公馬克‧吐溫妙語連珠，閃耀着智慧的光芒。

　　摩門教是基督教的一個教派，主張一夫多妻制。一次，馬克‧吐溫與一位摩門教徒就一夫多妻問題展開爭論。摩門教徒說：「你能夠在《聖經》中找到一句禁止一夫多妻的話嗎？」

　　「當然可以，」馬克‧吐溫回答說，「馬太福音第六章第二十四節說：『誰也不許侍奉二主。』」

　　馬克‧吐溫故意把一夫多妻嘲笑成一夫侍奉多妻（多主），這樣就把一夫多妻納入《聖經》中關於「誰也不許侍奉二主」的論域，從而成為《聖經》所禁止的對象。

　　著名電影導演希治閣在拍攝一部巨片時，請了一位大明星、大美人擔任女主角。這位大美人對自己的形象要求精益求精，不停地抱怨攝影機角度不合適。她一再對希治閣說，務必從她「最好一面」來拍攝，「你一定得考慮我的懇求」。

　　可是希治閣大聲回答說：「抱歉，我做不到！因為我沒法拍你最好的一面，你正把它壓在椅子上。」希治閣故意改變「最好一面」的外延，以幽默回敬嘮叨，令人發笑。

　　用非集合概念取代集合概念，或者相反。這是第二種手法。

　　達爾文進化論認為「人類是由猿猴進化來的」。主教們就責問道：「有哪一個人不是父母所生，而是猴子變成的？又有哪一隻猴子變成人？」這樣的發問是荒唐可笑的。這表明主教們不是出於宗教的偏見就是詭辯。因為達爾文說的由猿猴進化來的「人類」或者說「人」，是指的一個集合體，不是指組成「人類」這個集合體的張三或李四。

　　還有一種手法是利用多義詞製造混亂，以售其奸。

　　讓我們說一則故意用這種手法來開玩笑的千古佳話吧。李白有一首膾炙人口的詩，題目是《贈汪倫》：

　　　　李白乘舟將欲行，忽聞岸上踏歌聲。
　　　　桃花潭水深千尺，不及汪倫送我情。

　　在清代詩人袁枚的《隨園詩話補遺》裡記載了這詩的由來，現照錄如下供賞析：

　　　　唐時汪倫者，涇川豪士也，聞李白將至，修書迎之，詭云：「先生好遊乎？此地有十里桃花。先生好飲乎？此地有萬家酒店。」李欣然至。乃告云：「『桃花』者，潭水名也，並無桃花。『萬家』者，店主人姓萬也，並無萬家酒店。」李大笑，款留數日，贈名馬八匹，官錦十端，而親送之。李感其意，作《桃花潭絕句》一首。

　　涇川人汪倫慕賢若渴，但與李白又素不相識。為了把大詩人請來做客，他便抓住李白的兩個嗜好，故意玩弄詭辯，投其所好，把客人騙來再說。把「桃花潭」說成「十里桃花」，是生拉硬扯，而「萬家酒店」中的「萬」倒是個多義詞，既可作數目字解，也可作姓氏解。既然前面有着「十里桃花」，與「十里」相對應，這「萬家」自然是指酒店之多了。「萬家」在這種特定的語言環境中，其意義是確定的。這就難怪聰明過人的李白也深信不疑，欣然前往。

　　還有一種常見的表現形式是將似是而非的兩個概念混為一談。例如，把「經驗」與「經驗主義」劃等號，又如，把「集體婚禮」說成「集體結婚」。

　　上面我們列舉了混淆概念、偷換概念的幾種常見表現方式。判斷是由概念組成的。把一個判斷偷換成另一個判斷，我們就稱之為偷換論題。在一個論題中，偷換了概念，也就偷換了論題。偷換概念的手法也就是偷換論題的手法。

　　報載某城市發大水，連銀行的保險庫都未能倖免。一個客戶發現寄放在銀行保險箱裡的唐伯虎畫被泡爛了。銀行方面不肯賠，還說出一句精妙的辯護詞：「你的畫不是還在鐵抽屜裡嗎？」《新民晚報》一篇《把錢藏在哪裡好》的文章說：「我頓時就被嚇住了，萬一保險庫不是水淹而是火攻呢？我辛辛苦苦節約下來的獎金工資不是像飯店裡的叫化雞那樣讓火烤着烘着，最後成了一堆黑灰嗎？萬一銀行說：你的東西不是還在你的抽屜裡嗎？我們銀行又沒開過你的鎖呀！說不定你鎖進去的就是一捧灰呢。」此番揶揄，令人捧腹。

　　在對話中，違反同一律的錯誤表現為轉移話題。成語「王顧左

右而言他」成了轉移話題的專門術語。此語出自《孟子·梁惠王下》：

　　　　孟子謂齊宣王曰：「王之臣有託其妻子於其友而之（到）楚
　　遊者。比（及，到）其反（返）也，則凍餒（餓）其妻子，則如
　　之何？」王曰：「棄（絕交）之。」（孟子）曰：「士師（司法官吏）
　　不能治士（基層小吏），則如之何？」王曰：「已（罷免）之。」
　　（孟子）曰：「四境之內不治，則如之何？」王顧左右而言他。

　　孟子問了三個問題，前兩個涉及下屬的錯誤，齊宣王對答如
流。一個問題答完了，再轉入下一個，雙方遵守談話規則。一涉
及自己的錯誤，齊宣王便左顧右盼扯到不相干的事上去。
　　除了上面所說之外，還有一種常見的偷換論題的手法：改變
詞序。
　　據說曾國藩與太平軍作戰，起初在戰場上，孔子搬家 —— 盡
是書（輸），但他又不能欺騙皇帝，因此，他在奏章中寫有這樣八
個字：「屢敗屢戰，屢戰屢敗」。手下的秀才一看不妙，提筆一揮，
改成「屢戰屢敗、屢敗屢戰」。一字不易，但是強調的重點不同了。
前者消極，陳述接連敗北；後者積極，這才避免皇帝怪罪。
　　這種改變詞序以改換論題的方法，有時可以為我所用。電影
《藍色的海灣》中有一位老工程師無限感慨地念了兩句古詩：「夕陽
無限好，只是近黃昏。」一位廠領導立即糾正說，應該是「只是近
黃昏，夕陽無限好」，這就抒發了「但得夕陽無限好，何須惆悵近
黃昏」的意思。詞序一變，情調迥異。

唐伯虎獻詩祝壽

唐伯虎是一個能詩善畫的風流才子。他有許多逸聞趣事在民間流傳。

據說，有一天，對門一家富翁為其母做生日，請唐伯虎繪畫題詩。他才思敏捷，揮毫落紙，一幅《蟠桃獻壽》圖頃刻而就。接着信筆又寫下四行詩。第一句是「老婦不是人」。「不是人」還了得，此語一出，舉座失色。唐伯虎接着寫下第二句：「好像南海觀世音。」兒孫們轉怒為喜。誰知第三句竟是「生下兒子是個賊」。那富翁怒形於色，正待發作，第四句又寫了出來：「偷得蟠桃獻壽星。」富翁頓時改顏贊許，合家高興透了。

這首詩語出驚人，不同凡響。真是「嬉笑怒罵，皆成文章」。四行詩貫串了一個主題思想：祝壽說好話。「好像南海觀世音」自然看起來「不是人」，「不是人」與「觀世音」思想一致；「偷蟠桃」的無疑是個「賊」，前後照應，判斷恰當。然而他並非罵你是偷雞摸狗之輩，而是把你贊為「齊天大聖」。此詩一反一正，使人的心情也一怒一喜，最終導致合家高興。

詩是語言的藝術，它的形式是短小的。如何在短小的形式中獲得較大的容量，這就需要緊緊抓住一個中心。如果東一榔頭西一棒，看起來寫了很多事情，但別人從中所得卻很少。只有緊緊

圍繞主題，讀者在寥寥數語中就能領會到集中深刻的思想。作詩要遵守同一律，從消極方面來看，是要防止思想不確定，前後不一貫，避免邏輯矛盾；從積極方面看，是為了更好地表達主題思想。

　　古人有開社賽詩的遊戲。或者出題限韻，各成一絕；或者你一句，我一句，來個珠聯璧合。做得不好便要罰酒三杯。

　　《紅樓夢》第三十七回說到大觀園裡的公子小姐們結了個海棠社，商量好出題限韻，每人都要做一首。社長李紈出題詠白海棠，迎春定下七言律和「門」字韻。各人作詩，只能詠白海棠，不能你詠菊，他又吟別的，並且你不能來個五言詩，也不能違了「門」字韻，否則就要受罰。這「出題限韻」，就是要求統一性，不能各行其是，不然就是違反同一律。

　　可是在皇帝面前對對子，卻不是一件輕鬆事。乾隆皇帝為編纂一部包羅天下千年之書的《四庫全書》，連下三道聖旨，召回被自己以「坐泄機密」罪罰至新疆充軍的大才子紀曉嵐。明天就要任命紀曉嵐為主編官了，乾隆又猶豫起來。他決定第二天先採用老辦法 —— 出對聯句，考考這位大才子。

　　「朕說『兩碟豆』。」乾隆開口了。

　　「我說『一甌油』。」紀曉嵐緊緊跟上。

　　「朕說『林間兩蝶鬥』。」乾隆利用諧音轉換了概念。

　　「我說『水上一鷗游』。」大才子如法炮製，一毫不爽。

　　「人云『南方多山多水多才子』。」乾隆只得轉換話題。

　　紀曉嵐略一思索，微微一笑。乾隆以為他也想開溜。哪知他字句鏗鏘朗聲對道：

　　「我説『北國一天一地一聖人』。」既對仗工整地對上了乾隆的「人云」句，又巧妙地拍了皇上的馬屁。

　　乾隆一聽，呵呵大笑，立即授職。

　　明代莆田人姚旅的《露書》中收錄了一個詩壇趣話。有人送枇杷給一個縣令，錯寫成「琵琶」。縣令便笑着吟哦起來：「『枇杷』不是此『琵琶』，只恨當年識字差。」剛好旁邊有個客人，隨口就續了兩句：「若使『琵琶』能結果，滿城簫管盡開花。」縣令大為歎賞。「琵琶」與「枇杷」同音不同義，不能互相代替，混淆了就是違反同一律。客人通過採用類似於修辭學上的「飛白」手法，明知其錯，故意仿效。假定「琵琶」像「枇杷」那樣是有生命的東西，會開花，能結果，一花引來萬花開，從而巧妙地把「琵琶」與「枇杷」聯繫起來，天衣無縫、不留痕跡地消除了別字毛病。這真是同一律的靈活應用。

　　寫詩要遵守同一律，作文也要遵守同一律。

　　清代戲曲理論家李漁在《閒情偶寄·立主腦》中説：「古人作文一篇，定有一篇之主腦。主腦非他，即作者之言之本意也。」

　　古人強調立意是文章的主腦，寫文章應「一意到底」，不能「二意兩出」，使得「意多亂文」。古人説的意和現在所説的主題的含義很接近。王夫之指出：「無論詩歌與長行文字，具以意為主。意猶帥也，無帥之兵，謂之烏合。李杜所以稱大家者，無意之詩，十不得一二也。煙雲泉石，花鳥苔林，金鋪錦帳，寓意則靈。」

　　李漁與王夫之都強調了作文一定要確定主題思想，就是要「立意」。全篇文章都要圍繞主題來展開。從佈局謀篇，到遣詞造句，都要以「意」為統帥。否則就成烏合之眾，一盤散沙，下筆千言，

離題萬里。

　　袁枚在談立意與用詞的關係時說：「意似主人，辭如奴婢，主弱奴強，呼之不至。」袁枚只說到「主弱奴強，呼之不至」，縱使呼來了，也要以辭害意的。

　　寫文章，都會碰到一個思路問題。顧名思義，思路，就是指思想的路數，是指一個連貫的有條理的思維活動過程。佈局謀篇就是思路的連貫、條理的反映，毛澤東曾說：「寫文章要講邏輯。就是要注意整篇文章、整篇說話的結構，開頭、中間、尾巴要有一種關係，要有一種內部的聯繫，不要互相衝突。」這種「關係」「內部的聯繫」，就是同一律在文章中的具體表現。

　　文章的結構要講究「內部的聯繫」，一支好的樂曲同樣也要講究「內部的聯繫」。據說「主題」這個詞來自德文，最初是一個音樂的術語，是指樂曲中最具有特徵並處於優越地位的那一種旋律，也就是主旋律，它表現一個完整的音樂思想，是樂曲的核心。

　　就拿交響樂來說，它通常有四個樂章，這四個樂章，根據全曲中心命題，作「起」「承」「轉」「合」的安排。每個樂章，都有自己的主題，由一句或多句樂曲的旋律組成，它構成音樂語言的基本單位，後面的音樂，像做文章一樣，都沿着這主題上下發揮、開展。

　　為了樂章的充分發揮，通常都有第二或第三主題出現，稱為副題。這副題有時和第一主題關係較深，有時完全是一個新的東西，也可說是對立的矛盾。但是，萬變不離其宗，從全章來說，還是相關的。如果作曲的人來個野馬狂奔，或都寫些毫不相干的東西，那就同樣要犯「下筆千言，離題萬里」的毛病。

　　無論是寫詩、作文，還是繪畫、譜曲，為了突出主題思想，就要有所取捨，這就是所謂「有所失才有所得」。好的作品，總是敢於作大膽的取捨。取捨的根據之一，就是保持文氣的貫通亦即保證同一律在全文、全樂章中的貫徹。

　　報紙上曾登過一篇題目叫《華羅庚傳奇》的文章，說數學家華羅庚讀初二時，國文老師佈置寫一篇讀胡適《嘗試集》的心得。他看了這本書的代序就掩卷了。這是因為胡適自己寫的代序中有這樣幾句：

　　　　嘗試成功自古無，放翁這話未必是。
　　　　我今為下一轉語：自古成功在嘗試。

　　華羅庚一看，便不以為然。他說：這裡的兩個「嘗試」是不同的概念，第一個「嘗試」是只試一次的意思，第二個「嘗試」卻是試無數次的意思，胡適對「嘗試」的概念尚且混淆，他的《嘗試集》還值得我讀嗎？

　　一個少年，對大人物不迷信盲從，這是令人欽佩的。

　　根據陸游詩的出處，可知陸游詩中的「嘗試」確實是只試一次的意思，而胡適的「自古成功在嘗試」中的嘗試並不是這個意思。因為他緊接着就說：「莫想小試便成功，哪有這樣容易事！有時試到千百回，始知前功盡拋棄。」可見，這是試無數次的意思。

　　通常，我們在說話寫文章時，特別是在科學論文中，最好是用一個語詞表達一個確定的概念，但在文學作品中大可不必拘泥。一詞多義，往往起到特殊的表達效果。況且胡適沒有混淆概念，

「放翁這話未必是」中的「未必是」，是對前一句的否定。古往今來，一次成功的事不是沒有。胡適又作了特別說明，「為下一轉語」，意思是說，我要強調的是一次次嘗試。

　　陸游強調一次成功自古無，胡適究竟比陸游高明，他進一步指出，要成功就得一次次嘗試。華羅庚那時畢竟年少，攻其一點，不及其餘，他不了解《嘗試集》在中國新文化運動中的地位。這本白話詩集其實是值得好好讀一讀的。

　　有位英國詩人寫了一首詩，其中有：「每分鐘都有一個人在死亡，每分鐘都有一個人在誕生。」詩發表後，一位數學家來信質疑說：有幾行詩不合邏輯。每分鐘生與死人數相抵，地球上人數將永恆不變。確切說，每分鐘有 1.1674 人在誕生。因此鄭重地建議將詩改為：「每分鐘都有一個人在死亡，每分鐘都有一又六分之一人在誕生。」誠如此，優秀的詩歌就全要改成科學論文了。須知，詩人的這句詩只是形象地說明地球上時時刻刻都有人在死亡，也有人在誕生，而不是在做人口統計啊！

　　唐代大詩人杜甫的《古柏行》中有「蒼皮溜雨四十圍，黛色參天二千尺」兩句。蒼皮指樹幹，黛色指青黑色的樹葉。很有數學頭腦的北宋著名科學家沈括便根據《九章算術》來計算。這棵古柏高達二千尺，直徑卻只有七尺。他認為比例太失調，於是責問道：「四十圍乃徑七尺，無乃細乎？」殊不知詩聖是運用誇張手法來極言古柏的高聳、雄偉和挺拔，而不是搞測量。

「拿破崙孩提時代的頭骨」

—— 矛盾律和排中律

據說在法國一個鄉村的祭祀日裡，一個耍戲法的人正在招攬觀眾：「啊，快來，快來，這裡有世界聞名的大英雄拿破崙的頭骨，快來看拿破崙皇帝的頭骨吧！」

這倒是很聳人聽聞的。很多人交了錢進去。有個人說：「啊，奇怪呀，聽說拿破崙的頭是很大的，怎麼這個頭骨和普通人的沒有甚麼差別？」

耍戲法的解釋說：「是的，不過這是拿破崙孩提時代的頭骨。」看客們馬上解除了疑慮，紛紛驚歎說：「一個孩子的頭竟有這麼大！」

這是一個笑話呢？還是實有其事，我們也無法考證。不過，這個故事所包含的邏輯道理還是值得我們思考的。看客為甚麼會上當？也許他們根本沒有認真地思考過耍戲法人的辯解，也許他們思考過但缺少那麼一點邏輯頭腦。

拿破崙是聞名世界的大英雄，他沒有在孩提時代夭折。耍戲法的人隨口胡說展品是拿破崙孩提時代的頭骨，就意味着做了一個判斷：「拿破崙早年夭折」。這就蘊含說：「不可能有世界聞名的大英雄拿破崙」。

謊言畢竟是扯不圓的。

　　眾所周知，拿破崙中年病故於聖赫勒拿島，享年 52 歲。耍戲法人信口開河說「這是拿破崙孩提時代的頭骨」，顯然是一句假話。這句話本身孤立地看，並不包含邏輯矛盾。由於他在前面說明過這是「拿破崙皇帝的頭骨」，這就意味着拿破崙不是死於童年，而是死於中年，即當了皇帝之後。

　　於是，我們可以說，耍戲法人既肯定「拿破崙早年夭折」，又主張「拿破崙並非早年夭折」，違反了矛盾律。

　　矛盾律的內容是：在同一思維過程中，一個思想及其否定不能並存。它的語形公式是：

　　　A 不是非 A

　　其中 A 表示任何一個概念或判斷，非 A 是對 A 的否定，表示與 A 有矛盾關係或反對關係的概念，也可表示與 A 有矛盾關係或者反對關係的判斷。矛盾律的語義公式是：

　　　在同一思維過程中，兩個互相矛盾的思想不能同真。

　　矛盾律公式說的是：A 和非 A 互相否定，不能同真，二者至少有一個是假的。因此，有的邏輯著作又稱它為不矛盾律。所謂兩個思想互相否定，適用於兩種情況。以任一概念代入 A，第一種情況指兩個概念構成矛盾關係，例如，「司機」與「非司機」，非此即彼。

　　第二種情況指兩個概念構成反對關係，例如，「先進分子」與

「落後分子」，互相否定，但還有第三種人「中間分子」。

在命題或判斷方面，矛盾律要求，在同一思維過程中，不能既斷定某一事物情況，又不斷定某一事物情況。例如，不能既說「上海是大城市」，又說「上海不是大城市」。

違反矛盾律的錯誤在日常生活中時有所聞。

有位女士曾經沾沾自喜地向小姐妹們吹噓，她的丈夫方面大耳，一副福相，更兼頭腦活絡，天生就是玩股票的料，為她賺了好大一筆。

可是沒過多久，這位女士神情沮喪地向女友發洩心中的煩惱和悔恨。她說她早就說過自己的先生也不好好照照鏡子，一副憨頭憨腦的樣子，哪有玩股票的資格，難得賺到一點還不是瞎貓碰到死老鼠。這次一輸，連家底都賠光了。

這前後兩番話，不是自打耳光嗎？與《儒林外史》中的胡屠戶何其相似乃爾。

老童生范進想進省城參加鄉試，向他岳父胡屠戶借盤費。胡屠戶狠啐一口，罵了他一個狗血噴頭道：「不要失了你的時了！你自己只覺得中了一個相公，就『癩蛤蟆想吃起天鵝肉』來……這些中老爺的都是天上的文曲星！你不看見城裡張府上那些老爺，都有萬貫家私，一個個方面大耳？像你這尖嘴猴腮，也該撒泡尿自己照照！不三不四，就想天鵝屁吃！」但范進不久終於中了舉。這時的胡屠戶把臉一抹，一口一個「我這賢婿」，說：「我每常說，我的這個賢婿，才學又高，品貌又好，就是城裡頭那張府、周府這些老爺，也沒有我女婿這樣一個體面的相貌。」

同一個范進，一會兒是「尖嘴猴腮」，一會兒又比「方面大耳」

的闊人還要「體面」，胡屠戶對范進長相的評論，前後矛盾一至於此。作者對胡屠戶勢利眼入木三分的刻畫，得力於矛盾律非淺。

違反矛盾律的特徵是：模棱兩可。

唐朝有個人叫蘇味道，是武則天時的宰相。此人諳熟朝廷掌故，又寫得一手好奏章，然而做了幾年宰相，竟無所作為。究其原因，原來他善於察言觀色，是個典型的「無意志的長官」。這位「風」派人物曾對人談過自己當官的訣竅：「處理事情不能決斷明白，否則出了差錯，必遭處罰，只要模棱以持兩端就行了。」當時的人就給他起了個雅號叫「蘇模棱」。「棱」指台子的邊，模在邊上，無一定方向，既可以指這端，也可以指那端，有「腳踏兩條船」的「味道」。成語「模棱兩可」便出典於此。其含意是，對兩個互相否定的思想，表示這也可以，那也可以，或者說，對同一個思想，既肯定它，又否定它。凡違反矛盾律的錯誤，在邏輯上就稱為模棱兩可，或者稱為自相矛盾。

找「兩可」之說，也即找邏輯矛盾，是駁斥論敵的一個好辦法。因為你自己都不能自圓其說，又怎能使人相信呢？

甲和乙兩人辯論「有意識的行動是否有目的」，乙不同意甲的說法，他說：「有意識的行動可以是沒有目的的。我可以有意識而無目的地舉起手來，你看，我現在舉起手來，雖然我沒有甚麼必要這樣做。」乙為證實自己的看法就真的把手舉起來了。這樣乙就證明了一個相反的事實，他舉起手來，目的是為了證明他能夠有意識地完成一種「無目的」的動作，也就是說，他舉手還是有目的的。所以，乙犯了「兩可」的錯誤。

對兩個互相矛盾的命題或判斷來說，矛盾律揭示其必有一

假，不能同真；排中律揭示其必有一真，不能同假。

排中律的內容是：在同一思維過程中，兩個互相矛盾的思想必定有一個是真的。它的公式是：

或者 A，或者非 A

其中 A 與非 A 是相互矛盾的概念或判斷，A 與非 A 二者必居其一，沒有第三者可供選擇。

排中律的語義公式是：

在同一思維過程中，兩個互相矛盾的思想不能同假。

有人說「鯨魚是哺乳動物」，也有人說「鯨魚不是哺乳動物」。如果有人說，既不贊成前一種觀點，也不贊成後一種觀點，那麼我們便說這最後一種看法犯了「兩不可」錯誤，違犯了排中律。

排中律的公式是選言判斷的形式，A 與非 A 表示選言支已經窮盡，不存在第三種可能，因此，排中律的邏輯特徵是排除中間可能性。在兩個矛盾判斷面前，必須選擇其中之一，而不能認為兩個都是假的。在兩個矛盾命題中，如果已知其中一個為假，那麼可知另一為真。

數學家斯摩林根據莎士比亞的名劇《威尼斯商人》中的情節編成一道邏輯推理題：

女主人公鮑西亞對求婚者說：「這裡有三隻盒子：一隻是金盒子，一隻是銀盒子，一隻是鉛盒子，每隻盒子的銘牌上各寫有一

句話。三句話中，只有一句是真話，誰能猜中我的肖像放在哪一隻盒子裡，誰就能作我的丈夫。」金盒上寫的是「肖像在這盒裡」，銀盒上寫的是「肖像不在這盒裡」，鉛盒上寫的是「肖像不在金盒裡」。求婚者猜中了。

這裡，求婚者運用的就是排中律的知識。求婚者看到鉛盒上寫的一句話與金盒子上寫的一句話是互相否定的，是兩個互相矛盾的判斷。根據排中律，在互相矛盾的兩個判斷中，必有一真。根據題意，只有一句是真話，而這句真話只能在這互相矛盾的兩判斷之中，因此銀盒子上的那句話是假話。既然銀盒上的話「肖像不在這盒裡」是假的，那得其反就可以斷定肖像放在銀盒子裡。

在印度釋迦牟尼佛生活的年代，沙門思潮流派紛呈，其中有一派被稱為「鱔魚油滑論」。有的沙門婆羅門不能分辨是非善惡，由於害怕說錯，或者害怕質疑，或者本身就遲鈍愚笨，採取油滑態度，既不認為是這樣，也不認為是那樣，甚麼都不是，像鱔魚一樣難於捉摸。這真可謂違反排中律的典型。

在日常思維中，直截了當犯「兩不可」錯誤的情形比較少見，違反排中律的錯誤多見於含糊表態，閃爍其詞。例如，有一人家生了男孩，滿月時親朋好友都來祝賀。說孩子將來當大官的人，得了賞；說孩子將來發大財的人，收回幾句好話；說孩子將來要死的人，挨了一頓打。魯迅在雜文集《野草》中感慨地評論道：說假話的得賞，說真話的捱打，要是我便說：「哎呀，哈哈，這孩子，哈哈……」這是對世故者的諷刺。

排中律要求人們在兩個互相矛盾的判斷中必須承認有一個是真，這就要求人們思想有確定性。在是與非、真或假之間，不能

對兩者都表示否定。「排中」者，排除實際上不存在的「中間道路」之謂也，因此，有邏輯書把排中律稱作「不容間位律」。

佛陀在涅槃前夕為眾比丘宣講四大教誡：凡有比丘說他在某處聽世尊說，在某處聽某些比丘說，在某處聽某些長老說，或者在某處聽某位長老說，這是法，這是律，這是導師教誨。你們既不要贊同，也不要反對，而應該記清詞句和含義，與經和律對照核實。如果不符合經和律，就可以說：「這肯定不是世尊所說，某位……記錯了。」如果符合經和律，就可以說：「這確實是世尊所說，某位……記得不錯。」不輕率表態，待核實後便如實說，表現了思維的確定性。這與西方邏輯對待複雜問語的態度相同。

排中律適用於矛盾判斷，而不適用於反對判斷。在反對判斷之間還有「中間道路」。

《韓非子‧外儲說左下》中有如下一個故事。齊桓公打算立管仲為仲父，讓他全權掌管朝廷內外大事。齊桓公徵詢滿朝文武的意見，同意的入門後立於左側，不同意的入門後立於右側。有個叫東郭牙的偏偏「中門而立」。齊桓公問他為何站在當中？東郭牙反問齊桓公，你讓他大權獨攬，就不擔心他日後專權篡位嗎？齊桓公以「善」答之，「乃令隰服治內，管仲治外以相參」。

對於管仲的安排，並非只有任其大權獨攬或者廢而不用兩種選擇，至少還有第三種方案，因而大臣們就相應有三種位置可站。這是不違反排中律的。

形式邏輯關於相同素材的直言判斷對當關係告訴我們，下反對關係是可以同真，不能同假的，與矛盾關係判斷可以同假不能同真正好相反。下反對關係可以以假推真，但不能以真推假。在

「柳絮飛來片片紅」

——邏輯矛盾與現實矛盾

　　魯迅有一次和朋友聊天，說到古時候的一些清客為人幫閒，還虧他們真有兩下幫閒的本事時，舉了一則詩壇逸話。清人陸長春在《香飲樓賓談》中記述了「揚州八怪」之一的金農替人補台的一樁趣事。一日，金農應某鹽商之邀，前往揚州名勝平山堂赴宴。席間有人提議每人吟一句古人有關「飛紅」的詩句來助酒興。輪到鹽商時，他冥思苦索之後，終於憋出一句「柳絮飛來片片紅」。柳絮是白的，明明是「柳絮飛來片片白」，怎麼能說「片片紅」呢？一陣哄堂大笑，弄得他窘態百出，下不了台。這時，金農很為鹽商抱不平，他說，這句詩實在做得好，而且還有出典呢！眾人將信將疑，追問出處。金農起身說道：「此乃元人詠平山堂詩，引用得很正確。」接着他從容不迫，口吐蓮花：

　　　　廿四橋畔廿四風，憑欄猶憶舊江東。
　　　　夕陽返照桃花塢，柳絮飛來片片紅。

　　這詩是說在揚州廿四橋畔，夕陽照在桃花塢上，紅光四射，柳絮順風飛來，像落霞一樣，片片帶彩，一幅多麼美妙的景色！「柳絮飛來片片紅」，本來是不通的，經那個清客用前三句一鋪墊，

就一變而成為動人的佳句了。這詩委實做得好，不過，它哪有甚麼出典呢？純粹是他應景附會的急就章。

　　孤立的一句「柳絮飛來片片紅」，與人們思想中早已形成的判斷「柳絮飛來片片白」，是互相矛盾的。在同一思維過程中，對同一事物作出相反的兩種判斷，我們稱之為邏輯矛盾。思維中出現邏輯矛盾，就違反了形式邏輯的矛盾律，這是論證中的大忌，也是任何其他思想表達方式的大忌。

　　矛盾律規定，在同一思維過程中，互相否定的兩個思想不能同時為真。要排除邏輯矛盾，就得設法使兩個思想互不衝突、互不否定。上述清客湊吟的前三句詩，使得「柳絮飛來」的環境條件改變了；從而清除了通常情況下的「柳絮飛來片片白」與特殊情況下的「柳絮飛來片片紅」的矛盾，使得二者同真。

　　馮夢龍編的《古今譚概》中有一則笑話，解邏輯矛盾真是解得好極了。有個叫張幼於的人，每天都有大批食客到他家混飯吃。有次，張幼於作一謎語貼在門上，對大家說，解對了的才能進。謎語是：「老不老，小不小，羞不羞，好不好。」一大群食客撓首搔耳，百思不解，只好瞪着眼睛吃閉門羹。一個叫王百穀的，上來就把它解掉了。他解得真妙：「太公八十遇文王，老不老；甘羅十二為丞相，小不小；閉了門兒獨自吞，羞不羞？開了門兒大家吃，好不好？」這個謎語的四句話是四對矛盾概念，我們不能說某人年老，又說他不年老，同樣也不能說某人人小又不小。王百穀說「太公八十遇文王」，人雖老，但心不老。「老」與「不老」說的是兩碼事，可以在一人身上「合二而一」，不構成邏輯矛盾。同理，說甘羅人小，但官職不小。他將第三、第四兩句變成反問句，反

問主人，你這樣做是羞還是不羞？照我那樣做是好還是不好？王百穀這一解，解得主人大笑。

列寧曾經指出：「『邏輯矛盾』——當然在正確的邏輯思維的條件下——無論在經濟分析中或在政治分析中都是不應當有的。」同時又指出存在着與「邏輯矛盾」不同的「生活本身的矛盾」「實際生活的矛盾」，他説：「這並不是敘述的矛盾，也不是學説的矛盾……這並不是臆造的矛盾，而是活生生的辯證的矛盾。」這種矛盾，我們稱之為「現實矛盾」。這種矛盾不是矛盾律要排除的。

不是在同一時間，或者不是就同一對象，同一方面來説，相反的兩個思想可以不構成邏輯矛盾。古語説，「水能載舟，亦能覆舟」，「載舟」與「覆舟」，這是一對矛盾概念，但是，在不同的條件下，水具有這兩種不同的功能。

俄羅斯俗語説：同一個人「在綿羊面前是好漢，在好漢面前是綿羊」。表面上前後衝突，但從不同的角度看，都是真實的。

總之，一切反映了現實矛盾的思想，都不違反矛盾律；而敘述過程中出現的邏輯矛盾，卻違反矛盾律。但是，在思維中，何者為現實矛盾的反映，何者為邏輯矛盾的表現，往往不容易分清。

例如，中國文學批評史上，有所謂「文以載道」説，又有所謂「詩言志」説。曾有不少人據此認為中國古代文學評論界可分為「載道」派、「言志」派。

錢鍾書在《舊文四篇》中指出：事實上，在中國舊傳統裡，「文以載道」和「詩言志」只規定個別文體的功能，並非概論「文學」。「文」指散文，以區別於「詩」「詞」。這兩者看來針尖對麥芒，其實卻井水不犯河水，有如説「他去北京」「她回上海」。錢鍾書認

為：二者也可說是「羽翼相輔」，好比說「早點是稀飯」「午餐是麵」，互不矛盾。因此，同一個作家既可以寫文章宣傳這樣那樣的道理（即「文以載道」），又可以寫詩歌抒發感情與志向（即「詩言志」）。這就是說，「文以載道」和「詩言志」，並非籠統地談論「文學」，講的不是同一對象，並不構成邏輯矛盾。

又如，某人口才好，我們稱讚他「出口成章」；某人文章寫得深入淺出，通俗易懂，我們又說他的文章「明白如話」。有人就提出「出口成章」好，還是「明白如話」好的問題。置身於綺麗的山水中，人們感歎說「風景如畫」；站在一幅引人入勝的山水面前，人們又品評道：「如臨佳境」。「風景如畫」與「如臨佳境」，又是哪一種情況更值得稱道呢？

張漁甫在《語言的奧妙》中認為，要回答上述問題，首先必須懂得，自然景物、口語是第一性的，圖畫、書面語是第二性的；同時必須懂得，圖畫是對自然景物的藝術反映，書面語記錄口語時也作了提煉加工。因此，圖畫不能脫離自然景物，書面語必須接近口語，這是一方面；另一方面，圖畫不能單純模仿，必須有所提高，書面語不能簡單照錄，必須經過加工。因此，「出口成章」好，「明白如話」也好；「風景如畫」好，「如臨佳境」也好。它們所涉及的是同一事物的不同側面，實際上並不矛盾。

矛盾律所要排除的邏輯矛盾，是指在同一對象、同一時間、同一方面所做的兩個互相否定的思想，離開這「三同一」，就不構成邏輯矛盾了。

華盛頓考考偷馬者

在上海舉辦的一次中學生智力競賽中，有一道題難倒了全部競賽者，他們個個「吃零蛋」。這道題目是：怎樣識別雌雄蚯蚓？

參賽者的答案五花八門，不乏奇思妙想，可是對不上口徑。

親愛的讀者，我也來考考你，一群狗賽跑，請問跑第一名的與跑最後一名的狗哪一條出的汗多？

也許你會回答：跑得快的比跑得慢的出得多；你的猜測也可能是：兩條狗出的汗一樣多。那麼，我要說很抱歉，你上當受騙了。

以上兩題屬同一類型。要知道雌雄蚯蚓是同體的，根本就沒有雌雄之分，哪有甚麼識別方法呢？狗沒有汗腺，壓根就不出汗，任你怎麼猜也沒門。

古時候有個笑話，說在一個廟前，有三個深度近視的秀才，在爭論一問題：「廟前掛的匾上寫的是甚麼字？」正當他們爭得不可開交時，小和尚聞聲而出，笑着說：「你們來得太早，我這匾還沒掛上去呢！」三個「近視眼」自設圈套往裡鑽，只能留下笑柄。

形式邏輯的排中律，要求在互相矛盾的兩個判斷中，必須作出一種選擇，二者必居其一。如果對兩個判斷都加以否定，不肯定其中之一為真，就要犯「兩不可」的邏輯錯誤。於是，有的人就利用人們怕犯「兩不可」錯誤的心理，出其不意地提出一些莫須有

的問題，誘使對方落入他預設的圈套。

　　像上面這類問題，邏輯上叫作複雜問語。複雜問語是這樣一種問語：它包含着一個假定，無論你回答「是」或「否」，都得承認這個假定。碰上一個複雜問語，當其中包含的那個假定是我們不能接受的時候，我們就不能濫用排中律去作簡單的回答。

　　如果有人故意問一位向來不抽煙的女士：「您是否已經戒煙了？」這位女士想必會反問：「你這個問題提得真怪。我從來就沒有抽過煙，哪裡談得上戒不戒？」這樣的回答當然很正確。恐怕不會有哪個傻瓜會去回答「我沒有戒煙」，也不會說「我已經戒煙了」的吧。大家都知道，你無論回答「是」或「否」，都會落入圈套，實際上都等於承認你過去是抽過煙的。正確的回答是消除那個假定。

　　「文革」期間，有個文化程度不高的人擔任了高級領導職務。一次，接待外賓，當外國朋友高度評價我國明朝末年著名的藥物學家李時珍所著的《本草綱目》時，這位高官馬上問陪同人員：「李時珍同志來了沒有？」搞得所有陪同人員哭笑不得。

　　曾在報紙上讀到一則短文《考考偷馬者》，敘述著名美國總統華盛頓年輕時的一件逸事，讀來頗有興味：

　　　　有一次，鄰人偷了華盛頓家的一匹馬。華盛頓同一位警官到鄰人的農場裡去索討，但那人拒絕歸還，聲稱那是他自己的馬。華盛頓用雙手蒙住馬的兩眼，對鄰人說：「如果這馬是你的，那麼，請你告訴我們，馬的哪隻眼睛是瞎的？」

　　　　「右眼。」

　　　　華盛頓放開蒙右眼的手，馬的右眼並不瞎。

「我説錯了，馬的左眼才是瞎的。」

鄰人急着爭辯説。

華盛頓放開蒙左眼的手，馬的左眼也不瞎。

「我又説錯了……」鄰人還想狡辯。

「是的，你錯了。」警官説，「證明馬不是你的，必須把馬交還給華盛頓先生。」

華盛頓略施小計，就輕而易舉地把馬要了回來。故事雖未贊一詞，但華盛頓的巧妙戰術令人折服。你看，他簡直是一位高明的心理學家，指揮偷馬者乖乖地就範。他沒有跟對方理論，而是提出一個很簡單的問題讓偷馬者回答。既然鄰人稱那是自己的馬，當然應當知道哪隻眼是瞎的，因此他沒有理由説「我不知道」。這樣，鄰人在不得不回答並且「瞎猜也許中」的心理支配下，墮入華盛頓複雜問語的圈套。他哪裡想到這匹馬其實一隻眼也沒瞎啊！

最後，請讀者諸君再來參加一次智力競賽。不過，參賽前得先了解相關知識：雌蚊咬人吸血，而雄蚊僅僅吸食花果液汁，交配一次就死亡。題目是：雄蚊咬人狠還是雌蚊咬人狠？我想，各位會得滿分的。

釋迦牟尼答長爪問

—— 悖論之一

　　釋迦牟尼佛在靈鷲山時，有一名叫長爪的修行者來訪。長爪說，自己的觀點是「一切於我皆不可」。佛陀敏銳地發現其觀點包含着邏輯矛盾，便詢問道：「那你對自己的觀點『一切於我皆不可』是否認可？」這一句，便把對方問住了。

　　在因明——印度佛教邏輯學中，有一條立論的原則，就是不能「自語相違」，用我們今天的話來說，是不能自相矛盾。

　　在因明中，「我母是石女」是「自語相違」的一個實例。因明家分析說：既然告訴別人「我母」，明明是說有子女；又說「我母」是不會生育的「石女」，不可能有子女。「自言既已乖反，對敵何所申立？」意思是你自己的立論都自相矛盾，還拿甚麼去向敵方宣傳自己的主張呢？因此立宗——立論的一個必要條件是不能自語相違。

　　「我母是石女」，包含着矛盾，可以說一目瞭然，立論者不大會去樹立這種顯然荒謬的供人批判的靶子。在印度佛教因明的著作中，「自語相違」的另一實例是「一切言皆妄」。這句話與長爪的「一切與我皆不可」相類似。沒有一定的邏輯修養，恐怕很難洞察其謬。

　　唐代玄奘譯場中擔任「證義」的一位叫神泰的高僧評論說：說

「一切語皆是妄」的人，你口中這句是實（真）呢，還是妄（假）呢？

如果說是實，那麼為甚麼說一切語皆是妄語呢？如果你口中這句話是妄，那麼應承認一切語皆實。

即使你補救一句「除我口中所語，其餘一切語皆是妄」，也無濟於事。這時又有第二者聽了你這句補救的話之後，指出「你這句補救的話是大實話」。請問，這第二者的話是實，還是妄？

如果說第二者的話是妄，那麼就會推出你的補救的話是虛假的；如果第二者的話是實，你又有甚麼理由說「除我所說」呢？

假定你再補救一句：「除了這個評論我的第二者的話是實以外，其餘一切言論統統是假的。」如果這樣的話，又會有第三個人接着評論說：「這第二個人說的話也是實話。」這第三個人的話算是假的，還算是真的？

同樣的道理，如果說是假的，那麼說第二個人以及第一個人說的話是真的就不對了；如果第三個人的話是真的，又憑甚麼說「除我語及此人，其餘都虛妄」呢？

神泰的這一連串的推論，除了從「自言是妄」（「一切語皆妄」是虛假的）推出「即應一切語皆實」不合邏輯外，後面的推論都是正確的。因為全稱肯定判斷「一切語皆妄」與全稱否定判斷「一切語皆實」是反對判斷，可以同假，不能同真。由其中一真可推另一假，但不能由其中一假推出另一真。

按照神泰的推論，第四人、第五人……依此類推，以至無窮。你說「一切語皆妄」是真的，可是「一切語皆妄」本身也是「一切語」中的一句，因此又推出「一切語皆妄」這句話本身是假的。你看到推出了矛盾，作個補救，說甚麼除我口中之語以外，其餘一切都

是妄，但這樣一來，又會出現無窮多個「例外」，例外也就不成其為例外了。總之，「一切語皆妄」，自語相違，隱藏着矛盾。

我們説，「一切事物都是發展變化的」，「一切反動派都是紙老虎」，「凡人皆有死」，「物質不滅」，「任何一個事物都包含着矛盾」，等等。我們要認識世界並且改造世界，就要認識許許多多的「一切」。「一切」怎麼樣一般都反映着事物的規律，換句話説，無數的規律、定律、定理是以「一切」的形式加以概括的。但是在「一切」中也有例外，當「一切」涉及自身的時候，就要出問題了。

科學史上有過這麼一件事：一個年輕人想到大發明家愛迪生的實驗室裡去工作，愛迪生接見了他。這個年輕人説，他一定能發明出一種萬能溶液，一切物品都可以被它溶解。愛迪生問他：「那麼你想用甚麼器皿來放置這種萬能溶液呢？」

大家知道，批評是個好東西，它是解決先進與落後、正確與錯誤、真理與謬誤之間矛盾的好辦法。可是，有人説，批評是不好的，甚至斷言一切批評都是要不得的。假定「一切批評都是要不得的」是對的，是真的，那麼「一切批評都是要不得的」，本身也是一種批評，自然也在「要不得」之列。

在世界三大邏輯體系的發源地印度、中國和希臘，古代學者都不約而同地注意並研究了悖論這種特殊的邏輯矛盾。

在中國古代的《墨經》中至少提到過三個悖論。其一，「以言為盡悖，悖」。「言盡悖」相當於「一切言皆妄」。墨家明確指出，説「言盡悖」是錯誤的，錯就錯在自身。如果這句話是對的，那麼就有一句話是對的，説「言盡悖」就錯了。接下來的分析不好理解。

其二，「非誹者，悖」。「誹，明惡也」，即批評別人的錯誤。

《墨經》認為，反對批評本身就是對別人的一種批評。

　　其三，「學之無益也，說在誹者」。《墨經》認為，有人主張「學無益」是不對的。你既然主張「學無益」，又教別人學你這「學無益」的知識，豈不自相矛盾？

　　有人主張「一切判斷都是真的」，亞里士多德便進行歸謬推論，假定「一切判斷都是真的」是真的，又由於「有的判斷不是真的」也是判斷，從而「有的判斷不是真的」也是真的，簡而言之，從「一切判斷都是真的」推出了「有的判斷不是真的」。亞里士多德也批評過反對者主張的「一切判斷都是假的」，這句話同因明、《墨經》所批評的「一切言皆妄」「言盡悖」是完全一樣的。

　　熟悉邏輯的讀者都知道，本文提到的自語相違現象（除「我母是石女」以外），都稱為悖論。這些悖論都是不完全的悖論。古代對悖論的研究是很粗淺的，這跟悖論本身的形式不完全有關係。在希臘，悖論產生的最早年代可以追溯到公元前 6 世紀。古希臘克里特島人埃匹門尼德說：「所有的克里特島人都說謊。」這就是著名的「克里特島人說謊者悖論」。如果這句話是真的，則他自己（是克里特島人）便說謊，從而這句話為假；如果這句話為假，則克里特島人不說謊，而這句話便可為真。讀者注意，分號後面的推導是不合邏輯的，我們在前面對神泰的推導作過修正，人們認為，如果將那個克里特島人的話進一步改為「我這句話是假的」，那麼悖論就完全了。

　　古希臘人對悖論百思不得其解。據說斯多噶學派的一位哲學家曾寫過六篇關於「說謊者悖論」的論文，後來都散佚不存。還有位詩人很另類，他瘦得弱不禁風，要在腳上綁上鉛塊才不至於被

風吹跑。為解答這些悖論，他苦思冥想，最終落得個英年早逝。

　　甚麼是悖論？從字面上說，悖論是指荒謬的理論或自相矛盾的語句、命題。悖論與一般的自相矛盾的邏輯錯誤不同的是，它是這樣的一類命題，由肯定它真，就推出它假，由肯定它假，就推出它真。這類命題也可以表述為：一個命題 A，A 蘊涵非 A，並且非 A 蘊涵 A，A 與非 A 等值。它有如下特點：一是推理的前提明顯合理（按常識或直覺都是合理的或可接受的）；二是推理過程合乎邏輯（不是錯誤推導的結果）；三是推理的結果是自相矛盾的命題或這樣的命題的等價式。

　　由於悖論的搞鬼，現代數學掀起過一場被稱為第三次數學危機的軒然大波。悖論，成了當代數學家、邏輯學家、語言學家、哲學家討論的熱門話題。

「宇宙是不存在的！」

「宇宙是不存在的！」這不是聳人聽聞，也不是癡人説夢。它不出自虛無者之口，而是來自科學家的結論。對於唯物主義者，宇宙確確實實是存在的，我們人類過去、現在、將來都在宇宙之中繁衍生息。究竟是怎麼回事呢？

是悖論在作怪。甚麼是悖論？悖論是一種特殊的邏輯矛盾，由它是真的，會推出它是假的；由它是假的，又會推出它是真的。在悖論中，推理的前提是明顯合理的，而推理的過程又是合乎邏輯的，其結果卻是自相矛盾的。形式邏輯的排中律遇上了悖論也一籌莫展，其威力頓時喪失殆盡。

古希臘克里特島人的「説謊者」悖論是一種不完全的悖論。由「克里特島上的人是説謊者」真，可以推出「克里特島上的人是説謊者」假；而由「克里特島上的人是説謊者」假，推不出「克里特島上的人是説謊者」真，只能推出「有的克里特島人不是説謊者」。可見它不完全。

中古時候流傳下來的「理髮師悖論」是一個完全的悖論。據説中古時代某村只有一個理髮匠，他自己約定：只替不給自己理髮的人理髮。對別人來説，這位理髮師很容易執行自己的規定。問題出在他本人身上。他到底替不替自己理髮？如果他替自己理髮，

則依上述約定，他不該替這種人（他自己）理髮；如果他不替自己理髮，按照上述約定，他必須替這種人理髮（即替自己理）。左也不是，右也不是，都有矛盾出現。

古代流傳下來的這類悖論為數不少，但都未危及邏輯、數學的基礎。

當羅素從現代數學的基礎理論──集合論中發現了悖論時，猶如石破天驚，整個數學界為之震動。

羅素提出的著名悖論就是本文標題所示：「宇宙是不存在的！」

我們用大寫的 X 來代表宇宙，設 X（宇宙）是由一切事物組成的集合。用符號表示為：

$$X = \{ \text{一切事物} \}$$

由於這個 X 本身也是一個事物，因此 X ∈ X，讀作 X 屬於 X。根據集合的理論，一個集合與組成這個集合的元素有本質區別，所以說 X 屬於 X，宇宙屬於宇宙，是無法理解的事。換句話說，這個所謂包羅一切的宇宙 X 是不可能存在的，如果存在這個 X 就會出現矛盾。現在我們可以來揭示本文標題的謎底了。羅素並不是否認現實世界的存在，而是說，假定宇宙是囊括一切事物的一個集合，那勢必會導致矛盾，因而這樣的一種集合是不能存在的。

在羅素悖論「宇宙是不存在的」之中，我們又看見與「理髮師悖論」相同的情形：

設 X={A ∣ A ∉ A}

∉ 表示不屬於，整個式子表示 X 是由所有不屬於自己的那些集合所組成的集合。由規定公理可知，X 是存在的。我們問：集合 X 是否屬於它自己呢？

如果 X 屬於 X（X ∈ X），那麼由於 X 的任何一個元素 A 都有 A 不屬於 A（A ∉ A）的性質，所以，會有 X 不屬於 X（X ∉ X）。即由 X 屬於 X 會導致 X 不屬於 X，矛盾，如果 X 不屬於 X，那麼由於 X 滿足集合 X 所規定的條件，所以又會有 X 屬於 X，也導致矛盾。

這個悖論清楚明白，沒有任何辯駁的餘地。了解現代數學的讀者知道，集合論的兼容性是整個數學兼容性的支柱。在 1900 年，在巴黎召開的數學大會上，大數學家彭加勒宣佈：「現在我們可以說，完全的嚴格性已經達到了。」可是他這句話說過才兩年，羅素就提出了上述集合論悖論。消息傳開，許多數學家大驚失色，驚愕得說不出話。被人稱為數理邏輯的第三個創始者數學家弗雷格在《論數學基礎》中說：「對一個科學家來說，沒有一件事是比下列事實更為掃興的了，即當他的工作剛剛完成的時候，突然它的一塊奠基石崩塌下來了。當本書的印刷快要完成時，羅素先生給我的一封信也使我陷於同樣的境地。」

為甚麼兩千年來悖論對邏輯、對數學沒有發生根本性的威脅，而現在卻像爆發了一場大地震呢？

這是因為，過去的悖論都依賴於某些具體事實，例如，說話的人為克里特島人，理髮匠有一個約定等等，悖論的出現只表明

所假定的事實不能出現，是幻想等，與邏輯、數學都無關。

對克里特說謊者悖論，亞里士多德是這樣解釋的。每一個人都可能本身是撒謊者，但在某些方面或個別場合，卻可能講真話。因此，這一悖論是由「撒謊」一詞的雙關意義產生的，因而是一種詭辯：說自己撒謊的人是指自己是一個撒謊者，而不是指他所表述的一切判斷都是虛假的；所以，他關於自己撒謊的個別判斷並不因為講話的人承認自己是一個撒謊者而成為虛假的。這是一種較為緩和的解釋。

後人通常認為該克里特島人的這句話本身無意義，等於說了一句文法不通的胡言，或發了一系列無意義的聲音。

對理髮師悖論，通常認為該理髮匠作了一個無法執行的約定，等於某人要求自己同時面向東又面向西一樣，是無法執行的。

而集合論悖論則不然，它只涉及集合論裡的基本概念——集合。這就排除了「諉過於人」，即歸咎於引入新概念，或歸咎於推理的中間步驟等可能性。按照規定公理，「任何確定的條件都可決定一個集合」。所謂集合，是指把我們感興趣的、想加以研究的對象集中在一起組成的一個整體。感興趣的對象，可以是任意的東西，人、房子、數字，甚至可以是阿狗阿貓。承認集合論的規定公理，羅素悖論就會產生；如果不承認這條原則，數學中經常使用的這類方法便得改變。這就勢必對集合論以至對整個數學產生極大影響。

有的邏輯學家認為，悖論產生的原因至少與三個因素有關。一是包含自我指稱，這是指一個總體的元素、分子或部分直接或間接地又指稱這個總體本身（語句、集合或者類）。二是涉及否定

性概念，例如，說自身為假的語句是真的還是假的？三是涉及總體、無限這類概念。這導致惡性循環。

　　數學家為了清除悖論這個怪物，提出了各種各樣的方案，前後有 80 多年，至今還是一個沒有攻克的山頭。

　　羅素曾經提出過把數學還原為邏輯的方案，經過艱苦的努力，發現有的公理無法還原為邏輯，只好承認此路不通。有的數學家提出將形式邏輯排中律限制在一定範圍，但遭到一個大數理邏輯學家希爾伯特的反對，他說：「禁止數學家使用排中律，等於不許天文學家使用望遠鏡，不許拳擊家使用拳頭。」

　　悖論能不能避免？應不應該避免？能不能找到一個最終的解決方案？這都有待時間老人來作答。

鱷魚碰到的難題

—— 悖論之三

有的希臘哲學家喜歡講一個鱷魚的故事：

一條鱷魚從一位母親手中搶走了一個小孩。

鱷魚：我會不會吃掉你的孩子？答對了，我就會把孩子不加傷害地還給你。

母親：呵、呵！你將會吃掉我的孩子的。

鱷魚：……我怎麼辦呢？如果我把孩子交還你，你就說錯了。我應該吃掉他。

這時，鱷魚碰到了難題。它既要把孩子吃掉，同時又得交還給孩子的母親。

鱷魚：好了，這樣我就不把他交給你了。

母親：可是你必須交給我。如果你吃了我的孩子，我就說對了，你就得把他交還給我。

笨拙的鱷魚懵了，結果把孩子交還給那位母親。母親一把抱住孩子，跑掉了。

鱷魚：該死！要是她說我要還給她孩子，我就可美餐一頓了。

　　故事講完了，希臘哲學家評論道：如果你們細細琢磨這段著名的悖論，你們一定會明白那位母親是多麼機智。她對鱷魚說的是：「你將會吃掉我的孩子。」

　　無論鱷魚怎麼做，都必定與它的允諾相矛盾。如果它交還孩子，母親就說錯了，它就可以吃掉小孩。可是如果它想吃掉孩子，母親就說對了，這就得讓它把孩子無傷害地交出來。鱷魚陷入了邏輯悖論之中，它無法從中擺脫出來而不違背它自己。

　　如果不是這樣，假定母親說：「你將要把孩子交還給我。」那麼，鱷魚就隨便了，它既可以交還孩子，也可以吃掉他。如果它交還小孩，母親就說對了，鱷魚遵循了自己的諾言。反過來，如果它聰明一些的話，它可以吃掉孩子，這使得母親的話說錯了，鱷魚便可以從交還小孩的義務中解脫出來。

　　希臘哲學家的這番評論恰當嗎？倘若那位母親說的話「你將會吃掉我的孩子」是實然判斷，即直言判斷，那麼，鱷魚無論怎麼做，都必定與它的允諾相矛盾。就是說鱷魚碰上了悖論。

　　可是，「你將會吃掉我的孩子」卻不是對現實的反映，而是一種估計。這個判斷不同於實然判斷，而是模態判斷中的可能判斷。希臘哲學家把它當作與直言判斷毫無二致的非模態判斷，全部的評論都是在非模態領域裡進行的。這就有重新審查的必要。

　　「你將會吃掉我的孩子」相當於「你可能會吃掉我的孩子」，或者「你吃掉我的孩子是可能的」。

　　所謂可能判斷，是斷定了事物情況的可能性的模態判斷。辯證唯物主義認為，某種事物和現象在其還未成為現實以前，只是一種可能性。可能不等於現實，它不是指當前已經實際存在的事

物，而是指包含在事物中的、預示事物發展前途的種種趨勢。可能也不一定會變為現實，在一定條件下，在事物發展的種種不同的可能中，只有其中的一種趨勢、一種可能會轉變為現實。

《新民晚報》1994年6月15日第10版有篇題為《「可能」一詞》的文章說：「『可能』一詞是最完美、最圓潤的。『可能』只是說明一種推測，既然是『可能』，當然同時也包含着『不可能』，也許沒有一個詞，能像『可能』那樣能包容兩種截然相反的詞義。」恰好相反，作者理解錯了「可能」一詞的邏輯性質。「可能是」能兼容「可能不是」，二者可以同真，卻不能同假，就像直言判斷中「有的是」與「有的不是」二者可以同真，但不能同假一樣。

「可能是」與「不可能是」（必然不是）才是相矛盾的，二者不相容。說「可能是」真意味說「不可能是」假，反之亦然，說「不可能是」真，則推出「可能是」假，二者不可同真，亦不可同假。不可能性是指任何時候、任何情況下都不能實現的東西。我們說「明天下雨是可能的」，這句話排除了「明天下雨是不可能的」。當且僅當「明天下雨是不可能的」為真，「明天下雨是可能的」這個可能判斷才為假。因此，我們不能根據明天沒有下雨，來判定「明天下雨是可能的」為假。

下面我們就來審查一下鱷魚是否真的無論怎麼做都會違背諾言。

當鱷魚認為母親的話是假的時，那鱷魚按照自己的諾言可以吃掉孩子；但是當他一吃孩子，又使得母親那句話成為真話，因而鱷魚必須交還孩子。它必須吃掉孩子又必須交還孩子，總之，它陷入了矛盾。

　　當鱷魚認為母親的話是真話時，那麼按照諾言它必須交還孩子；當它交還孩子後，能不能據此斷定母親的話為假話呢？不能。這正好像根據明天沒有下雨來斷定「明天下雨是可能的」為假一樣，也不能說鱷魚交還了孩子，可以推出母親的話為假話。這時，鱷魚交還了孩子而不違反諾言。

　　母親是聰明的。她不說「你將會交還我的孩子」，而說「你將會吃掉我的孩子」，從而迫使鱷魚或者陷入矛盾，或者遵守諾言交還孩子，倘若她說前一句而不是後一句，就有可能失去孩子。

掉多少根頭髮才算是禿頭？

—— 悖論之四

倘若有人對你說：張三要是多掉一根頭髮，他會變成禿子，要是他少掉一根頭髮，他就不會是個禿子。你一定會以為這是無稽之談。

古希臘麥加拉派的代表米利都人歐布利德針對這個問題，提出過兩個著名的詭辯，使古往今來的有識之士前後苦苦思索了兩千多年。

這兩個詭辯是：

> 多少粒穀子能組成穀堆？一粒穀子不能組成一堆，兩粒穀子不能組成一堆，再加上一粒也不能組成一堆……同樣：如果 2 不多，3 不多……10 也不多，那麼何時才達到多？

「禿頭」詭辯和「穀堆」詭辯相類似：

> 如果掉一根頭髮、兩根頭髮、三根頭髮等等都不會使人變成禿頭，那麼要脫掉多少頭髮才會變成禿頭？

在傳統邏輯中，通常把這兩個詭辯所包含的錯誤，稱作名詞

的分散使用被歸結為集合使用的錯誤。如果分散地來思考穀子，那麼它們當然不能組成穀堆，但這不等於説，作為一個集合的整體來思考的許多穀子也不能組成穀堆。有的邏輯史家認為，這兩個詭辯的來源是：問題的提出預先排除了這裡有由量到質的辯證轉化。

　　誠然，對這兩個詭辯所作的哲學解釋是對的，但是太過籠統了，哲學的解釋究竟不能代替邏輯的解釋。

　　傳統邏輯有沒有能力解釋這兩個詭辯呢？沒有。傳統邏輯以研究精確的概念、命題為前提，同時，一個命題只有真假二值：它或者是真的，或者是假的。用西方學者的話來説，傳統邏輯是以用刀劍劃分出來的或真或假的句子為研究對象的。它們不研究有歧義的、模棱兩可的處於臨界狀態的句子。模糊、含混的句子被排除在邏輯研究的對象之外。可是，上面這兩個詭辯中所包含的命題卻是模糊而含混的。掉一根頭髮，當然不能算禿子，掉兩根、掉三根當然也不算。那麼掉多少才算呢？這裡不可能用刀切出一個確切的數字來。答案是模糊的。傳統邏輯碰上這種模糊對象，簡直束手無策，毫無辦法。

　　事實上，在自然界、人類社會和思維中，有着無數的模糊現象。同一種樹的葉子大致相同，但不可能找到完全相同的兩片；同一個人寫同一個字，也不可能絕對相同。黃宗英的《給中青年科技工作者》的詩中，第一段寫道：

　　　中年、青年，
　　　怎樣劃分計算？

算生命除去幾分之幾，

還是時光走了大半？

　　意思是說「中年」「青年」是兩個模糊概念，很難精確地加以
定義的。又如「高矮」「胖瘦」「快慢」「輕重」等概念都是不精確的。

　　一個人由瘦子變成了胖子，有一個逐漸演變的過程，你能不
能精確地說出他哪一天變胖呢？這當然不可能。

　　歷史表明，牛頓在甚麼年齡期發現萬有引力定律是一相當模
糊的事實。若論創造性思想的產生，那是在 1665—1666 年間，但
完成的時間卻在 1685—1686 年間。

　　同一個法拉第電解定律，到底屬於物理學呢？還是屬化學？
也不是憑藉刀劍就能劃分的。

　　傳統邏輯不能處理模糊對象，但在實際生活中，人們還是有
能力來識別和判斷它們。名醫切脈診治，熟練的煉鋼工人調節爐
溫，高級廚師掌握火候，都能恰當地掌握其模糊性。這些行家裡
手除了具有機械性的、精確性的嚴密邏輯推理能力以外，還同時
具備靈活地處理模糊對象的能力，能進行整體性、平行性的思考，
具有概括、抽象、直覺和創造性思維的能力。

　　要減少盲目性，提高科學性，就要求定量地刻劃事物的模糊
性。對於諸如航天系統、人腦系統、智慧系統等涉及錯綜複雜的
關係及大量模糊不清的對象的大系統的研究，對於研製模擬人的
高級智慧的機器來說，不要說傳統邏輯，就是現代的數理邏輯也
是遠遠不夠的。於是一種應用邏輯——模糊邏輯（有人又譯為弗
晰邏輯），就應運而生了。

　　美國的控制論學者查德第一次提出了模糊集合的概念。模糊集合是由模糊概念所組成的集合。例如，「禿頂的人」這個概念就是模糊的，看作禿頂的人與不看作禿頂的人之間沒有一個用刀切出來的界線。

　　本來，在集合論中，基本的概念是屬於關係。任何一個集合與組成這一集合的元素之間至少有一種性質，即某一指定的元素要麼屬於這一集合，要麼不屬於這一集合。這種性質，在數學上用分別 1 與 0 二值的特徵函數來表示，與邏輯上的真假二值相對應。但這種只取二值的性質只能描述、處理精確性對象。查德把「屬於」關係進一步加以數量化，使得一個元素不是要麼屬於、要麼不屬於某一集合，而是可以在不同程度上屬於某一集合，於是引入了隸屬度等概念。

　　一個元素對一個模糊集合的隸屬度可以取大於、等於 0 與小於、等於 1 之間的任何值。查德把普通集合論推廣成模糊集合論。它不是只取 (0，1) 二值，而是在 (0，1) 區間取連續的無窮值。

　　例如，萬有引力的發現，在 1665—1686 年間展開了一個不同隸屬程度的分佈函數，或者說，在牛頓一生的 23—43 歲之間，有一個模糊程度的分佈。又如法拉第定律隸屬物理學的程度是 0.6，隸屬化學的程度是 0.3。

　　查德說：「刻劃模糊邏輯的最簡單的方法也許是說它是一種近似推理的邏輯。」以不精確的命題為前提的推理是似然的，其結論是模糊的並且不是唯一的。它的推理規則的有效性也是近似的而不是精確的。

　　現在讓我們回到本文開頭的那兩個詭辯上來。

　　假定某人頭髮很多，肯定不是一個禿頂的人。那麼，有一個人，他比那個肯定不是禿頂的人只少一根頭髮（掉了一根），我們問：這掉一根頭髮的人是不是禿頂的？顯然他不是禿頂的。如果掉（少）一根頭髮的人不是禿頂的，那麼掉兩根頭髮的人是不是禿頂的？顯然不會認為是禿頂的。依此類推，如果有掉了 n 根頭髮的人不是禿頂的，那麼掉 n+1 根頭髮的人也不是禿頂的。有近似推理如下：

　　　　如果掉 0 根（一根不掉）頭髮的人不是禿頂的，那麼掉 1
　　根頭髮的人不是禿頂的，
　　　　掉 0 根頭髮的人不是禿頂的，
　　　　因此，掉 1 根頭髮的人不是禿頂的。（1）

　　　　如果掉 1 根頭髮的人不是禿頂的，那麼掉 2 根頭髮的人
　　不是禿頂的，
　　　　掉 1 根頭髮的人不是禿頂的，
　　　　因此，掉 2 根頭髮的人不是禿頂的。（2）
　　　　……

　　　　如果掉 n 根頭髮的人不是禿頂的，那麼掉 n+1 根頭髮的
　　人不是禿頂的，
　　　　掉 n 根頭髮的人不是禿頂的，
　　　　因此，掉 n+1 根頭髮的人不是禿頂的。（n）

最後，就會得到如下結論：對於任意的 n，掉 n 根頭髮的人不是禿頂的。假定 n 為某人的全部頭髮，這全部的頭髮都掉光了，而他仍不是一個禿頂的。顯然，這個結論是荒唐的。

我們看到，「禿頭」詭辯包含一個連鎖的推理悖論。

讓我們來審查一下這個推理是否有效。這一系列推理都是運用充分條件假言推理的肯定前件式，形式上都是正確的。

推理 (1) 的第二個前提「掉 0 根頭髮的人不是禿頂的」，顯然是真的。第一個前提「如果掉 0 根頭髮的人不是禿頂的，那麼掉 1 根頭髮的人不是禿頂的」，也是真的。可見，推理 (1) 是有效的。同樣，推理 (2) (3) 等等都是有效的。當 n 所取的值達到相當程度時，推理 (n) 的第一個前提是否為真的呢？也是真的。如果 (n) 的一個前提，即「如果掉 n 根頭髮的人不是禿頂的，那麼掉 n+1 根頭髮的人是禿頂的」為真，這在直觀上是很難理解的。人們難以接受這樣的看法，某人少掉一根頭髮，就不是禿頂的，而多掉一根頭髮，則成為禿頂的。以一根頭髮之差來劃分是不是禿頂的人，顯然不符合通常的看法。因此，推理 (n) 的第一個前提的否定是假的，而第一個前提仍是真的。

由於 n 可以取任意值，並且推理 (n) 也是有效的，因此推理 n 的結論也是必然得出的，即真的。這個結論包含着這個意思；脫光了頭髮的人仍然不是禿頂的。與實際不符，因此該結論又是假的。由真推出了假，矛盾！

癥結在於我們使用的是二值邏輯以及它的排中律。二值邏輯只能取真、假二值，排中律又要求一個命題及其否定必有一真。於是，我們只能在每一推理的第一個前提和它的否定之間挑選一

個，悖論就產生了。

　　囿於二值邏輯的眼界，上面這個連鎖推理悖論很難解釋，而模糊邏輯則對此作出合理的分析。

　　由禿頂的人組成的集合是模糊集合。一個人對這個集合的隸屬度不僅可以取 0 和 1，還可以取大於 0 至小於 1 之間的隸屬度。因此，掉 n 根頭髮的人與掉 n+1 根頭髮的人，它們的隸屬度並不是完全相等的，掉 n+1 根頭髮的人隸屬度比掉 n 根頭髮的人要大一點點。當 n 取值到一定程度，掉了這樣多數目的人對「禿頂的人」的隸屬度就由 0 變為 1，大於這個數目的都取為 1。上面這個連續推理就可化為模糊邏輯的近似推理，其每一步推理所得的結論都是近似的，結論的真值都比前提的真值多一點點，聚沙成塔，結論的真值逐漸由 0 變成了 1，從而得到假的結論。

「人之常情就是犯錯誤」嗎？

—— 換位法與換質法推理

蘇東坡曾用「橫看成嶺側成峰，遠近高低各不同」兩句詩，概括地表達他自己從不同角度欣賞廬山美景的體會。而雁蕩山的奇峰怪石，除了在遠近高低、橫豎正側可以看到不同形態外，更有趣的是在不同的時間還能看到各異的景致。郭沫若亦有詩為證：「靈峰有奇石，入夜化為鷹。勢欲凌空去，蒼茫萬里征。」

兩位詩人告訴人們一個哲理：多側面地觀察事物，往往能收到全面了解之好處。類似的情況在說話、作文中也常常見到。有些人喜歡把一句話「順」着說過之後，又「倒過來」說一遍。

大人哄小孩說：「好孩子不哭，哭就不是好孩子。」把「凡非正義戰爭都不是得人心的」這個判斷倒過來說成是「凡得人心的都不是非正義戰爭」，這樣從正反兩方面說，就把思想表達得更清楚、透徹。以上兩例中的正說和反過來說，其判斷的對象，即邏輯上說的主項或主詞，並不相同，但是這正說、反過來說的判斷可以劃等號，就是說它們在邏輯上是等值的。又如，人們說，「有的工人是科學家」，也可以把這個判斷說成「有的科學家是工人」。從這兩個例子可以看出，同樣一個思想，可以用表述方式不同的兩個判斷來表達，這於說話、行文，就多了一種選擇，有利於靈活地、多角度地表達思想。

　　是不是所有形式的判斷都可以倒過來說呢？「有的人不是科學家」，倒過來說就成為「有的科學家不是人」，這就大謬不然了。為甚麼這種類型的判斷倒過來會鬧出笑話來呢？我們錄以備考。

　　有句拉丁諺語說：「犯錯誤是人之常情，但堅持錯誤是愚蠢的。」20 世紀蘇聯的一些大學生曾經把它倒過來譯成「人之常情在於犯錯誤，而愚蠢則在於堅持錯誤」。教師指出這樣譯不對，並建議他們與正確譯文進行比較後，大多數學生仍然迷惑不解。他們總覺得這樣譯意思沒變。究竟意思變沒變，誰有道理？我們也暫且按下不表。

　　再來看看《伊索寓言·狗吃海螺》所提供的倒過來說的可笑事例：

　　　　有隻狗很喜歡吃雞蛋，有一次看見一隻海螺，張口就吞了下去，不久，感到肚子沉重極了。於是哀歎道：「我真是活該，相信一切圓的都是雞蛋。」

　　狗為甚麼會吃苦頭呢？不妨來個合理想像，既然「一切雞蛋都是圓的」，那麼也可以說「一切圓的都是雞蛋」了。但狗從自己的痛苦經歷中終於懂得，這兩個判斷是大相徑庭的。一切雞蛋固然是圓的，但一切圓的並非都是雞蛋。

　　把一個判斷的主詞與賓詞調換位置，倒過來說，這在邏輯上叫作換位法推理。換位法的規則有兩條，一條是不得改變原來判斷的性質，原判斷是肯定判斷，換位後仍是肯定判斷；原判斷是否定判斷，換位後仍是否定判斷。規則之二是不得擴大原來主、

賓詞的外延，就是説，原來不周延的名詞，換位後仍不周延。

那麼，甚麼叫周延呢？在一個判斷中，如果對某一個名詞的全部外延有所斷定，那麼這個名詞就是周延的；如果對某一名詞的部分外延有所斷定，那麼該名詞就是不周延的。孤零零的一個概念無所謂周延不周延。

全稱判斷的主詞都是周延的。例如，「一切雞蛋都是圓的」「凡非正義戰爭都不是得人心的」。「雞蛋」由量詞「一切」，「非正義戰爭」由量詞「凡」表明全部外延被斷定。

特稱判斷的主詞是不周延的。例如，「有的工人是科學家」「有的工人不是科學家」，這兩個判斷中的主詞「工人」都用量詞「有的」表明只有一部分外延被斷定。

肯定判斷的賓詞都不周延。例如，在「一切雞蛋是圓的」中「圓的」不周延。在這個判斷中，只斷定了「一切雞蛋屬於圓的」，而沒有斷定「所有的圓的」都是雞蛋。同理，在「有的工人是科學家」中，也沒有斷定所有的「科學家」都是工人。句中的「科學家」是不周延的。

形式邏輯只是從判斷的形式方面規定判斷中主詞和賓詞的周延情況，這樣才能為推理制定規則。

否定判斷的賓詞是周延的。例如，在「凡非正義戰爭都不是得人心的」這一判斷中，所有的「非正義戰爭」都被排除在所有的「得人心的」之外，所以，賓詞「得人心的」是周延的。同理，「有的人不是科學家」中的「科學家」，也是周延的。

做了上述説明以後，我們就可以來回答開頭的那些疑問了。

「一切圓的是雞蛋」之所以與「一切雞蛋是圓的」邏輯含義不

等，是由於擴大了「圓的」外延。在「一切雞蛋是圓的」這個肯定判斷中，「圓的」是不周延的，換句話說，「一部分」圓的東西是雞蛋，不能任意把「一部分」說成「一切」。只能說，「有的圓的東西是雞蛋」。推而廣之，將「一切 S 是 P」這種類型（全稱肯定判斷）的判斷換位，都必須對換位後的主詞加以限制，成為「有的 S 是 P」，這叫限制換位法。

懂得了上述道理之後，現在我們用換位法的規則來檢查一下那些學生的譯文，就不難發現，他們這樣譯是大成問題的。那句拉丁諺語是說犯錯誤是人之常情之一，堅持錯誤是愚蠢的表現之一，而「人之常情在於犯錯誤」是說人的全部常情就是犯錯誤，其他一切都與人之常情無關。豈不荒謬？

把「有的人不是科學家」換成「有的科學家不是人」之所以大謬不然，道理也是一樣的。在前一判斷中，主詞「人」由「有的」加以限制，只涉及一部分人，而在後一判斷中，則變成所有的「人」都與「科學家」相排斥了。而在前一判斷中「科學家」是周延的，在後一判斷中又不周延了。這樣前後兩個判斷所表達的思想就不一致。所以「有的 S 不是 P」（特稱否定判斷）一類句子決不能換位。至於把「有的工人不是科學家」換成「有的科學家不是工人」，表面上說得通，實際上則是互不相關的兩個不同的思想，是另一回事了。因為前一個判斷是說工人中的一部分與所有的科學家相排斥，而後一個判斷是說科學家中的一部分與所有工人相排斥，意思完全不同。

在論辯中，換位法常常是揭露論敵邏輯錯誤的武器。20 世紀 70 年代中期，當有人批評火車總是晚點時，「四人幫」中的張春橋

說：「希特勒的火車最準點，分秒不差，怎麼能比那個？」後來有
篇文章，對這條歪理作了痛快淋漓的駁斥：

> ……既然希特勒要火車準點，那麼，火車準點的就都是
> 希特勒。這「逆定理」是別有用心者的一大發明，簡直使草木
> 咋舌，頑石浩歎，可謂高明到了極點！但希特勒也吃飯，為
> 劃清界限計，自然也還是以不吃飯為好，問題是能否堅持得
> 往。在這裡，肚子實在比論文更有力。試把張春橋餓幾天肚
> 皮看，那結果就必然要「休克」，這一定比希特勒那「分秒不
> 差」的火車還要「準」。不信就試試看。

文章的作者不屑於正面說理，不談論火車準點的重要性，而
是將對方言論中所隱含的「逆定理」──「火車準點的就都是希特
勒」發掘出來，諷刺為「一大發明」。懂得形式邏輯換位法規則的
人一看就明白，這「一大發明」在邏輯上是何等的荒唐。作者並不
滿足於此，又作進一步的歸謬，推出「希特勒也吃飯，為劃清界限
計，自然也還是以不吃飯為好」的結論，使其荒謬性暴露得更加充
分。最後作者又風趣、幽默地將論敵挖苦了一通，令人拍案叫絕！
　　前面講過了換位法推理，再來介紹換質法推理。換質法推理是
不改變判斷的主、謂項位置，只將判斷的性質加以改變。或者將肯
定改為否定，或者將否定改為肯定，要使改變後的判斷與原判斷等
值，必須改變聯結詞並同時把謂項改變為矛盾概念。通常我們說
「雙重否定表示肯定」，就反映了換質法原理。例如，「凡金屬都是
導電體」與「凡金屬都不是非導電體」就是換質的兩個等值判斷。

「城非不高也，池非不深與也，兵革非不堅利也，米粟非不多也」，語出《孟子‧公孫丑下》中的「得道多助，失道寡助」。四個句子都是雙重否定的判斷，聯結詞「非」即「不是」，謂項又都是帶「不」的負概念。如果改為「城乃高也，池乃深也，兵革乃堅利也，米粟乃多也」等四個肯定判斷，意思沒變，但按照民國教育總長章士釗先生的理解，就失去了委婉的韻味，表達的效果就會大打折扣。又如，對待壞人壞事，「同學們無不生氣」與「同學們都很生氣」相比，前一句更為強烈。因此，選擇肯定判斷還是否定判斷來表達思想，在不同的語言環境中還是很有講究的。與換位法推理相比，運用換質法推理不太容易出錯。

在實際應用中，換位法推理與換質法推理是經常結合在一起的。民國時期西南聯大有位大名鼎鼎的教授，叫劉文典。他給學生上課，追求學術性強、內容創新、語言獨特。他曾說過：「我講《紅樓夢》嘛，凡是別人說過的，我都不講；凡是我講的，別人都沒有說過！」沒有淵博的學識底氣，誰敢說這話？那年代的學生，那年代的大學課堂，開放得很。你敢發大話，我就要探虛實。

有一次，學生大聲問：「先生對寫文章有何高見？」劉文典應聲道：「問得好！」隨即朗聲念出 5 個大字：「觀世音菩薩。」眾學子無不愕然──這是哪跟哪呀！

接下去，劉老師神秘地解說道：「『觀』，多多觀察生活；『世』，須要明白世故人情；『音』，講究音韻；『菩薩』，要有救苦救難、關愛眾生的菩薩心腸。」

「觀世音菩薩」怎麼就成了「寫文章的高見」？果然出口驚人，令眾學子聞所未聞。推敲一下，真是「高見」，把寫文章的學問概

括得既全面又深刻。此種概括還的確是前無古人的原創。

　　「凡是別人說過的，我都不講」，把它邏輯化一下就成為「凡是別人說過的都是我不講的」，換質為「凡是別人說過的都不是我講的」，再換位為「凡是我講的都不是別人說過的」。這與「凡是我講的，別人都沒有說過」的換質命題是完全相同的。劉文典教授的兩句話在邏輯上等值，只不過兩個判斷的主項不同。雖然相同的意義重複說了一遍，但是側重點還是有不同的。前一句是針對「別人說過的」怎樣，後一句針對「我講的」怎樣。一齊道來，更加強了「語不驚人死不休」的效果。

「婚姻成而媒妁退」

—— 三段論

「願天下有情人，終成了眷屬」。用它來抒發天下「紅娘」的心願，是再恰當不過了。它本是晚清小說《老殘遊記》結尾處一副對子的上聯。其下聯為「是前生注定事，莫錯過姻緣」。這個下聯現在幾乎沒人提起它，原因自不待説了。但是，我們把這兩句對聯一齊借用來形容三段論推理的特點，倒是趣味盎然的。

不是嗎？三段論裡也有一位「紅娘」—— 中詞。遵守了三段論推理的規則，就注定能推出一個確定的結論。

給你「海豚是哺乳動物」與「魚是水生動物」兩個判斷，請你據以為推，你能不能推出甚麼結論來呢？你一定會茫然的。再給你兩個判斷：「凡人皆有死」與「張三是人」，能推出甚麼結論嗎？你就是沒學過邏輯，憑經驗也能推出「張三有死」的結論來，這就是一個正確的但並非標準的三段論推理，因為標準三段論是不包含單稱判斷的：

　　　　凡人皆有死，

　　　　張三是人，

　　　　所以，張三有死。

　　比較這兩組判斷，前一組兩個判斷之間沒有任何聯繫，而後一組兩個判斷卻有一個共同的概念——「人」。正是「人」這個概念起着「紅娘」的作用，把兩個判斷聯絡有親，從而推出一定的結論。

　　所謂三段論，是由兩個包含着一個共同項的性質判斷推出一個新的性質判斷的推理。

　　三段論每個判斷的主詞（主項）和賓詞（謂項），都稱為名詞。在結論中的主詞稱為「小詞」，例如「張三」；結論中的賓詞稱為「大詞」，例如「會死」。在結論中不出現的名詞叫「中詞」，例如「人」。含有大詞的判斷稱為大前提，含有小詞的判斷稱為小前提。小詞與大詞能不能組成一定的聯繫，這就要看它們與中詞發生甚麼樣的關係了。可見，中詞在三段論中舉足輕重，非同小可，它掌握着三段論的命脈。但是，它為大、小詞聯姻後卻不在結論中出現，功成而隱退。歐洲的邏輯學家對此作了一個風趣的譬喻，「婚姻成而媒妁退」。

　　有中詞，是三段論的一個顯著特點。

　　每一個三段論，只能有三個名詞。既不能少，也不能多。少於三個名詞，那就不能組成兩個判斷。多於三個名詞，所組成的兩個判斷沒有聯繫，即沒有一個共同概念把其他概念聯繫起來，也就不成其為三段論。在應用中，有不少這種形似而實非的「三段論」，例如：

　　　　中國人是勤勞勇敢的，

　　　　我是中國人，

所以，我是勤勞勇敢的。

這是一個不合邏輯的推理。大前提中的「中國人」是指整體而言，小前提中的「中國人」是指整體中的部分，所以它們不是一個共同的概念，不能起中詞的作用。這是「四名詞錯誤」，與三段論的定義不合。

我們再來分析一個邏輯史上很著名的詭辯。古希臘的詭辯家歐布利德對另一個人說：「你沒有失掉的東西，那你就有這種東西，對嗎？」那人回答說：「對呀！」歐布利德就說：「你沒有失掉頭上的角吧？那你的頭上就有角了。」

列成推理式如下：

> 凡你沒有失掉的東西，就是你有的，
>
> 角是你沒有失掉的東西，
>
> 所以，角是你有的。

這個結論顯然不對。毛病出在甚麼地方呢？中詞「你沒有失掉的東西……」在大小前提裡是有歧義的。在大前提裡，「你沒有失掉的東西」是指「原來有這種東西」，在小前提裡，則指「原來沒有的東西」也就無所謂失去。可見，這個推理也有「四名詞」，不是三段論。

在三段論關於名詞的規則中，有一條是關於中詞的規定：中詞在前提中至少要周延一次。

美國有一個參議員對邏輯學家貝爾克里說：「所有的共產黨人

都是攻擊我的人，你也是攻擊我的人，所以，你是共產黨人。」

貝爾克里當即反駁道，你這個推論實在妙極了，從邏輯上來看，它同下面的推論是一回事：

　　所有的鵝都是吃白菜的動物，
　　參議員先生也是吃白菜的動物，
　　所以參議員先生是鵝。

在這個三段論中，兩個前提都是肯定判斷，且中詞「吃白菜的動物」兩次都在賓詞位置上。我們知道，肯定判斷的賓詞是不周延的，因此，這個推理違反了中詞必須周延一次的規則。為甚麼中詞不周延一次，結論就不合邏輯？因為大小詞都與中詞的一部分外延發生聯繫，就可能各執一端，而缺少一個共同的部分把它們聯繫起來。

居維葉（1769—1832）是法國古生物學家，又是比較解剖學的奠基者。有一次，他在睡午覺，被一陣怪里怪氣的聲音吵醒了。他發現窗口上有一個猙獰怪物，便仔細打量了一番，只見那怪物頭上長角，腳上一雙蹄子，於是笑道：「有角和蹄子的動物呀，都不是吃肉的。我才不怕呢。」說完又高枕而臥。

這是一個調皮學生在跟老師搗蛋，但他沒料到西洋鏡這樣輕易被戳穿，惡作劇的結果反暴露了自己的無知。

原來，根據比較解剖學，草食動物外表的特點是有蹄子，而凡是有蹄子的動物都是有草食特性而且性情溫和。因此，在居維葉腦子裡很快就形成了一個正確的三段論推理。

　　　　凡是有蹄子的動物都是不吃肉的，

　　　　這個動物是有蹄子的動物，

　　　　所以，這個動物是不吃肉的。

　　在這個三段論中，中詞是「有蹄子的動物」。「凡是」這個全稱量詞表明它的全部外延都被斷定，是周延的，符合中詞周延一次的規則，再加上它的小前提又是肯定的，所以這個推論完全合乎邏輯。

　　三段論的名詞規則中還有一條是針對大、小詞的外延情況而規定的：在前提中不周延的概念在結論中不得周延。

　　據清代筆記《縱世憶譚》記載，某縣太爺親自起草的一紙布告上有這麼一句妙語：「魚也弗食為妙。」從布告上可知，這不是毫無根據的信口開河，而是一番推理的結論呢。

　　事情是由一位窮秀才引起的。河豚有毒，弗食為妙。大概窮秀才把命豁出去了，品嘗後發現其味之鮮美，無與倫比。於是藉着酒興，吟詩作文，大造輿論，竟掀起一陣河豚熱。但河豚畢竟有毒，有些人不懂如何去毒取鮮，結果中毒死亡者接二連三。當地縣官為避免事態擴大，急忙寫下一紙布告，告示説：河豚有毒，食之死亡，河豚是魚，故「魚也弗食為妙」。

　　河豚有毒，若不掌握剖殺要領，不懂得如何吃法，自然弗食為妙，但豈能把所有魚都從傳統食譜中勾銷？

　　這個荒謬結論是怎樣推出來的呢？把整個推理列式如下：

　　　　河豚有毒，

　　　　河豚是魚，

　　　　所以凡魚者有毒。

　　在這個三段論裡，「河豚」是中詞，「有毒」是大詞，「魚」是小詞。「魚」在小前提中是不周延的，因為根據性質判斷的周延規則，肯定判斷的賓詞是不周延的，但是在結論中「魚」成了全稱判斷的主詞，卻周延了。因此，這個三段論犯了小詞非法周延的錯誤。根據前提對小詞部分外延的斷定，推不出小詞全部外延被斷定的結論。

　　「人非草木，孰能無情？」人們常常這樣說。一般來說，這句古訓是對的，人作為血肉之軀究竟不同於草木（其實草木也是有情的，只不過人體會不到罷了）。但是，有人把下面這個三段論當作正確推理就大謬不然了：

　　　　草木是無情的，

　　　　人不是草木，

　　　　所以，人不是無情的。

　　「無情的」是大詞，在大前提中作為肯定判斷的賓詞，是不周延的，而在結論中成了否定判斷的賓詞，是周延的，犯了大詞非法周延的錯誤。

　　蛇本無足，這是常識。成語「畫蛇添足」，比喻做多餘的事，未能增益，反而無當。這個成語故事來自《戰國策・齊策二》：楚國有個人祭過祖先後，賞給他手下的人一壺酒。手下人商議說：

「幾個人喝一壺酒，不夠；要是讓一個人喝，就足夠了。這樣罷，讓我們各自在地上畫一條蛇，誰先畫好就給誰喝這壺酒。」比賽開始後，有一人先畫好，他拿起酒壺就要喝，一看別人未畫成，就左手拿着壺，右手又為畫好的蛇添上腳，自言自語道：「我能為蛇畫上腳呢！」但是，蛇腳未畫成，另一人把蛇畫成了，就從前者手中奪過酒壺說：「蛇本無腳，你怎能給它畫上呢？」說完就喝起酒來。

這一反駁，很有邏輯性，有推理如下：

　　凡蛇皆無足，

　　此物有足，

　　所以，此物非蛇。

這是一個正確的三段論。它的大前提是否定的，因而結論也是否定的。符合三段論的前提規則，即兩個否定前提得不出結論，若有一個前提是否定的，則結論是否定的。這個三段論的形式稱為區別格，常用於反駁。

當心上「常識」的當

—— 三段論與數學公式

莫斯科高等學校某次數學入學考試中，有一道題：三角形的三邊分別為 3、4、5，這是一個怎樣的三角形？

這個問題不難回答 —— 當然，這是一個直角三角形。但是為甚麼呢？很多考生是這樣議論的。從畢達哥拉斯的定理中我們知道，任何三角形的斜邊的平方等於另外兩條直角邊的平方之和。而這裡正好是 $5^2 = 3^2 + 4^2$。這就是說，從畢達哥拉斯的這一條定理可以得出結論。這個三角形是一個直角三角形。

從通常所謂的「常識」的觀點看來，這種議論是令人信服的。但主考人卻認為有毛病，因為它包含了一個很大的邏輯錯誤。為了順利地通過考試，這裡單知道一些定理是不夠的。考生不應該違背數學中所要求的論證的邏輯性。

國內有的邏輯書是這樣來分析的，即把考生的推理整理成三段論：

> 凡是直角三角形都是斜邊的平方等於其他兩邊平方之和，
>
> 這個三角形是斜邊的平方等於其他兩邊平方之和，
>
> 所以這個三角形是直角三角形。

這個推理的形式結構是:

P 是 M
S 是 M
S 是 P

在這裡,中項 M 兩次都不周延,因此,他所得出的結論並不是必然的,有時可能是錯誤的。例如:下述推理就是同前述推理的邏輯結構完全相同的:

羊是動物
犬是動物
所以,犬是羊

其結論顯然是荒唐的。

以上是有的邏輯書的分析。看起來,這樣分析考生的邏輯錯誤,似乎很清楚明白,可惜不合乎考生的原意,仍然不足以服人。

實際上,考生的回答也不是按三段論方式推論的,所以,該書的分析就成了空中樓閣。正如數學家莫紹揆先生在評論中國古代的《墨子·小取》的邏輯體系時所說:「事實上,在自然科學中,在數學中,明顯地使用三段論的地方極少,建立公式運用公式的地方比比皆是,可以說離不開建立公式的方法。足見建立公式法(效法)不但比三段論簡明,而且比三段論更便於運用,更接近於數學和自然科學。《小取》提出效法而不討論三段論,作者覺得這

是很妥當的。」莫先生説明了數學推論的方法是建立公式，運用公式，即代入公式，符合公式的便真，不符合公式便假。這種建立公式、代入公式的方法，是科學尤其是數學上一貫大量使用的方法。試想想，我們在解習題時誰會去捨簡求繁，不用代入公式方法而使用三段論呢？

　　上面説的邏輯讀物的分析首先不合考生原意，削足適履；其次，也無法整理成一個三段論。何以見得？第一，對於一個任意的三角形來説，其三邊不能用斜邊和其他兩邊來做出區別，所謂斜邊只是就直角三角形的一邊來説的。如果我們把斜邊改成長邊的話，這個問題也好解決。但是更大的一個毛病仍然存在。這就是四名詞（四概念）錯誤。細心讀者會發現，上面整理出來的三段論的中項在大小前提中實際上是兩個名詞。在大前提中，中項「斜邊的平方等於其他兩邊平方之和」是指「一般」直角三角形的屬性，而小前提中的中項只是「這個」三角形的屬性即 $5^2 = 3^2 + 4^2$。

　　上面提到的邏輯讀物認為，正確的推理形式應當是：把三段論的大前提改寫為「凡是斜邊的平方等於其他兩邊平方之和的三角形都是直角三角形」。這樣一來，推理就有效了，但它仍然是四個名詞，根本就不是一個三段論。

　　那麼，究竟應當怎樣來分析考生的邏輯錯誤呢？

　　我們先把考生的推論過程寫下來：

　　　　如果一個三角形是直角三角形的話，那麼其斜邊的平方等於二直角邊的平方和，

　　　　這個三角形的三邊是 $5^2 = 3^2 + 4^2$，

　　　　所以，這個是一個直角三角形。

　　這個推論過程是首先選擇一個公式即第一個前提，然後代入
公式，即第二個前提，得出結論，這種方式正是「曲全公理」(凡
可以肯定或否定一全類的，亦可以肯定或否定該類之任一事物) 本
身的反映，這種「效法」方式和亞里士多德的演繹邏輯實質上是同
一內容的兩種處理方式，問題是，第一前提所選擇的公式選擇錯
了。正確的選擇應當是畢達哥拉斯定理的逆定理，正確的推論
如下：

　　　　如果一個三角形其一邊的平方等於另兩邊的平方之和，
　　　那麼它是一個直角三角形，
　　　　這個三角形其一邊的平方等於另兩邊的平方之和，
　　　　所以，這個三角形是直角三角形。

　　怎樣從邏輯上來分析這個有效的推理呢？
　　讀者很容易把上面這個推論 (1) 看成一個充分條件的假言推
理。我們把 (1) 與下面的推理 (2) 比較一下：

　　　　如果三角形 ABC 其一邊的平方等於另兩邊的平方和，
　　　那麼它是一個直角三角形，
　　　　三角形 ABC 其一邊的平方等於另兩邊的平方之和，
　　　　所以，三角形 ABC 是直角三角形。

　　(1) 與 (2) 的形式有不同之處。 (2) 的第一前提是「如果三角形 ABC 其一邊的平方等於另兩邊的平方和，那麼它是一個直角三角形」，這是假言判斷。而第二前提正好是這個假言判斷的前件。但是 (1) 中的第二前提卻不是第一前提 (假言判斷) 的前件，本來是不相同的，要把它誤當作是相同的，如果發生在三段論中，就會犯四名詞錯誤。

　　(2) 是標準的充分條件的假言推理，形式是有效的，(1) 卻不是標準的充分條件假言判斷。但是從 (1) 中的假言判斷，即從「如果一個三角形其一邊的平方等於另兩邊的平方之和，那麼它是一個直角三角形」，可以推出「如果三角形 ABC 其一邊的平方等於另兩邊的平方和，那麼它是一個直角三角形」。在傳統邏輯中，沒有建立這條規則。而在數理邏輯中，有這樣一條規則，叫作從一般到個別的規則。因此從 (1) 是能推出 (2) 的。可見 (1) 也是一個有效推理。

　　考生的推理也依 (1) 推出 (2) 的方式改寫成一個充分條件假言判斷，但由於未能遵守充分條件的假言推理的規則，即通過肯定後件來肯定前件，因而是不合邏輯的。

把麥子變麵粉的禱告

── 充分條件假言推理

在安徒生的童話《皇帝的新裝》裡，有兩個騙子針對皇帝喜歡穿新衣的癖好，自稱能織出世界上最美的布，而且，用它縫製的衣服還有一種奇怪的特性：任何不稱職的或者愚蠢得不可救藥的人，都看不見這衣服。

皇帝深信不疑，給騙子很多錢和生絲。騙子全都裝進了自己的腰包，卻空着兩手裝模作樣地忙着「織布」。「布」終於「織」成了，「新衣」也「縫」好了。大臣們和皇帝雖然明明甚麼也沒有看見，卻生怕被人家講「愚蠢得不可救藥」或者「不稱職」，於是都一致稱讚「美極了」。這樣，騙子得到了御賜爵士銜、勳章，而皇帝則「穿」着「美極了」的「新衣」，進行了一次裸體遊行。

滿街的老百姓都覺得荒唐可笑卻不敢道出真相，無奈一個小孩忍耐不住，叫道：「他其實甚麼也沒穿呀！」

皇帝為甚麼會赤條條地「穿」上子虛烏有的「新裝」遊街示眾，鬧下天大的笑話呢？他的吃虧倒不在於不懂得邏輯推理，「肉食者鄙」，「鄙」就「鄙」在不可救藥的佔有欲、虛榮心以及不誠實。

皇帝和他的大臣們，硬說自己「看見了」，目的是為了表白自己不是一個不稱職的或愚不可及的人，其推理如下：

如果我是不稱職或愚不可及的，那麼我就看不見新衣，

我看見了新衣，

所以，我不是不稱職和不是愚不可及的。

這是一個充分條件假言推理。充分條件假言推理是以充分條件假言判斷為第一個前提的推理。它有兩個正確式：肯定式和否定式。

否定式的規則是：否定後件就可以否定前件。它是通過第二個前提否定假言判斷的後件，從而得到否定前件的結論。皇帝的推理是一個否定式，第二個前提「我看見了新衣」，是對第一個前提後件「看不見新衣」的否定，結論則否定前件「不稱職或愚不可及的人」，從形式上講是完全合乎邏輯的。但這個推理的內容是錯的，犯了條件強加的錯誤，即第一個前提前件和後件之間不存在必然聯繫。

第二個前提「我看見了新衣」也是假的。儘管這個推理從形式上看符合推理規則，但由於兩個前提內容有問題，所得結論沒有得到充足的理由來支持。

在《波斯趣聞》中有一則故事：

教長把一袋麥子運到磨坊跟前。磨粉師傅告訴他：「我今天沒有時間替你磨了。」

「如果你膽敢不馬上替我磨成麵粉，我就要做禱告，讓你、你的磨坊和你那拉磨的毛驢，統統遭到災難！」教長憤憤地說。

「照這麼說，你的禱告總是很靈驗的囉？」磨粉師傅問道。
「當然啦！」
「那麼乾脆，你做一次禱告，讓你的麥子變成麵粉吧！」

磨粉師傅最後一句話體現了邏輯的力量。儘管他沒有把話和盤托出，我們仍可以把他省略的話全部恢復起來，有如下推理：

如果你的禱告真的那麼靈驗的話，那麼你也能做一次禱告，把麥子變成麵粉，
你不能做一次禱告把麥子變成麵粉，
所以，你的禱告是不靈驗的。

這也是一個充分條件假言推理的否定式，從內容到形式都沒有問題。磨粉師傅是這樣來思考的。姑且把教長的話當作真的，然後從中引申出一個判斷來，它們分別成為充分條件假言判斷的前、後件，由於後件是從前件中必然引申出來的，由於第二個前提否定了後件，即肯定後件為假，因此結論就否定前件。

充分條件假言推理否定後件式在反駁當中經常用到。從前有個道士。聽說遠方有人懂得長生不死的法術，便出遠門前去求教，但是等到道士趕到目的地時，那個懂法術的人在幾天前生病死掉了。這位道士非常懊惱，怪自己走得太慢，誤了時間。旁人就開導他說：「你的目的，是要學他長生不死的法術，他如今連自己的性命都保不住，即使見着，也學不到甚麼！」

旁人的開導包含如下推理：

　　如果他懂長生不死法術，那麼他就不會死，

　　他死了，

　　所以，他不懂長生不死法術。

　　充分條件假言推理肯定式的規則是：肯定前件可以肯定後件。

　　在第十二屆世界杯足球賽時，秘魯的巫師泰里德斯事先預言秘魯隊能出線，他還許諾，假如不靈就剃光頭。不幸的是，他的預言失靈了。一位理髮師用了很短的時間，在 100 多人和電視台攝影人員面前，把他一頭又粗又硬的黑髮剃光了。泰里德斯埋怨運動員缺乏鬥志，又責怪裁判員有問題，但不管怎樣，預言失靈就不得不當眾出醜。下面這個推理是有效的：

　　假如不靈，就剃光頭，

　　不靈，

　　所以，得剃光頭。

　　不管甚麼原因造成秘魯隊出不了線，只要你預言失靈，你就得剃光頭，否則就失言了。這個推理的第二個前提肯定了假言前提的前件，因此就能得出肯定後件的結論。

　　充分條件假言推理有兩個錯誤的形式。一是通過肯定後件來肯定前件；二是通過否定前件來否定後件。例如：

　　如果得了闌尾炎，腹部就會劇痛，

　　他腹部劇痛，

　　所以，他得的是闌尾炎。

　　腹部劇痛固然可能因闌尾炎引起，但也可能因外傷、寄生蟲為害等原因引起。如果哪個醫生像上面那樣通過肯定後件來肯定前件，根據病人腹部劇痛就給割闌尾，那麼，病家就只得「敬鬼神而遠之」了。

　　再來看如下推理：

　　　　假如不靈，就剃光頭，

　　　　靈，

　　　　所以，不剃光頭。

　　這個推理對不對呢？不對。它是通過小前提否定前件，來得到否定後件的結論。「不靈」是「剃光頭」的充分條件，「靈」排斥了「不靈」，但它沒有排除能導致「剃光頭」的其他因素。

　　類似的例子是：

　　　　如果天下雨，那麼地上濕，

　　　　天不下雨，

　　　　所以，地上不濕。

　　「天不下雨」，僅僅排除了導致「地上濕」的一種原因。假如有灑水車正在作業呢？還濕不濕？

向動物請教

古希臘的哲學家說過,「人為萬物之靈」。

人有智慧的大腦,有靈巧的雙手。因而主宰地球的是人,探索宇宙的也是人。這是任何動物都萬萬不及的。

但是動物也有其得天獨厚之處:老鷹的千里眼,兔子的順風耳,還有那靈敏的狗鼻子……都是人所不能比擬的;春蠶吐絲作繭,蜜蜂採花釀蜜,狗能偵緝、找礦,等等。因此,在許多事情上,「萬物之靈」倒很有必要向動物請教請教!

在《韓非子·說林上》中,記載了這樣一件事:

> 管仲、隰朋從於桓公而伐孤竹,春往冬反,迷惑失道,管仲曰:「老馬之智可用也。」乃放老馬而隨之,遂得道。行山中無水,隰朋曰:「蟻冬居山之陽,夏居山之陰,蟻壤一寸而仞有水。」乃掘地,遂得水。

管仲、隰朋跟隨齊桓公去攻打孤竹國,回來的路上迷失了道路。管仲懂得老馬識途,因而找到了原路。成語「老馬識途」就是從這裡來的。隊伍走到山中,找不到水源,又陷入了困境。這時,隰朋又出了個好主意,他說螞蟻冬天巢穴於山的南面,而夏天則

居住在山的北面。蟻穴封上有一寸高，穴下一仞（漢以前一仞為八尺）便有水。於是，找到蟻窩，掘地得水。

老馬識途，為大家所熟知。隰朋利用蟻窩來準確地找水，這事倒很新鮮。細想一下，覺得頗有道理。水，是螞蟻生存的必要條件，螞蟻總是在水源附近營巢築穴，所以找到了蟻穴，掘地就能得水。隰朋應用了一個必要條件假言推理：

> 只有有水，才有蟻穴，
>
> 有蟻穴，
>
> 所以，有水。

上面這個推理從內容到形式都是正確的，因此，所得結論符合實際。

所謂必要條件假言推理，就是以必要條件假言判斷為假言前提的假言推理。

必要條件假言判斷的前件與後件之間的真假關係告訴我們，如果一個必要條件假言判斷是真的，而且它的後件也是真的，那麼它的前件就只能是真的，而不可能是假的。因此，如果承認必要條件假言判斷的後件，就必須承認它的前件。於是，就得出必要條件假言推理的第一條規則：承認後件就承認前件。

上面那個推理，小前提肯定了大前提中的後件「有蟻穴」，因而結論肯定了大前提中的前件「有水」。這是一個肯定式的必要條件假言推理。

必要條件假言判斷的前件與後件之間的真假關係又告訴我

們，如果一個必要條件假言判斷是真的，而且它的前件又是假的，那麼它的後件就不可能是真的，只能是假的。因此，如果否認一個必要條件假言判斷的前件，就必須否認它的後件。於是，就得出第二條規則：否認前件就否認後件。

隰朋不僅懂得蟻穴與水源的密切關係，而且還懂得螞蟻的居住地點是隨時令而轉移的。「冬居山之陽，夏居山之陰」，這就為尋找蟻穴劃定了範圍，免得踏破鐵鞋無覓處。如某座山上有蟻穴，而當時若是冬令季節，那一定在「山之陽」。如果跑到「山之陰」去找，就無異於「樹頭掛網枉求蝦，泥裡無金空撥沙」。這裡也是應用必要條件假言推理，列式如下：

> 只有在「山之陽」，才有蟻穴，
> 這是「山之陰」，
> 所以，這裡沒有蟻穴。

上面這個推理是否定式必要條件假言推理，它符合第二條規則，因而也是正確的。它由第二個前提否定假言前提中的前件，從而得出否定後件的結論，即用「山之陰」否定「山之陽」，得出「沒有蟻穴」，否定了假言前提中的後件「有蟻穴」。

韓非在講述了上述故事之後，緊接着就發表了一通議論。他說像管仲、隰朋見識這樣廣的人，碰到疑難，竟能不恥下問，向動物請教，而當今一些人卻不知道向前人學習，不能不是一個過錯。

在戰爭中向動物請教的事，歷史上不乏其例。據説 1794 年深

秋，拿破崙的一支軍隊進軍荷蘭。在強敵入侵的緊急關頭，荷蘭人打開了所有運河的閘門，用滾滾洪水阻擋了敵軍進攻。法軍不得不撤退。但是撤退剛剛開始，法軍統帥夏爾‧皮舍格柳（拿破崙的老師）突然發佈命令，停止撤軍。因為他已獲得一項報告：有人看見蜘蛛在大量吐絲結網。不久，寒潮來，滾滾江河，一夜之間頓失滔滔。法國軍隊踏冰越過瓦爾河，一舉攻克荷蘭要塞烏得勒支城。

　　一支軍隊的行動怎麼取決於蜘蛛的是否吐絲結網呢？有經驗的人們知道，在深秋，只有當乾冷天氣即將到來的時候，蜘蛛才會大量吐絲結網。就是說乾冷天氣是蜘蛛大量吐絲結網的一個必要條件。人們根據蜘蛛在結網，就可推斷乾冷天氣即將到來。

　　法軍統帥夏爾‧皮舍格柳做了一個肯定式必要條件假言推理：

　　　　只有乾冷天氣即將到來時，蜘蛛才會大量吐絲結網，
　　　　現在蜘蛛大量吐絲結網，
　　　　乾冷天氣快要到來。

　　上述推理顯然符合第一條規則，結論是正確的。

　　運用必要條件假言推理，常犯兩種錯誤。一是通過肯定前件來肯定後件。例如：

　　　　只有有水，才有蟻穴，
　　　　有水，
　　　　所以，有蟻穴。

有水，是有蟻穴的必要條件，「無之必不然」，但「有之未必然」。

錯誤之二是通過否定後件來否定前件。例如：

> 只有有水，才有蟻穴，
> 沒有蟻穴
> 所以，沒有水。

必要條件假言判斷的後件是前件的充分條件。有蟻穴，一定有水，但沒有蟻穴，不一定無水，這就是《墨經》上說的「無之未必不然」。

真城與假城

—— 充分必要條件假言推理

這道智力測驗題來自 20 世紀的蘇聯。是上海音樂學院大提琴演奏家林應榮教授對我講述的。她是新中國成立後第一批赴蘇聯的留學生。

相傳有這樣兩座奇怪的城市：一座是真城，一座是假城。凡是真城裡的居民，個個說真話；反之，假城裡的居民個個說假話。兩座城市的居民互相往來。一個旅行者來到了其中一座城市。這位旅行者既通曉兩城的風俗，又諳熟邏輯推理。他不管男女老幼，見到第一個人就問：「你是這座城裡的居民嗎？」不論對方回答「是」或「否」，他立刻就明白他所到的是真城還是假城。

有人說，旅行者是這樣推導的：

（一）（1）如果旅行者到的是真城，並且對方是講真話的人，那麼對方一定回答「是」。

（2）如果旅行者到的是真城，並且對方是講假話的人，那麼對方也一定回答「是」（對講假話的人來說，事情是顛倒的）。

綜合（1）和（2）可知，只要對方回答「是」，就可以斷定所到之城是真城，而不論其是講真話的人還是講假話的人。

　　（二）（3）如果旅行者到的是假城，並且對方是講真話的人，那麼對方一定回答「不是」。

　　（4）如果旅行者到的是假城，並且對方是講假話的人，那麼他也一定回答「不是」。

　　綜合（3）和（4）可知，只要對方回答「不是」就可推得所到之城為假城，而不論所遇之人是講真話的還是講假話的。推導完畢。

　　表面上看，貌似有理，稍加推敲便覺大謬不然。下面我們逐一來考察（一）和（二）這兩步推理。

　　（一）可以用下面這個推理來表示：

　　　　如果旅行者到的是真城，並且不論對方是講真話的人，還是講假話的人，那麼他一定回答「是」，

　　　　對方回答「是」，

　　　　所以，旅行者到的是真城，並且不論對方是講真話的人還是講假話的人。

　　這個結論是一個聯言判斷，以它為前提就可推出結論「旅行者到的是真城」。此結論是不是由上面那個充分條件假言推理必然得出的呢？顯然不是。充分條件假言推理的規則是：肯定前件可以肯定後件；肯定後件則不能必然肯定前件。上面這個充分條件假言推理是通過肯定後件來肯定前件的，因此是不合邏輯的。

　　同（一）相類似，（二）可以用下面這個推理來表示：

　　如果旅行者到的是假城，並且不論對方是講真話的人，還是講假話的人，那麼他一定回答「不是」，

　　對方回答「不是」，

　　所以，旅行者到的是假城，並且不論對方是講真話的人還是講假話的人。

　　結論也是一個聯言判斷。以它為前提就可推出結論「旅行者到的是假城」。從推理形式上來看，上面這個充分條件假言推理與前一個是完全一樣的，同樣不合邏輯。

　　總而言之，旅行者是不能這樣來推導的。

　　讀者會問，從直觀上來看，只要根據對方回答「是」，所到之城為真城；只要根據對方回答「不是」，便是假城，這不是很明白嗎？

　　的確，依據的標準是正確的：對方回答「是」，則所到之處為真城，回答「不是」，則所到之城為假城。但問題在於這個標準是怎麼來的？有沒有邏輯依據？

　　如前所述，單根據（一）或者單根據（二）都沒有必然性，而我們只要將 (1)、(2)、(3)、(4) 綜合起來考察一下，可以發現：(1) 和 (2) 簡而言之是說，如果到真城，那麼對方回答的是「是」；(3) 和 (4) 是說，如果不到真城，那麼對方回答的是「不是」。有之必然，無之必不然。也就是說，當且僅當到真城，回答是「是」，「到假城」與回答「不是」之間也有充分必要條件聯繫。於是，有下面兩個充要條件假言推理：

旅行者到真城，當且僅當對方回答「是」，

對方回答「是」，

所以，旅行者到的是真城。

旅行者到的是假城，當且僅當對方回答「不是」，

對方回答「不是」，

所以，旅行者到的是假城。

熟悉普通邏輯的讀者都知道，這兩個推理是完全合乎邏輯的。

「活埋」八天，是死是活？

—— 選言推理

有一篇《「活埋」八天，「死」而復生》的文章，介紹了印度瑜伽師的驚人功夫。

有一次，一位叫薩加姆爾蒂的瑜伽師同意醫生們用儀器觀察他的「活埋」表演。這位瑜伽師被埋在土坑裡八晝夜，不吃也不喝。只是在土坑裡放置了一盆 5 公升的蒸餾水。據瑜伽師說，此水不是為了飲用，而是為了濕潤空氣。

在八晝夜期間，心電圖觀察一直在進行着。當土坑上面蓋上土後 2 小時，心率加快，第一天傍晚達到每分鐘 250 次，到第二天晚上，心電圖突然成為直線，這使在場的醫生甚為驚訝。

當時醫生們分析可能有三種情況：一是儀器壞了，二是電路斷了，三是瑜伽師死了。但經過檢查，儀器和電路都毫無問題。如果可能性確實只有這三種的話，那麼運用否定肯定式選言推理，結論應該是「瑜伽師死了」。驚恐的醫生們決定立即停止試驗，打開土坑。但瑜伽師的助手反對這樣做，他說，瑜伽師還活着，用不着擔心，只不過是他的心臟暫時停止跳動了。到了第八天，在預定試驗結束之前半小時，心電圖開始出現曲線，心臟開始恢復活動，心率每分鐘 142 次。打開土坑後，瑜伽師一陣顫抖，慢慢醒了過來。

　　事實證明，「瑜伽師死了」的結論是錯誤的。醫生們的推理從形式上看是一個選言推理。毛病出在哪裡？

　　選言推理是前提中有一個是選言判斷，並且根據選言判斷選言支之間的關係而進行推演的推理。它通常以選言判斷為第一個前提，第二個前提肯定（或者否定）其中一個或一些選言支，結論則與第二個前提「背道而馳」，相應地否定（或者肯定）另一些選言支。選言推理分為否定肯定式和肯定否定式兩種。

　　醫生們的推理如下：

　　　　　或者是儀器壞了，或者是電路斷了，或者是瑜伽師死了，
　　　　　不是儀器壞了，也不是電路斷了，
　　　　　所以，是瑜伽師死了。

　　醫生們的推理從形式上看正確無誤，它是一個否定肯定式，第二個前提否定了選言前提中的兩個選言支，結論則肯定了「瑜伽師死了」這個選言支。

　　根據推理結論不符合實際而推理形式正確，可以判定作為選言推理前提的選言支是不窮盡的，即是說，沒有列舉出全部可能性，至少是遺漏了真正的原因。

　　除了醫生們列舉出的三種可能情況外，還有第四種情況即「瑜伽師活着但心電圖成為直線」。這表明瑜伽師像有些動物一樣進入了冬眠狀態。瑜伽師的特異功能是客觀存在的，這種功能突破了普通人的生理極限。由於認識的局限，醫生們的選言前提不全面，導致了結論的不可靠。這說明選言前提盡可能做到窮舉各種可能

是多麼重要。

上海地面曾經發生過大規模沉降，水文地質專家列出了四種可能的原因：或是海平面上升，或是高層建築的壓力，或者由於開採地下天然氣，或是由於大量抽取地下水。後來查明不是前三種情況造成的，因此推出「由於大量抽取地下水造成地面大規模沉降」的結論。這也是應用否定肯定式選言推理，由於前提把各方面的因素都考慮周全了，結論必定與實際相符。找到原因後，採取了相應措施，就成功地控制了沉降。

《韓非子》中有一則「鄭人買履」的故事，説一個鄭國人想買一雙鞋子，到了市上，才記起事先照腳量好的尺寸忘在家中沒有帶來，連忙回去拿。可是等他趕回市上時，集市已經散了。有人問他：「你為何不用自己的腳去試穿呢？」他回答説：「寧信度（尺寸），無自信也。」就是説，寧願相信量好的尺寸，而不願相信自己的腳。

鄭人的回答是這樣一個選言推理：

或信度，或自信（被省略的選言前提），

寧信度，

無自信也。

鄭人的錯誤在於：本來是既可「信度」，亦可「自信」的，因為度本來就是根據自己的腳量出來的，直接用腳不是更好嗎？「信度」與「自信」二者互不排斥，而他卻把「信度」與「自信」對立起來。他不自覺地以兼容的選言判斷為前提，作出肯定否定式的

推論。

　　相容的選言推理，只能使用否定肯定式，不能使用肯定否定式。只有不兼容的選言推理，才有兩種正確的形式，按照需要既可用肯定否定式，又可用否定肯定式。

　　韓非由於主張中央集權制而受到秦王嬴政的賞識。秦王嬴政發兵攻韓，把韓非要了來，準備重用他。李斯等人嫉賢妒能，挑撥離間，使得他身陷牢獄。

　　李斯派人送來一瓶毒酒，讓韓非自殺。韓非不服，就問獄吏：「我究竟犯了甚麼罪？」獄吏回答說：「一個雞籠裡容不下兩隻雞！他們遇見像公子這樣有才幹的人，不是重用，就是害死，管他有罪無罪。」韓非長歎一聲，就服毒自殺了。

　　「不是重用，就是害死」，是一個不兼容的選言判斷。「重用」與「害死」不能並存，因此，下面四個推理形式都是正確的：

　　　　不是重用，就是害死，

　　　　不重用，

　　　　所以，害死。

　　　　不是重用，就是害死，

　　　　重用，

　　　　所以，不害死。

　　　　不是重用，就是害死，

　　　　害死，

所以，不重用。

不是重用，就是害死，
不害死，
所以，重用。

韓非是個明白人，他知道等待他的命運只能是第一或第三種前途。

據說，愛因斯坦提出過一個邏輯推理題，題目是「土耳其商人和帽子」，內容如下：

有一個土耳其商人，想找個協助他經商的夥伴。有兩個人前來報名。土耳其商人想知道這兩人中誰更聰明，於是想出一個辦法來測驗他們。他把兩人帶進一間屋子，這間屋子用燈照明，沒有鏡子，也沒開窗戶。商人指着一個盒子說道：「這裡面有五頂帽子，兩頂紅的，三頂黑的。現在我把電燈關掉，打開盒子，我們三人每人摸一頂帽子戴在自己頭上。然後我蓋上盒子，開亮電燈，你們倆盡快地說出自己頭上戴的帽子是甚麼顏色。」

當電燈開亮之後，那兩個人看見商人頭上戴一頂紅色帽子。兩人相互看了看，無法判斷。過了一剎那，其中一個喊道：「我的是黑的！」

這個人的判斷是正確的，他於是被選中了。

帽子只有兩種顏色，不是戴紅帽，就是戴黑帽。假使商人拿的是黑帽子，那就還剩下兩頂紅的，兩頂黑的，甲乙這兩個應考者就無法作出合乎邏輯的回答。現在商人恰好戴的是紅帽子，就是說還剩下一頂紅帽子。假定甲看見乙戴的也是紅帽子，那他立刻就可以推斷自己是戴黑帽子的。但是甲看見乙頭上的帽子後不吱聲，於是乙馬上悟到自己頭上戴的是黑帽子。你說對嗎？

「寄與不寄間,妾身千萬難」

—— 假言選言推理

　　有一天,阿凡提從市場上買回 3 斤肉,吩咐妻子說:「今晚包頓餃子,咱們美美地吃一頓。」

　　阿凡提的妻子把肉炒了炒,全都吃了。到了晚上,給阿凡提端上一碗白皮麵。騙他說:「當我切好肉,動手揉麵時,貓偷偷地把肉全都吃掉啦!」

　　阿凡提也不囉嗦,把貓抓來放在秤盤上一稱,剛好 3 斤,便問:「妻呀,你瞧!如果這是貓的話,那麼肉呢?如果這是肉的話,貓又到哪去啦!」

　　故事就到此為止,讀來令人發笑。不難想像,面對阿凡提的提問,妻子陷入無言以對的境地,「騙局」一下就被戳穿了。

　　阿凡提的戰法很高明,如果把他的思考過程寫下來,即為下式:

　　　　如果這僅僅是貓,那麼肉不見了,

　　　　如果這僅僅是肉,那麼貓沒有了,

　　　　或者這僅僅是貓,或者這僅僅是肉,

　　　　所以,或者肉不見了,或者貓沒有了。

　　這是一個假言選言推理。假言選言推理是由一個選言判斷及與選言支數目相對應的假言判斷組成前提的推理。當我們考慮某事物情況有幾種可能性並且每種可能性都會導致某種後果時，常常使用一個假言選言推理。

　　假如有兩種可能性，從這兩種可能引申出的結論都使某對象難以接受，就是説，這兩種可能的結果都涉及某對象的心理因素，例如某人與其他對象的利害關係時，我們便把這種假言選言推理形象地稱為二難推理。當着可能性是三種或四種，而這三種或四種可能又都會引出某對象難於接受的結論，這樣就形成了三難推理或四難推理。

　　元朝的姚燧寫了一首曲子，用平實樸素的語言把一個妻子懷念戍邊親人的矛盾心情表現得淋漓盡致。曲曰：

　　　　欲寄君衣君不還，不寄君衣君又寒，寄與不寄間，妾身千萬難。

這位士兵的妻子面臨着二難的選擇：

　　　　如果寄寒衣，那麼怕你不還，

　　　　如果不寄寒衣，那麼怕你受寒，

　　　　或者寄，或者不寄，所以，或者怕你不還，或者怕你受寒。

蘇軾有一首《琴詩》，是七言絕句：

若言琴上有琴聲，放在匣中何不鳴？

若言聲在指頭上，何不於君指上聽？

這首詩是講彈琴的道理。悅耳的琴聲是怎麼產生的呢？單有琴而不用指頭彈，或單有指頭都不行，兩者必須結合起來，還要靠人的思想感情和技術的熟練。

蘇軾在這首詩裡運用了一個二難推理來否定兩種錯誤觀點：

如果琴上本來就有琴聲，那麼放在匣中會鳴，

如果聲只在指頭上，那麼在指頭上能聽琴聲，

或者琴上本來有琴聲，

或者聲只在指頭上，

所以，或者琴放在匣中會鳴，或者在指頭上能聽琴聲。

這個二難推理形式正確，但是由選言判斷組成的結論顯而易見是虛假的，而這個結論又是從前提中必然推出的。由於兩個充分條件假言判斷後件假，前件必假，因而「琴上有聲」與「聲在指上」兩種觀點都是片面的。蘇軾在這裡是通過寫詩來討論複雜的美學問題：產生藝術美的主客觀關係。要詳細地回答這一問題就不是本文所能辦到的事。

假言選言推理有複雜式與簡單式之分。作為前提的幾個假言判斷前後件都不相同的，其結論為一選言判斷，稱為複雜式。以上幾個例子都屬於複雜式。

簡單式的假言選言推理其若干個假言前提或者前件相同，或

者後件相同，而結論是一性質判斷（直言判斷）。例如：

> 如果是銳角三角形，其面積是底乘高的一半，
> 如果是鈍角三角形，其面積是底乘高的一半，
> 如果是直角三角形，其面積是底乘高的一半，
> 或者是銳角三角形，或者是鈍角三角形，或者是直角三角形，
> 所以，任一三角形面積都是底乘高的一半。

假言選言推理既然是由假言推理與選言推理的結合而成，那麼，其推理規則就必須既遵守假言推理規則，又遵守選言推理規則。

魯迅先生曾用「孺子牛」的筆名於 1933 年發表《華德焚書異同論》，痛斥了希特拉及其「黃臉乾兒們」的謬論。其中，魯迅先生引用了歷史上的一個例子：「阿拉伯人攻陷亞歷山德府的時候，就燒掉了那裡的圖書館，那理論是：如果那些書籍所講的道理，和《可蘭經》相同，則已有《可蘭經》，無須留了，倘使不同，則是異端，不該留了。」

燒書的那位阿拉伯軍隊的阿馬將軍運用了一個二難推理，從推理的形式來講無可指責，但是，推理的內容卻大成問題。由於這個二難推理的兩個假言前提，其前後件之間並無充分條件與結果的關係，其燒書的結論也就站不住腳。因而，魯迅說「這才是希特拉先生們的嫡派祖師」。

在阿凡提的故事裡，有一個說阿凡提運用三難推理與別人開

玩笑的：

　　　　清真寺要阿凡提去講道。阿凡提走上清真寺的講台，對大家説：「我要跟你們講甚麼，你們知道麼？」

　　　　「不，阿凡提，我們不知道。」大伙説。

　　　　「跟不知道我要説甚麼的人，還説甚麼呢？」阿凡提説完，下了講台就走了。

　　　　過了些日子，阿凡提又被請到清真寺來。他站到講台上問：「喂，鄉親們！我要跟你們説甚麼，你們知道麼？」學乖了的人們馬上齊聲回答道：「知道！」

　　　　「你們知道了，那我還説甚麼呢？」阿凡提又走了。

　　　　當阿凡提第三次登上講台，又把上兩回那句話問一遍之後，那些自作聰明的人順着阿凡提的竹子爬竿，又一次落入了圈套。他們中一半人高喊「不知道！不知道！」另一半則嚷嚷：「知道！知道！」

　　　　他們滿以為這下可難倒阿凡提了。哪知阿凡提笑了笑説：「那麼，讓知道的那半人講給不知道的另一半人聽好了！」説完揚長而去，聽講的人們眼睜睜地望着，無可奈何。

　　看起來，聽講的人們碰上了「三難」。其實，一難也不難，誰叫你被他牽着鼻子走呢？事情很簡單，只要指出阿凡提的話中包含的三個假言判斷的前、後件之間沒有必然聯繫就行了。

　　打個比方説，我們知道了某時請某人作形勢報告，你總不能説既然你們知道了，那就不必要講了吧。知道報告的題目，並不

等於知道了報告的具體內容。

　　要駁斥一個錯誤的假言選言推理，除了指出其違反假言、選言推理規則或者假言前提內容不真實、選言前提不窮盡外，還可以採用構造一個形式相同而結論相反的假言選言推理的辦法。本書第一篇父子兩人的推理都是二難推理，由於兒子反駁了父親，所以兒子的推理叫反二難推理。雖然反二難推理的結論未必就是真理，但是它仍不失為一種有力的反駁方式。

　　有一次，英國一家電視台的記者採訪作家梁曉聲，並要求梁曉聲毫不遲疑地回答他的問題。梁曉聲點頭認可。記者的問題是：「沒有文化大革命，可能也不會產生你們這一代青年作家，那麼文化大革命在你看來究竟是好還是壞？」

　　梁曉聲先是一怔，但很快反應過來，立即反問：「沒有第二次世界大戰，就沒有以反映第二次世界大戰而著名的作家，那麼你認為第二次世界大戰是好還是壞？」

　　記者顯然設置了一個左右為難的圈套，梁曉聲無論說「好」還是「壞」，結果都會陷入二難的境地。但在進退維谷之際，梁曉聲靈光一閃，迅速拋出一個類似問題，對反二難推理的運用真是靈活到家了！

神機妙算

—— 完全歸納推理

$$98765432 \div 8 = ?$$

這是小學生能做的題目，結果是：

$$98765432 \div 8 = 12345679$$

稍加觀察，便可發現這個式子還很有點「規律性」。被除數與商數都是八位數，各位數目字都得連續數，前者從大到小，後者從小到大。商數中 1，2，3，4，5，6，7，9，單單少個 8，而除數正好是 8。

這個「缺 8 數」有着有趣的性質，請看：

$$12345679 \times 9 = 111111111$$
$$12345679 \times 18 = 222222222$$
$$12345679 \times 27 = 333333333$$
$$12345679 \times 36 = 444444444$$
$$12345679 \times 45 = 555555555$$
$$12345679 \times 54 = 666666666$$

$$12345679 \times 63 = 777777777$$
$$12345679 \times 72 = 888888888$$
$$12345679 \times 81 = 999999999$$

眼前這數字的海洋，波浪起伏，真是美不可言。對於一個觀察和推理能力都不強的人來說，要從上式歸納出「缺8數」的性質來，可是件難事，我們從中可以悟出一個道理，善於觀察和推理是通往神機妙算的橋樑。

計算等差數列之和，對於有初等代數知識的人來說，是最容易不過的事，大家知道，這有一個公式可利用：

$$1+2+3+4+\cdots\cdots n = \frac{n \times (n+1)}{2}$$

如果要從 1 加起，加到 100，那麼用 100 來代入上式中的 n，可得總和為 5050。

求等差數列和公式是由誰發現的？又是怎樣發現的？恐怕不是每一個人都能説得出的。

求等差數列和公式是由古希臘數學家畢達哥拉斯建立的。他採用形象簡便的圖示辦法，把許多小石頭堆列成三角形數，如圖 1 所示：

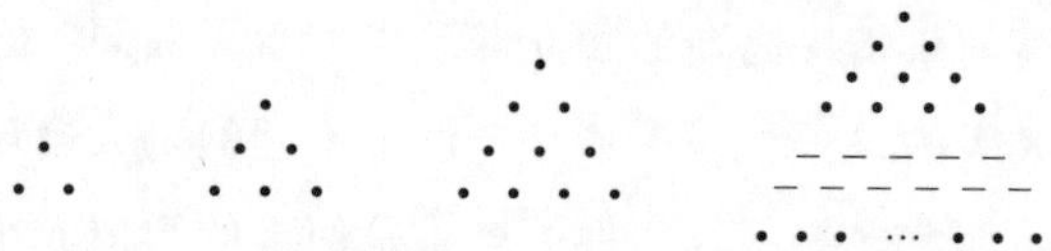

1+2=3　　1+2+3=6　　1+2+3+4=10　　1+2+3$\cdots$+n

圖 1

為了得到原來三角形數的一般表達式，他
把同一個三角形數倒轉加到這原來的三角形數
上，構成一個平行四邊形，其中一個有 n 個小
石子，另一個有 n+1 個小石子。如圖 2 所示：

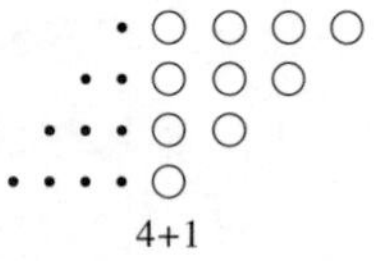

4+1

圖 2

因而有下列等式：

$$2\times(1+2+3+\cdots+n) = n\times(n+1)$$
$$1+2+3+\cdots+n = \frac{n\times(n+1)}{2}$$

數學史上，還有一個相映成趣的故事：

100 多年前，在德國某小學低年級的一個班裡，有幾個孩子發
出了鬧聲，因此老師決定懲罰他們一下。放學後把幾個孩子留下
來罰做算術：從 1 加到 100。正當別的孩子還在抓頭撓耳時，一
個孩子向窗外望了望，便交了卷。老師一看只好讓他先走。第二
天老師興致勃勃地問他怎麼這樣快就找到了答案。孩子機敏地回
答說：「我想這道題目一定有一個快做的好辦法，我找到了一個。
您知道，100 加 1 是 101，99 加 2 也是 101，這樣一直加下去就
有了 50 個 101，也就是 5050。」

這個孩子就是後來的大數學家高斯。

在二千多年前，畢達哥拉斯就建立等差數列公式，自然是值
得千古稱道的事情。高斯的獨立發現也有着異曲同工之妙。對於
一個年僅 8 歲的孩子來說，這是一個了不起的驚人發現。他動腦
筋的時間是如此之短，表明他的思維是何等的敏捷。小高斯還沒
有受到邏輯思維的訓練，但是他已具備某些樸素的邏輯推理能力。

儘管他當時沒有說他運用了哪種推理形式，我們仍然可以根據推導過程加以整理。可列成下式：

$$1+100=101$$
$$2+99=101$$
$$3+98=101$$
$$4+97=101$$
$$\cdots\cdots$$
$$50+51=101$$

這 50 對是從 1 加到 100 的全部，每一對都是 101。

這是一個完全的歸納推理。形式邏輯的歸納推理，就是指從個別性前提推出全類一般性結論的推理。它分完全歸納推理和不完全歸納推理兩種。完全歸納推理的前提是關於個別性知識的論斷，而結論是關於一般性知識的論斷。因此，使用完全歸納推理可得到概括性的結論。它既是一種發現方法，又是一種證明方法。

應用完全歸納推理要具備兩條：一是必須確認所研究的那類對象的每一個對象，二是必須確認所概括的那一屬性是該類每一對象都具有的。由於第一條的限制，完全歸納推理不適用於有大量分子或無窮分子所組成的類。因此，這種歸納推理有很大的局限性。由於完全歸納推理在前提中考察的是某類的全部對象，而不是某類的一部分對象，因此結論沒有超出前提所斷定的範圍，也就是說，結論是必然得出的。

小高斯要計算的是有限的等差數列之和，適合使用完全歸納

推理；畢達哥拉斯要計算的是任意大的等差數列之和，形式邏輯
的完全歸納推理就失掉了威力。他所採用的圖示方法實際上是運
用了數學歸納法。畢達哥拉斯求得的是等差數列的一般公式，高
斯解決的僅僅是一個實例，高低優劣自不待說。我們總不能去苛
求小高斯吧。

　　下面我們附帶介紹一種二位數減法的快速方法。例如，93 減
39 等於幾？如果按部就班地做減法，總得費點心計。我們可以用
9 減去 3 得 6，再用 6 乘 9 得 54。又如，求 86 減 68 的差，我們
可以用 8 減 6 得 2，用 2 乘 9 得 18。上面兩例有個共同特點，即
兩個二位數的個位數和十位數是正好相反的。求 100 以內的所有
這類二位數的差，都可以用上述先做減法後做乘法的辦法來求，
雖然有兩個步驟，但幾乎可以應聲而答。這種算法能被概括出來，
也是完全歸納推理的應用。

「賣鞋看手不看腳」

—— 不完全歸納推理

在馮雪峰先生編寫的《百喻經的故事》裡，有許多富有哲理的故事，其中的一篇題為《嘗一個買一個》。

故事說：有一個紳士，想吃蘋果，打發他的僕人到別人的果園裡去買：「你要買甜的來，不甜的不要買。」僕人拿了錢去了。到得果園，園主說：「我這裡的蘋果，個個都是甜的，你嘗一個看。」僕人說：「我嘗一個，怎能知道全體呢？我應當個個都嘗過，嘗一個買一個，這樣最可靠。」僕人就自己摘蘋果，摘一個嘗一口，甜的就都買回去。紳士見了，覺得噁心，一個都沒有吃。

在現實生活中，像這個僕人那樣不聰明的人是很難碰到的吧。但是在類似的事情上，做這種蠢事的人恐怕並不少。佛教中的《百喻經》，善於從具體的個別事情上來闡發有普遍意義的道理，這是很值得我們學習的。

在日常生活和科學研究中，當我們觀察到某事物中的許多事物或者全體事物都有某種屬性，而又沒有觀察到相反的事例時，我們就會作出結論：某類事物都有某屬性。這一思維過程就是歸納推理。

科學研究與日常生活中用得較多的是不完全歸納推理，亦即簡單枚舉歸納推理，它根據某類事物的部分對象具有某種屬性，

推斷該類事物的全體都具有這一屬性。

　　人們知道，晝夜的交替或四季的變更密切影響着生物的活動。雞叫三遍天亮，青蛙冬眠春曉，大雁春來秋往，花卉按時開放，等等。生物這種測量時間的本領被稱為生物鐘。科學家從微生物、植物、動物直到人類等形形色色的生物中都找到了生物鐘。根據個別種類的生物體活動具有週期性節律概括出了一個一般性的結論——凡生物體的活動都具有時間上的週期性節律。這便是不完全歸納推理的應用。

　　外國有一則寓言說，從前有一位戶籍官到威爾斯某個村莊去登記全體戶主的姓名。他詢問的第一個戶主叫威廉·威廉斯；第二個戶主、第三個、第四個……也叫這名字；最後他自己說：「這可膩了！他們顯然都叫威廉·威廉斯。我來把他們照這名字都登上，今天好休個假。」圖省事的結果是他錯了。村子裡獨獨有一位名字叫約翰·瓊斯的。

　　簡單枚舉歸納推理的結論並非是從前提中必然推出的。其可靠性完全建立在枚舉的事例中沒有反例的基礎上，枚舉的事例數量越大，其可靠程度會有所提高，但是不管枚舉的數量有多大，其結論仍然是或然的。如果只根據若干還不夠充分的事實倉促地推出一般性的結論，把它看作完全可靠的，就會犯「以偏概全」或「輕率概括」的錯誤。

　　對歸納理論有深入研究的穆勒曾說過，中非洲的黑人在還沒有碰到白人以前，顯然以為所有人都是黑皮膚的；英國一個旅行家在加萊上陸後遇到兩個火紅頭髮的法國人，在日記上寫道：「所有的法國人都是火紅頭髮的。」

人們曾根據多次見到天鵝是白色的，歸納推論「所有的天鵝都是白色的」；人們曾根據豬、狗、牛、羊的血是紅色的，推論「一切動物的血都是紅色的」；人們還說「天下烏鴉一般黑」，「凡哺乳動物都是胎生的」，等等。但後來發現了黑天鵝、白烏鴉和卵生的哺乳動物鴨嘴獸，而蝦及其他一些動物的血都不是紅色的，於是就要修改上述結論。

魯迅在《內山完造作〈活中國的姿態〉序》裡指出：「一個旅行者走進了下野的有錢的大官的書齋，看見有許多很貴的硯石，便說中國是『文雅的國度』；一個觀察者到上海來一下，買幾種猥褻的書和圖畫，再去尋尋奇怪的觀覽物事，便說中國是『色情的國度』。」

在一定範圍內沒有出現矛盾情況不等於一定不會出現矛盾情況。哥德巴赫猜想是根據不完全歸納推理提出來的，在它未得到證明之前，它只能是個猜想。

英國著名的數學家和哲學家羅素用他的哲人之筆塑造過一個頗有歸納素養的火雞形象。這隻被關的火雞觀察到，飼養場上午9點給它餵食。是不是每天9點都會餵食呢？它不願意輕率概括，不急於做結論。它繼續觀察不同場合下的大量事實：無論是星期三還是星期四，無論熱天還是冷天，無論下雨還是出太陽，等等。它每天都把事實材料（觀察記錄）放進歸納法的「機器」中，最終它得出一個普遍結論：每天9點鐘都會餵食。可是，作為被飼養的對象最終難逃被宰殺的命運。在聖誕節前，當它又興高采烈地跑出來想吃食時，自己卻成了盤中餐。它錯在哪裡呢？

不能說它的觀察很簡單、很片面，至少它還懂得觀察不同場

合下的大量事實。只能說它不懂主人為甚麼要給它餵食，也不懂得為甚麼在 9 點給它餵食。因此，在一定的時間條件下，它做出的不完全歸納即簡單枚舉歸納的結論是有效的，而超出一定條件則是無效的。明乎此，便不至於做出一個超時空的一般性結論。

我們說，這隻火雞充其量是一個囿於傳統經驗論的古典歸納主義者。

《新民晚報》有篇文章介紹國際象棋世界冠軍謝軍的隨隊醫生任大夫對謝軍每盤棋的勝負有特殊的預測方法，讀來饒有興味。任大夫對國際象棋一竅不通，預測準確率卻令人吃驚。

任大夫的預測方法十分簡單。他每天上午只需量一下謝軍的體溫，便可對下午的勝負猜得「八九不離十」。據任大夫透露，他發現了謝軍在馬尼拉向前世界冠軍齊布爾達尼澤挑戰時，最佳競技狀態下的體溫是 36.1℃。文章說，十分巧的是，謝軍在蒙地卡羅進行衛冕戰時，前五盤對局日謝軍的體溫又都是 36.1℃，而這五盤棋她取得了四勝一和的佳績。謝軍凡是進入最佳競技狀態下的體溫都是 36.1℃。這個一般性的結論顯然是通過不完全歸納推理得到的。

可貴的是，任大夫也好，記者也好，對這種現象保持了清醒的頭腦。文章說對勝負「猜得八九不離十」，而沒有說一定如此。衛冕戰中也有例外。在關鍵的第七盤棋前，謝軍的體溫上升到了36.4℃，謝軍仍贏了。那天上午任大夫替謝軍量完體溫後，沒有向謝軍吐露真情，仍是笑呵呵地騙謝軍說：「很好！今天又是36.1℃。」

另外一條新聞讀來更令人叫絕。哈爾濱市第一百貨商店一位

營業員人稱「神眼」楊華，她有一手絕活是「看手拿鞋」法。只看手的長短胖瘦，就能準確地判斷出顧客所適合的鞋號。

為了練就一手超人的技藝，十幾年來楊華分析了所賣出的十幾萬雙鞋例，走訪了許多專家教授，在櫃台上，試了一千多例都很成功。現在能達到看一個準一個。她判斷手的長度可以精確到毫米。

有位顧客聽說後，親自駕車前來考她。楊華說：「你的手長20.1厘米，穿27厘米的鞋。」然後從兜裡掏出一把尺測量，果然一毫都不差。

楊華認為，一個正常人手的長度是腳的四分之三，餘下的四分之一就是腳跟的長度。為驗明這一點，她先後數次登門向哈醫大局部解剖專家張才教授請教，把自己的公式告訴張教授：腳長＝手長加足跟，足跟＝腳長÷4。當場試驗，連一毫米也不差。張教授稱讚說：「你給醫學界提出了一個新課題。」

楊華提出腳長、足跟的公式的思維過程包含了不完全歸納推理，其準確性之所以那樣高，倒不是因為使用了簡單枚舉歸納推理，而是運用了科學歸納推理。她利用業餘時間讀了十幾種專著，深入探討了人的手腳比例關係及骨骼的發育過程。她提出的公式是理論與經驗結合的產物。

所謂科學歸納推理是這樣一種推理：列舉某類事物中一部分對象具有某種現象，並找出這些對象與現象之間的本質聯繫，其中包括因果聯繫，並以這種本質聯繫為根據，從而作出關於這一類事物的一般性結論的推理。

甚麼樣的手適合哪一號的鞋，這個一般原理又是不完全歸納

推理的結論。它也不是輕率概括的產物,而是深入觀察與反覆思考的結果。利用假日,她跑鞋廠,請教老師傅,既掌握了新舊鞋號的差別,又了解南北方鞋號的標準。由於她基本功過硬,顧客來買鞋,就免去了一個不可缺少的環節:試鞋。

夢是怎樣引起的？

夢是怎樣引起的呢？古人説：「日有所思，夜有所夢。」這是對夢產生原因的一種解釋。現代人則解釋得更為詳細。

外部的刺激能引起夢。睡時陽光照臉，就可能夢見熊熊大火；雙足露在被外，也許會做在冰雪中奔跑的夢。有人這樣試驗：在睡着的人的鼻前放了一瓶香水，那人醒後説，他夢中到了大花園，覺得到處都是花香。一本古老的著作也提到：輕輕加熱熟睡者的手，他在夢中覺着自己穿過火叢。

身體內部的刺激也會產生夢。正在發育的人，可能會夢自己凌空飛行。有的氣喘病人説，當他呼吸通暢後，也會做飛行的夢。如果睡着後，膀胱脹滿要小便，就可能在夢中到處找廁所，小朋友或許就會尿床……

「千人千面」。人們的年齡、體質、習性、飲食及其他生活條件大多不同，但當承受外部或內部的刺激時，都會引起與該刺激相應的夢。所以，刺激是產生夢的原因。

「刺激是產生夢的原因」是歸納所得的結論。這種歸納推理稱為判明現象因果聯繫的歸納推理。

簡單枚舉歸納推理的結論具有「所有 S 都是（不是）P」的形式，而關於現象間因果聯繫的歸納推理，其結論具有「A 是 a 的原

因」的形式。關於現象間因果聯繫的歸納推理是或然性推理，屬於不完全歸納推理。

因果聯繫是客觀世界普遍聯繫和相互制約的表現形式之一。我們把引起另一現象的某種現象，稱作另一現象的原因；被某種現象引起的現象，就是某種現象的結果。有因必有果，無果不成因。原因總是先於結果，結果總在原因之後。因果聯繫的兩個特點是因、果之間有必然聯繫和時間上因、果先後相繼。

世界上存在許多有必然聯繫的現象，但是在它們之間沒有時間上的先後之別，不構成因果聯繫。例如，正方形邊長的增減，必然引起面積的增減，你卻不能說邊長的增減是面積增減的原因。

白天過去是黑夜，冬天過去是春天。白天不是黑夜的原因，晝夜循環是地球自轉的結果；冬天也不是春天的原因，冬去春來是地球圍繞太陽公轉的結果。如果以為凡是有先後相繼的兩個現象，都有因果聯繫，就要犯「以先後為因果」的錯誤，或者說犯「在此之後，即由此之故」的錯誤。在外國文學作品中，高盧雄雞確信，它的高啼可以喚起日出，高盧雄雞成了「在此之後，即由此之故」的有名的文學象徵。

希伯來人通過觀察發現，健康人身上有蝨子，有病發燒的人身上沒有蝨子，便斷言「蝨子能使人健康」。其實，當一個人發燒時，蝨子就覺得不舒服，於是逃離人體；反之，很舒服，便在人身上寄生下來。因此並非有蝨子是人身體健康的原因。

正確理解因果聯繫，還必須注意與迷信劃清界限。「夜有燈花落地，必有喜事進門」，「烏鴉叫，噩運到」，誰能說得清它們之間的必然聯繫呢？

歐美很多人認為「13」這個數字不吉利，是因為耶穌同他的12個門徒共13個人吃過「最後的晚餐」之後，就被釘死在十字架上。人們很忌諱「13」這個數字，甚至門牌號碼都以「12A」來代替「13」。人們常常把災難、事故歸咎於偶然出現的「13」。

判明現象因果聯繫的方法一共有五種，稱為穆勒五法。第一種是求同法。

求同法也叫契合法，它的內容是：如果某一現象出現在幾種不同的場合，而在這些場合裡只有一個條件是相同的，就可以推斷這個相同的條件是產生這一現象的原因。

每個人的夢境可以千差萬別，每個人所接受到的內外刺激也可以形形色色，但是有一個共同點，就是都受到了刺激，因此可以推斷，「刺激是產生夢的原因」。這就是一個求同法推理。

七色彩虹的生成原因，也是用求同法得到的。雨後天晴出現虹；太陽光線通過三棱鏡也出現虹的各種顏色；晴天在瀑布的水星中，在船槳打起的水花中，都可以看到虹的色彩，都能觀察到與虹相似的現象。在這些不同的場合中，只有一個情況是共同的，即光線通過球形或棱形的透明體。

人們觀察到，種植豌豆、蠶豆、大豆等豆類植物，不僅無需向土壤施氮肥，甚至，它們本身還能使土壤增加氮。人們經過研究發現，儘管豆類植物各種各樣，但各種豆類的根部都有稱作根瘤的突起部分。於是人們根據求同法推理得出：豆類之所以不需要施氮肥，並能使土壤增加氮，是由於有根瘤。

求同法推理在科學實驗的第一階段上常用來提出假設。人們觀察到，敲鑼發聲時，如用手指觸鑼面，會感到鑼面在振動；用

琴弓拉琴弦發聲時，讓紙條跟發聲的弦接觸，紙條被弦推動得跳動起來；人說話時，如用手去摸咽喉，也會覺得它在振動。因此，得出結論說：振動是物體發聲的原因。

《呂氏春秋·疑似》曰：「使人大迷惑者，必物之相似也。……相似之物，此愚者之所大惑，而聖人之所加慮也。」世界上的事物是複雜的，運用求同法尋找事物的因果聯繫時，必須注意不為似是而非的假象所迷惑。

有時會出現這樣的情況，在我們觀察到的幾個場合中那個共同的條件，可能和我們所研究的現象毫無關係。沼澤的存在曾一度被認為是瘧疾流行的共同條件，可是後來查明沼澤地帶多蚊蟲，蚊蟲才是瘧疾的帶菌者。

要提高求同法推理的可靠程度，一要求所觀察場合愈多愈好，二是各場合中那些不相同的情況其差異程度愈大愈好。應當注意，求同法推理既然是判明現象因果聯繫的歸納方法之一，那麼它的結論是或然得出的，其正確性往往要再用求異法即差異法來檢驗。

「靈魂」有重量嗎？

—— 差異法之一

有一年的四月，大詩人白居易到深山裡的大林寺遊玩，他驚奇地發現，寺廟旁紅豔豔的桃花開得正盛。平原上，流水落花春已去；深山裡，鳥語花香春正濃。詩人彷彿來到了世外桃源。他觸景生情，一步三歎，信手寫詩一首，題為《大林寺桃花》：

> 人間四月芳菲盡，山寺桃花始盛開。
>
> 長恨春歸無覓處，不知轉入此中來。

白居易生動地描繪了山上山下春留春去的不同景色。然而，作為詩人的白居易並沒有告訴我們山上山下的桃花命運為何不同，春天的腳步為甚麼有快有慢？200 多年後，作為科學家的沈括對此作了精闢的解答。

沈括在《夢溪筆談》裡引了白居易的兩句詩「人間四月芳菲盡，山寺桃花始盛開」後指出：「此地勢高下之不同也。」他就白居易的詩句說明了高度與溫度的關係，高度增加，溫度降低，植物開花就遲，他認為這兩句詩反映了一個很普遍的現象，概括了「常理」。同一種植物在同一畦裡，成熟有早有晚，「此物性之不同也」。嶺、嶠（指廣東、廣西）的小草寒冬不凋謝，并、汾（河北、

山西一帶）的喬木臨近秋天就開始落葉，「此地氣之不同也」，即我國南方北方物候的先後不一。明朝的地理學家徐霞客在雲南麗江時說「其地杏花始殘；桃猶初放，蓋愈北而愈寒也」，和沈括說的是一個意思。沈括還指出，同一畝地裡的莊稼，水肥條件好的先發芽；同一塊地上的禾苗，後種的晚結實，「此人力之不同也」。這些真知灼見在今天已成為常識，在那時得來卻難能可貴。

沈括為了弄清開花時間與地勢、物候等條件之間的關係，作了這樣的推理：山上山下的桃樹品種一樣，都是野生的，所不同的是生長的地勢有高低，因而推斷出山上氣溫低是植物開花遲的原因。

同理，同一畝地的莊稼，土壤、水分、光照、品種等等都相同，只是施肥與不施肥的差別，發芽就參差不一，從而推斷出在其他條件相同的情況下施不施肥是發芽早遲的原因。這種推理方法，叫差異法，是探明現象的因果關係的歸納方法之一。

差異法的基本內容是：如果某種現象在第一個場合出現，在第二個場合不出現，在這兩個場合中只有某一個條件不同，那麼這個條件就是這種現象的原因。

三國時的浦元是諸葛亮手下著名的製刀匠。他特別擅長淬火。公元 227 年時，為諸葛亮鑄刀 3000 把，被人稱為「神刀浦元」。他起初是在成都比武應試後被諸葛亮派到斜谷關擔任軍械監造這一官職的。可是到了斜谷關，打成的刀，不是捲刃，就是容易斷裂。

是鍛打的次數不夠，還是淬火時間沒掌握好？浦元仔仔細細比較了成都和斜谷關製刀的全過程：在炭火中燒成熟鐵塊，再在

鐵砧上加以鍛打，再燒紅，再鍛打，最後放到水中淬火，鍛打的次數，淬火的時間完全一樣。想來想去，只有一樣不同，在成都用的是蜀江水，這裡卻是漢水的水。他連夜打了一把刀，放到漢水取來的水中，水缸裡泛起黃色的泥沙。

蜀江水是涼的呈綠色，漢水是溫的呈黃色，估計刀的質量與水質有關。於是派人費盡千辛萬苦取來真正的蜀江水，鑄成了鋒利的鋼刀。

沈括與浦元的不同發現有着異曲同工之妙。可以説我們這個世界上有數不清的新發現都是自覺不自覺地應用了差異法推理。

在一千多年之前，埃塞俄比亞的凱夫鎮上有個牧羊人。有一次，他到一塊新的草地上去放牧。每天放牧回來，溫馴的羊興奮得瘋瘋癲癲的，到處亂跑。多年的放牧經驗告訴他，羊可能吃了一種新的草。他對新舊兩塊放牧草地進行觀察和比較，發現在新放牧的草地上有種從未見過的草，開着白花，結着漿果。經過反覆試驗，證實就是它使羊一反常態。後來，這種植物的漿果就成了製作咖啡的原料。

差異法的運用是相當普遍的：

養羊的在黏鹼土草原上放牧，比在沙灘草地上放牧多生雌羊；

黃瓜在多雨時節多開雌花；

大量食用蔬菜的非洲農民，結腸癌的發病率每年僅十萬分之三點五，而每天纖維素攝入量僅為非洲農民六分之一的歐美人，發病率高達十萬分之五十一點八；

家有電視機的小孩比沒有電視機的小孩容易得近視眼；

……

　　這些十分簡單的比較，即差異法的運用，使我們懂得了許多東西。

　　差異法常常運用於實驗。因為在自然條件下，別的情況都相同，只有一個情況不同，這樣的場合是很少見的，而由人工控制的實驗則可以做到這一點，因而結論也較精確。

　　一隻具有觸鬚的淡水龍蝦遇到強烈氣味時會逃跑，但是當它的觸鬚被割去後，對強烈氣味就麻木不仁了。這就說明觸鬚是淡水龍蝦感覺氣味的器官。

　　美國紐約州立大學的兩位女生物學家發現，有一種蜥蜴頭頂上有「第三隻眼」，具有辨別方向的功能。

　　巴巴拉艾利斯昆恩和卡洛西蒙在亞利桑納州山區研究一種蜥蜴，發現蜥蜴頭頂上有「第三隻眼」，可以辨別方向，於是就做了一項實驗。她們共抓了 80 隻蜥蜴，其中在 40 隻頭上塗上油漆，其餘 40 隻未塗，再將這 80 隻蜥蜴全部帶到和它們住家相隔 150 米遠的地方，結果發現，未塗油漆的蜥蜴，不到半個鐘頭的時間就可以找到家，但是頭上塗過油漆的蜥蜴，就如同沒頭蒼蠅般地亂闖，始終找不到歸途。

　　這項實驗證明了蜥蜴頭上的「第三隻眼」，果然是蜥蜴有方位感的主要原因。

　　以前有的心理學家曾經認為，盲人的皮膚感覺非常發達。在他接近物體時，能用面部皮膚感知空氣的回流來躲避障礙物。有人把盲人的這種本能稱作「面部視覺」能力。後來心理學家做過這樣的試驗。把盲人的面部用毯子遮住，他們仍然能迴避障礙物，從而推翻了過去的結論，而把他們的耳朵塞住或讓他們赤腳在地

毯上行走，便喪失了迴避障礙物的能力。這個試驗揭示出盲人的「特異功能」，那就是具有高度發達的聽覺能力。

據報載，1901 年，美國馬薩諸塞州哈佛山的杜坎‧麥克唐蓋爾博士在一家醫院裡做了一項特殊的試驗，秤出了靈魂的重量。

可是，麥克唐蓋爾的發現並沒有引起廣泛的注意，儘管他一再強調自己是科學家，而不是招魂術士，但社會輿論不過是一笑了之。科學界也不置可否，這個問題太深奧了。靈魂非物質因而無重量是傳統觀念，是沒有甚麼疑義的。而今，突然有人宣佈說靈魂有重量，簡直不知所措，無從討論起。有沒有靈魂？靈魂有沒有重量？還是留待科學家、哲學家、宗教家、生物學家、人體科學研究者去研究和討論，我們關注的倒是他的檢測手段和方法。

杜坎‧麥克唐蓋爾把一位臨終的肺病患者移放到一架很大但非常靈敏的光束天秤上。大約過了 3 小時 40 分鐘，病人的面部表情驟然消失，在那一刻，光束發生了偏移，有 21.26 克（重約 3 盒火柴）的重量失去了。這一發現使博士興奮不已。在以後的兩年半裡，他又對 5 名病人做試驗。這些人在死去的一瞬間失去了 10.6 克至 42.5 克的重量，這一現象除了說明靈魂離開身體之外，好像沒有其他解釋。差異法的創建者萬萬想不到，本來用於科學發現的方法，卻被人在類似於「通靈術」的試驗中一用再用，着實過了把癮。

巴斯德的瓶子

—— 差異法之二

　　生命是從哪裡來的？很早以來就有人在思考這個問題。人們見到腐肉生蛆，就聯想到蟲、魚、鳥、獸是從泥土、垃圾裡自然生長出來的。就連許多著名的哲學家、科學家如亞里士多德、哈維、牛頓、阿奎那斯等，對這種「自然發生說」也都深信不疑。

　　「自然發生說」的信奉者，比利時的約翰‧范‧赫爾蒙脫 (1577—1644) 甚至斷言，在容器裡放一塊臟亞麻布和一些麥粒或一塊奶酪就能長出老鼠來。此人做過很多實驗，其結果讀者可以想見。人們雖然不相信老鼠和蛆能自然生成，但是對於像細菌和真菌這樣的微生物，問題仍未解決。

　　17 世紀中葉以後，人們做了一些實驗，說明生命不能無中生有地自然發生。這一派叫「生命種生說」。「自然發生說」和「生命種生說」這兩個學派激烈爭論，爭論波及了許多國家。1860 年，法國科學院只好用懸賞來徵求解決問題的辦法。

　　就在這場國際性科學論戰的高潮中，當時還不出名的巴斯德默默地在一間簡陋的實驗室裡研究着。他用一團棉花塞在玻璃管裡，然後抽氣，空氣微塵滯留在棉花纖維上，放在顯微鏡下，看到許多微生物，投進肉湯裡，不久肉湯就腐敗了。由此，他設想空氣裡的微生物種胚是使有機液體腐敗的原因。但反對派駁斥道：

這個實驗並沒有證明微生物是從空氣中直接產生的，駁不倒「自然發生」說。

1860 年 9 月，在荒涼的阿爾卑斯山上來了一個奇異的旅行者，這就是巴斯德。他在嚮導的帶領下，牽着一頭毛驢，馱着幾十個裝着有機液體的瓶子，沿着山路收集空氣試樣。結果發現，在山下採集的試樣，有機液體發生腐敗的較多；在終年積雪的山頂上採集的試樣，有機液體發生腐敗的極少，從而進一步證明空氣中的微生物種胚是使有機液體腐敗的原因。根據大量實驗，巴斯德寫成題為《論空氣中所含有的微生物》的論文，把科學假說發展成為科學理論。

1864 年 4 月 7 日，法國科學院在巴黎大學進行科學討論會。巴斯德宣讀了他的論文並當場做了演示。

他取出一個封了口的瓶子，裡面裝着有機液體（肉湯），瓶裡清潔明亮；

又拿出一個敞口瓶，裝着同樣的液體，裡面混濁不堪，長滿了微生物；

再出示一個敞口曲頸瓶，裝着煮沸過的有機液體，瓶內沒有顯示任何變化。如果把曲頸瓶晃動幾下，再靜放幾天，瓶內也會變得混濁不堪，長滿微生物。

三個瓶子裝的都是相同的液體，但是，第一個瓶子是封閉的，有機液體沒有接觸空氣，沒有腐敗。第二個瓶子，有機液體接觸了空氣，發生了腐敗。第三個瓶子，雖然敞口，接觸了空氣，但液體同樣經過煮沸消毒，並且瓶子的曲頸細長下彎，空氣中的塵埃進不到瓶子裡邊，也沒有腐敗。只是在晃動之後，滯留在瓶頸裡

的塵埃與液體相混，瓶內污染，才發生腐敗。

　　一個實驗解決了 200 年的爭論。為甚麼巴斯德的上述實驗會有那樣強的說服力呢？

　　自然界裡的現象，其產生的原因常常是復因。在自然條件下，很少能遇到除一個情況之外在一切情況上都相同或相似的這樣兩個場合。所以，在一般情況下，運用求異法來觀察現象，把握性就不大，而要在實驗當中得到符合求異法推理所必需的場合，就很容易做到。即在實驗時逐個去掉個別的情況保留其他情況。

　　巴斯德開初從棉花纖維上發現微生物，提出微生物是使有機液體腐敗的原因，這是運用從個別到一般的不完全歸納推理。驗證這個假設，則是運用求異法推理於實驗。

　　巴斯德所用的第一個封閉的瓶子與第二個敞口的瓶子，別的條件都相同，唯有一點不同，那就是第一個瓶子不能接觸空氣中的塵埃，而敞口的瓶子接觸空氣中的塵埃。這兩個瓶子比較的結果告訴我們，能否接觸塵埃是會不會變質的原因。

　　第三個瓶子實際上把第一個瓶子和第二個瓶子的情況集中在一起。搖晃之前不變質，搖晃之後會腐敗，差別也只有一點。

　　巴斯德的實驗可謂「決定性實驗」。實驗清楚地表明，引起有機液體腐敗的，是空氣中的微生物，而不是空氣自身。微生物是微生物種子生成的，而不是無中生有、自然發生的。

　　經過 200 年的爭論，生命種生說駁倒了自然發生說。但應指出，生命種生說還沒有解決生命最初是怎樣產生的。關於這個問題我們在假設專題中再作介紹。後來，巴斯德創立的微生物理論在釀酒業、養蠶業、畜牧業以及外科手術等方面，獲得了廣泛的運用。

「鬼倒路」之謎

—— 求同求異並用法

世界上第一個記錄腳氣病並且找出它的病因和治療方法的，不是外國人，而是我國唐代的名醫孫思邈。

孫思邈發現有錢人常得腳氣病。病人身上發腫，肌肉疼痛，渾身無力。孫思邈想：「為甚麼窮人得的是夜盲症，富人得的是腳氣病呢？這很可能與飲食有關係，不是多吃了些甚麼，就是缺少些甚麼。」

富人吃的是葷腥細糧，而窮人吃的是素食粗糧。腳氣病或者是吃葷腥，或者是吃細糧引起的。他把粗糧與細糧兩相比較，發現精米、白麵雖然好吃，但是缺少了米糠、麩子，他想，富人得腳氣病可能是缺少米糠、麩子而引起的吧。根據這個設想，他試用米糠、麩子來治腳氣病，結果很靈驗。後來，他又發現杏仁、吳茱萸等中藥也有療效。

孫思邈能發現腳氣病的病因是與他發現夜盲症病因所得到的啟發分不開的。窮人易得「夜盲症」。病人在白天還看得見東西，一到晚上就像麻雀一樣成了睜眼瞎。孫思邈想：「為甚麼有錢人不得這種病呢？分明是窮人身上缺少點甚麼才引起的。」他猜想是窮人少吃葷的緣故。於是採用動物的肝臟來治病，結果證實了他的想法。現代醫學告訴我們，肝臟裡含有維生素 A，而夜盲症患

者身上缺的正是它。

　　孫思邈發現這兩種病的病因和治療方法都運用了推理，而且推理的方法是同樣的。以腳氣病的發現為例，將其推理過程整理如下：

　　第一步，將患腳氣病的所有富人加以比較，各人的性格、脾氣、生活習慣等千差萬別，但是有一個共同點，那就是吃精米、白麵。這裡應用求同法，得出吃精米、白麵是患腳氣病的原因。

　　第二步，將不患腳氣病的窮人加以比較，各人的情況也不盡相同，但也有一個共同點，就是吃不上精米、白麵，這裡也應用求同法，得出不吃精米、白麵（即吃粗糧）是不得腳氣病的原因。

　　第三步，是將上面正、反兩個場合的情況加以比較，應用差異法得出吃精米、白麵是得腳氣病的原因。

　　從上述推理過程來看，孫思邈不自覺地應用了求同求異並用法。

　　甚麼是求同求異並用法呢？它的內容是：如果在被研究的現象存在的幾個場合中，都有一個共同的條件存在，而在被研究的現象不存在的幾個場合中，都沒有這個共同的條件存在，那麼，這個條件與被研究的現象之間就有因果聯繫。

　　仍以發現腳氣病病因的推理為例，列式如下：

　　　　正面場合　張 ×× 患腳氣病　不吃粗糧
　　　　　　　　　李 ×× 患腳氣病　不吃粗糧
　　　　　　　　　王 ×× 患腳氣病　不吃粗糧
　　　　反面場合　趙 ×× 不患腳氣病　吃粗糧

　　孫 ×× 不患腳氣病　吃粗糧
　　錢 ×× 不患腳氣病　吃粗糧

　　所以，患腳氣病與不吃粗糧有因果聯繫。

　　腳氣病因的發現，外國比中國晚了一千多年。1882 年，從東京到新西蘭的日本軍艦「龍驤號」，在 200 多天的航行中，許多人患了腳氣病，20 多人死亡。過了兩年，軍艦「築波號」走的是同一條航線，航行的時間雖然多了十幾天，但只有 14 名腳氣患者，無一人死亡。比較兩次航行，別的情況大致相同，明顯的不同是伙食改成近似西餐。由於利用了這一經驗，腳氣病對日本海軍的威脅，大大減輕。但是腳氣病因仍然是個謎。

　　有位在荷屬東印度（今天的印度尼西亞）殖民軍中服役的荷蘭軍醫名叫克里斯琴・愛克曼，在 1890 年之後，有一天他發現醫院養雞場的雞突然得了病。這些雞的腳無力，不能行走，同人得腳氣病的症狀一樣。他非常感興趣，密切地注視雞的變化，過一段時間，雞的病又好了。原來他發現：起初，飼養員用精米餵雞，雞得病，後來，新來的飼養員認為，用給病人吃的精米餵雞太可惜，於是改精米為糙米，這樣一來，雞的腳氣病又好了。愛克曼親自又做了試驗，出現了同樣的現象。

　　人得腳氣病的原因是不是也這樣呢？他對荷屬東印度的 100 多個監獄作了統計，發現在給糙米吃的犯人中，每 1 萬名中，腳氣患者僅 1 人，而在吃精米的囚犯中，則有 3900 人之多。由此，他完全弄清了糙米同腳氣的關係。

　　但是，為了找出糙米中的這種未知物，科學家仍然花費了很

多時間。1910 年和 1911 年，鈴木梅太郎和卡西米爾·芬克分別發現了這種物質。芬克把它命名為維生素。後來，科學家們又發現了多種維生素。

荷蘭軍醫愛克曼對腳氣病的研究，應用了多種推理方法。對雞的情況的觀察和實驗，用的是差異法推理。把雞和人對照，則是類比推理的應用。對 100 多個監獄調查結果的分析，又用了與孫思邈相同的求同求異並用法推理。

求同求異並用法與求同法、求異法的相繼應用是不同的。首先，應用求同法，不需要反面場合，而求同求異並用法有反面場合作對照；其次，應用差異法，其正面場合與反面場合只有一點不同，別的情況都完全相同，而求同求異並用法在別的情況方面不必完全相同。

求同求異並用法是科學研究中經常用到的推理方法。達爾文曾經應用求同求異並用法發現，生物的生活環境的相同或不相同，是生物的形態構造的相似或不相似的原因。

你看，屬於魚類的鯊魚，屬於爬行類的魚龍，屬於哺乳類的海豚，這些分屬於不同種類的游泳健將，都有適合於游泳的相同的體形，這是由於它們都生活在相同的環境 —— 水中。

反之，都是屬於哺乳類的狼、鯨、蝙蝠卻由於生活環境的不同，形態各異，差別很大。狼長於奔跑，鯨會游水，蝙蝠善飛翔。

比較前後兩組動物，前一組有了相同的生活環境，形態相似，後一組卻不具相同的生活環境，形態迥異，因此，可推斷動物生活環境的相同或不相同，是形態相似不相似的原因。

你聽說過「鬼倒路」的故事嗎？在迷信盛行的時代，它是人們

夏夜納涼的「熱門」話題之一。

　　所謂「鬼倒路」，是指走夜路的人，經過一夜的奔波，突然發現轉回到原地。信鬼神的人說，這是鬼使神差。

　　可是，下面這類故事用「鬼倒路」解釋得通嗎？在一望無垠的大沙漠之中，征途漫漫，旅行者白日跋涉，儘管是成群結隊，一旦迷失方向，儘管不斷地走啊走，結果發現又回到了原地。如此反覆數次，終因跳不出這迂迴的圈子而葬身於茫茫沙漠之中。

　　魯迅說過：「科學能教人思路清楚，能教人道理明白。」在科學昌明的今天，人們不僅能合理地解釋這種兜圈子的現象，而且還能利用這種現象來為自己服務。

　　朋友，也許你沒有夜行的經驗，也沒有體驗過沙漠旅行，但你一定見到過兒童玩的帶發條的小汽車——發條上緊之後，走不多遠，它們就會往左或往右偏，如果發條夠長的話，它們還能返回原地。這就是兜圈子原理的簡單應用。

　　為了解釋兜圈子的現象，科學家根據一定的設想，安排了如下試驗：地點是一廣場，遠處有一大廈，叫來許多人，要他們蒙上雙眼，各自正對大門走去，看誰能走進大廈。這應當說並非難事。應試者都竭力使自己走得更直些。很遺憾，事與願違，一個個大失所望。臨近大門時，他們不是偏向左邊，就是偏向右邊。

　　粗略地觀察他們的行進軌跡，可以發現，在他們走過一段距離之後，就呈現兩條弧線，或是彎向左，或是彎向右。

　　調查一下向左偏的人，他們都習慣用右手；恰好相反，凡向右偏的人，則是清一色左撇子。統計結果表明，凡是習慣用右手的人，右手比左手要更發達有力，因此而影響到右腳比左腳更發

達有力，右腳的跨步比起左腳來略微要大些。左撇子的情形正好相反，左腳的跨步要比右腳略大些。總之，人的雙腳跨步不可能絕對相同。積跬步以至千里。左右兩腳各跨一步的差距是微不足道的，但是隨着時間的推移，兩腳所走過的路程之間的差距會愈來愈大。

在月黑風高之夜，在沙漠失途之時，在雙目緊閉等種種特定場合，人們步行的軌跡不可能是平行的直線。在短距離內它會是兩道弧線。隨着弧線的延伸，就出現了兩個大小相差無幾的同心圓。

「鬼倒路」之謎正在於此。要是試驗所在的廣場夠大的話，要是蒙目者無休止地走下去的話，可以料定他們一般會走回出發點的。不信，有興趣者可以一試。

把兜圈子的原因解釋為兩腳跨步不同，這種解釋最初是一種設想，也即假設。這種假設是根據已有的經驗演繹出來的。人的兩腳跨步肯定不會絕對相同。問題是兩腳跨步的不同有沒有規律可循。

「凡是向左偏的人其右腳跨步大」這是個經驗命題，造成右腳跨步大的原因是甚麼呢？比較凡是往左偏的人，他們有許許多多不同特點，如不同的身材、習慣、性格、心理狀態、情緒等等，但有一個顯著的共同特點，就是都習慣用右手。由此可知，習慣用右手是右腳跨步大的原因。這是運用求同法推理得到的。

依照上例，可以推得「習慣用左手是左腳跨步大的原因」。

再將這兩組事例加以對比，發現在第一組例子中（正面場合）人人都有用右手的特點，而在第二組例子中（反面場合），也有一

個共同特點，這個共同特點恰好是沒有第一組的那個共同特點。

以上兩次求同加一次對比，構成一個完整的求同求異並用法推理。

在我們具體分析的這第二組事例中，雖然沒有「習慣用右手」這個特點。但有一個共同的「習慣用左手」的共同特點。因此，根據求同求異並用法推理既可推得「習慣用右手是右腳跨步大的原因」，也可推得「習慣用左手是左腳跨步大的原因」。

求同求異並用法與求同法和差異法的相繼運用是不同的。它比單純運用求同法可靠程度高。

讀者會問，既然人的兩腳跨步不同，那為甚麼在正常情況下我們朝着一個目標，總能到達目的地呢？那正是因為在正常的情況下，我們可以放開眼光，對準目標，隨時修正前進方向，儘管兩腳仍然存在差距。

設計兒童玩具小汽車，兩邊的車輪子有意做得不一般大。要小汽車沿順時針方向前進，只要將右邊的輪子做得小些。

說到這裡，再說多一個話題：為甚麼天才大多脾氣暴？

《科技日報》有篇科普文章解釋了其中緣由。

荷蘭阿姆斯特丹大學的馬泰斯·巴斯招了一批學生志願者做測試。他讓一半學生寫短文回憶憤怒的事；又讓另一半學生回憶悲傷情緒，也寫一篇短文。經過考察發現，「憤怒」組的學生頭腦有更多的靈感，憤怒者們在「無序創新」（又稱「無結構思考」）時表現也更出色。

文章說，天馬行空的思維對創造發明至關重要。憤怒能讓人更加積極地調動各種資源，而創造力不過是人的思維跳躍能力。

憤怒的源頭也在杏仁體。它負責識別身邊的威脅。腎上腺素在大腦中奔騰，呼吸和心率會加快，血壓也會升高。這些反應是為了讓身體做好出擊準備，也會激發人們的動力和勇氣。

　　末了，我要提醒一句，不要為了成為天才，先去練就暴脾氣。

從資本膽量之大小説起

馬克思在《資本論》中有句名言:「資本來到世間,從頭到腳,每個毛孔都滴着血和骯髒的東西。」

馬克思自己為這句話作了一個註,這個註引用的是《評論家季刊》的一段話:「資本逃避動亂和紛爭,它的本性是膽怯的。這是真的,但還不是全部真理。資本害怕沒有利潤或利潤太少,就像自然界害怕真空一樣。一旦有適當的利潤,資本就膽大起來,如果有10%的利潤,它就保證到處被使用;有20%的利潤,它就活躍起來,有50%的利潤,它就鋌而走險;為了100%的利潤,它就敢踐踏一切人間法律;有300%的利潤,它就敢犯任何罪行,甚至冒絞首的危險。如果動亂和紛爭能帶來利潤,它就會鼓勵動亂和紛爭。走私和販賣奴隸就是證明。」

馬克思所引用的《評論家季刊》上的這段話,考察了資本膽量的大小與利潤多少之間的關係,利潤小,膽量小;利潤大,膽量大。由此可以斷定,資本的膽量是由利潤來決定的。上述結論的得出,是判明現象的因果聯繫的歸納方法之一 —— 共變法的具體應用。

一個畫家去拜訪德國著名畫家阿道夫·門采爾,向他訴苦説:「我真不明白,為甚麼我畫一幅畫只消一天工夫,可是賣掉它卻要

等上整整一年。」

　　門采爾認真地說:「請倒過來試試吧,親愛的,要是您花一年工夫去畫它,那麼只用一天工夫,就準能賣掉它了。」門采爾一語道出了工夫的多少與畫的質量高低間的關係。同一件事,工夫下得多,質量自然高,賣出去也容易,相反,則難於出售。我國民諺說,「一分耕耘,一分收穫」,講的就是這個道理。在其他條件不變的情況下,辛勤耕耘則收穫豐裕,三天打魚兩天曬網必定所獲無幾。「一分耕耘」與「一分收穫」之間存在着共變關係,由此可以斷定,耕耘是收穫的原因。

　　英國神經生理學家科斯塞利斯和米勒根據研究得出一個結論:「人的大腦,受訓練越少,衰老也就越快。」

　　他們認為,人的大腦緊張工作開始得越早,持續的時間就越長,腦細胞的老化過程就發展得越慢。人不論年紀大小,積極從事腦力勞動是大有益處的。

　　說到這裡 —— 甚麼是共變法?共變法的基本內容是:如果每當某一現象發生一定程度的變化時,另一現象也隨之發生一定程度的變化,那麼,這兩個現象之間有共變的因果聯繫。

　　在自然科學的研究方面,共變法的應用非常廣泛。

　　1917 年,美國的生理學家雅克·洛布等人發現,在其他條件不變的情況下,在 26 攝氏度時,果蠅只能活 35—50 天;18 攝氏度時,可活 100 天;10 攝氏度時,可活 200 多天。每降低 8 度,它的壽命可延長一倍。由此可以斷定,果蠅的壽命與氣溫有關。

　　誰都可以做這樣一個實驗:把一盆植物的幼苗放在一個密封的匣子裡,在匣子的東側開一個洞,過些時候就會看到盆內幼苗

的尖端都變向東側透光的洞口；然後將此洞口封上，再在南側另開一洞口，又會發現盆內幼苗的尖端都彎向南側透光的洞口；在西側、北側重複做實驗，也得到相同的結果。可見，隨着透光方向的改變，植物生長的方向也會改變，這就是植物學上所說「向光性運動」。

沈括在《夢溪筆談》中，分析了潮汐產生的原因，他說：「盧肇論海潮，以謂『日出沒所激而成』，此極無理。若因日出沒，當每日有常，安得復有早晚？予嘗考其行節，每至月正臨子、午，則潮生，候之萬萬無差。月正午而生者為潮，則正子而生者為汐。」沈括根據自己的觀察，認為在其他條件不變的情況下，潮汐是隨月的運行而變化的，因此月亮的運行變化是產生潮汐現象的原因，否定了盧肇關於海潮純由「日出沒所激而成」的觀點。沈括所用的推理方式，也是共變法。

我國古代早就發現了月的圓缺與人的某些生理現象存在着共變關係。《黃帝內經》把婦女的月經稱為「月事」，不無道理。根據現代生理衛生知識，月經週期為 28 天，這與朔望月的週期 29.53059 日很接近。最近德國的婦科專家調查了 1 萬多個婦女的月經週期，結果表明，在望月夜晚，婦女們月經出血量成倍增加，而在月虧時正好相反。

更有趣的是，據說人的情緒也以 28 天為一個節律。據說巴黎消防隊在每個望月的夜晚，都進入超警戒狀態，因為根據他們的經驗，望月時，縱火犯的活動會增加。一位警察署的處長聲稱：「縱火犯、盜賊、漫不經心的駕駛員和酗酒者，好像在望月初期更趨於鬧事，而滿月漸漸縮小期間，上述情況又漸漸平靜下來。」還

有人指出：「當望月時，月亮向地球投射它的耀眼銀光，夜裡很多人睡不着。第二天，4個婦女中的一個，9個男人中的一個會抱怨說：我一夜都沒合眼。即使那些睡着的，半夜裡也往往因噩夢而醒。」

是不是所有的共變現象都存在因果聯繫呢？不是的。閃電大雷也大，是眾所周知的現象。閃電大與雷大之間確實有共變關係。但是，在「閃電」與「雷」之間沒有因果聯繫，它們二者的大小都是由雲層中電的強弱來決定的。電的強弱與它們二者才有因果聯繫。

把共變法與差異法做一比較，便可看出，差異法是共變法的局部（或極限）場合。我們只要把引起另一現象發生共變的那一現象，改變到完全消失或加大到一定界限，便會得到差異法推理所必需的場合。本文開頭所說到的，利潤的多少與資本的膽量的大小是成正比的，有着共變關係，當利潤為零時，資本便會膽怯起來，不會被動用。這就是差異法。又如，在一定範圍內，肥多糧多。但肥過多，共變關係遭到破壞，農作物要被「燒」死。肥料減到沒有，便談不上增產，這又回到了差異法。

與求同法、差異法、契合差異並用法相比較，共變法有其優點。前三種方法都是從現象出現或不出現來判明因果聯繫的。共變法卻可以從現象變化的數量上來判明因果關係，可以得出一個函數關係，也就使得結論的可靠性程度提高。

鈾及其「子孫」

—— 剩餘法推理

在眾多的化學元素中，鈾是一位大名鼎鼎的「人物」。你可知道，它的童年卻是漫長而又平凡的？

1789 年，德國人克拉普羅茲用一種黑色的瀝青狀的礦物做實驗，得到一種外表非常像金屬的帶光澤的黑色物質，他認為這是一種新元素。為了紀念 1781 年發現的天王星，克拉普羅茲把它命名為鈾，即天王星的意思。

1841 年，化學家佩利戈特從這種黑色的有着金屬光澤的物質中分離出氧元素，才知道它不是單質的鈾而是化合物。次年，他提取到銀白色的金屬鈾。可是金屬鈾被發現後，仍然是充當玻璃、瓷和琺瑯的「着色師」的角色。把萬分之一的鈾化物摻進玻璃，玻璃就着上鮮豔的黃色。

1895 年，德國物理學家倫琴發現了「X 射線」。為了弄清楚 X 射線與螢光之間的關係，法國物理學家亨利·貝克勒爾用一塊含鈾的螢光物質硫酸鉀鈾做實驗。那天，天空陰雲密佈，他只好把硫酸鉀鈾連同底片還有一把鑰匙一起收藏在抽屜裡。不久太陽露出笑臉，貝克勒爾立即準備重新實驗。他按照慣例試沖了底片，竟發現底片不但曝光了，而且底片上還留下一把清晰的鑰匙的影像。怎麼回事？自然光根本進不去，螢光物質硫酸鉀鈾事先又未

經陽光曝曬，不可能發出螢光，顯然底片感光和螢光沒有關係。經過反覆研究，貝克勒爾得出結論，鈾元素能從物質內部自發地放射出一種肉眼看不見的射線，它既不同於倫琴發現的 X 射線，也不同於螢光。從此，掀起了一個轟轟烈烈的研究放射性的熱潮。

讀了貝克勒爾發現鈾的天然放射性的研究報告之後，皮埃爾・居里（1859—1906）和他的妻子瑪麗・居里（1867—1934）決心把放射性的研究工作深入下去。

他們找來各種鈾礦石和鈾化物，進行了相當詳細的考察工作。他們觀察到鈾在化合物及礦石中雖然有各種各樣的存在方式，但是無論以哪一種方式存在，都會有放射性。居里夫婦還初步發現鈾化物和鈾礦石的放射性強度隨着鈾元素的含量多少而增減。一次又一次地更換樣品，一次又一次地測量，結果表明：鈾含量和強度之間存在着正比關係。居里夫婦的上述考察是兩種推理形式的應用，一是求同法，二是共變法。

鈾礦石和鈾化物的組成成份儘管多種多樣，但只有一個共同點，那就是都有鈾元素存在，因此，鈾元素的存在是產生放射性的原因。這是求同法推理。

當鈾元素含量增加時，放射性強度也增強，可以推出鈾元素含量的多少是放射性發生強弱不同的原因。這是共變法推理應用。

居里夫婦的上述考察不僅進一步驗證了貝克勒爾的發現，而且得到了這樣兩個結論：鈾元素的放射性與它在鈾化物及鈾礦石中究竟以甚麼形式存在完全無關，並且含量與放射強度之間存在正比關係。

實驗在繼續。樣品換成了瀝青鈾礦。意外的結果出現了，這

種鈾礦的放射性強度比根據該礦石中含鈾量推算出來的放射性強度強 4 倍！瑪麗・居里大膽地推測道，瀝青鈾礦裡含有一種極少量的物質，它們的活動能力比鈾本身強烈得多；它必定是一種新的元素。

居里夫人沒有告訴人們，她作出這種大膽的假設究竟運用了哪種推理。如果已知被研究的某一複雜現象是由另一複雜原因引起的，那麼把其中確認因果的部分減去，剩餘部分也必互為因果。居里夫人的大膽推測就是建立在這一剩餘法推理之上的。剩餘法推理也是判明現象因果聯繫的歸納方法之一。

簡單地說，剩餘法推理就是做減法。既然一定的鈾含量所具有的放射性強度只是現在測到的強度的四分之一，那麼，把已確定了因果聯繫的部分原因和部分結果除去，一定還有某種未知的元素產生了剩餘的放射性。

居里夫婦帶着十分激動的心情，弄到了幾噸瀝青鈾礦。他們在一個很小的木棚裡蓋了一個作坊，在很原始條件下以極大的毅力在這些很重的黑色礦中尋找這些微量的新元素，他們在大缸裡溶解礦石，用鐵鍋蒸發溶液，整天和大量的有刺激性、腐蝕性的鹽酸、硫酸、氫氧化銨以及散發着臭雞蛋味的有毒氣體 —— 硫化氫打交道。

兩年之後，1898 年 7 月，他們從幾噸礦石中先後得到兩份放射性很強的物質。一份是鉍的沉澱物，一份是鋇的沉澱物。居里夫人的假設得到了完全的證實。

瑪麗・居里把夾雜在鉍裡的新元素命名為釙；把夾雜在鋇裡的另一種新元素命名為鐳。現在知道，鐳和釙分別是鈾的第六代

和第六代以後的子孫。礦石裡發現的鐳和釙是鈾放射線之後演變出來的。

儘管瀝青鈾礦中，鐳的含量約為鈾含量的三百萬分之一，釙的含量更少，但鐳的放射性強度是鈾的幾百萬倍，而釙的放射性強度是鈾的上百億倍！

運用剩餘法推理，除了要注意判明複雜現象的一部分結果是由一部分原因引起的之外，還要注意剩餘部分不可能是這些情況引起的。還必須注意，複雜現象的剩餘部分的原因，可能是個復因，還需作進一步研究。居里夫婦在得到了鋇的沉澱物之後，沒有停止實驗，而是繼續進行化學分離，直到找到全部的原因，即分離出鉍的沉澱物。

居里夫婦從瀝青鈾礦中分離出鐳和釙的實驗，不愧為運用剩餘法推理的典範。

古希臘的科學家泰勒斯（公元前 6 世紀）曾斷言一切物質都是由水產生的。兩千多年後比利時的約翰·范·赫爾蒙脫（1577—1644），仍對泰勒斯的這一學說信守不渝。赫爾蒙脫是醫生、煉金士，同時也是神秘思想家。他熱心尋找「哲人之石」，並宣稱找到了。他還相信「自然發生說」，甚至提出了用小麥孵化老鼠的方法。這些自然很荒唐。但是，他倒不是幽居密室冥思苦想，而是常常求助於實驗。只是他的實驗不那麼科學、嚴密，常常走到真理的門檻外，又折向了他處。

他曾做過這樣一個實驗：把經過準確計量的泥土放進一個盆子裡，然後栽上一棵柳樹苗，只澆水。5 年後，柳樹重量增加了164 磅，但泥土只減輕了二盎司。赫爾蒙脫據此得出結論：植物的

質體確實是以水為原料生成的。

　　他壓根就沒想到，柳樹長高、變重這一複雜現象也是由複雜原因引起的。

　　柳樹與柳樹苗相比，其中的水分、無機鹽類和碳等，都按比例地大增。水分來自每天所澆的水，無機鹽得之於泥土，訴之於剩餘法，就得追究碳的來歷。

　　後來的科學家發現：柳樹和其他一切植物都是從空氣中吸取二氧化碳，以二氧化碳和水為原料，藉助光合作用，使自身長高、變重。

　　赫爾蒙脫是第一個承認存在着幾種與空氣很相像但又不是普通空氣的氣體，還着重研究過木頭燃燒時產生的氣體，它正是柳樹所吃營養物質——二氧化碳。

　　不少邏輯書籍談到剩餘法時，都舉海王星的發現為例加以說明：天文學家觀察出天王星的運行軌道在四個地方發生傾斜。已知三個地方的傾斜現象是由於受到三個已知行星的吸引，於是便確定剩餘的一個地方的傾斜現象，是受了一個未知行星的吸引。後來，天文學家果然觀察到了一顆行星，即海王星。

　　實際上海王星的發現並非是剩餘法的運用，而是類比推理的運用。即是說，將第四個傾斜點與其他三處進行類比，既然那三處都是受到已知行星的吸引，那麼，第四處也可能是受到某個行星的吸引。

　　如果這第四處是由於多種原因造成的異常傾斜，而我們已經知道了其中的某種原因，減去相關的因果現象，隨後找出新的原因，這才算是剩餘法運用。

肌肉發出的「雷聲」

—— 比較中的證認推理之一

有一天，一個人潛入畢加索家行竊。當小偷拿着東西往外跑的時候，正好被畢加索的女管家看見。女管家抓起鉛筆和紙，把小偷的形象畫了下來。

正巧這時畢加索在陽台上休息，看見跑出去的小偷，也順手把小偷的形象畫了下來。

畫家同女管家一同去警察局報案，並交上他們的速寫畫。照女管家畫的形象，小偷很快就被抓到了。按照畢加索的畫去抓人，竟有不少人被帶到警察局。

大畫家也許是在陽台上看不真切，也許是心不在焉，用他自己曾經說過的話來說是：「我自己有時也畫冒牌貨。」

使邏輯工作者感興趣的只是有關的破案方法。這種破案方法可以說是最基本、最簡單不過的。用中國的一句成語來說叫作「按圖索驥」。從認識論的角度看，這種方法屬於比較法。

比較是辨認對象之間的同異。認識起始於比較。警察為甚麼能找到那個小偷？那是因為小偷的「光輝」形象入了畫，按照畫中的形象來「索驥」，再加上警察局原先掌握的情況縮小了範圍，就可能較快地認出那個作案的小偷。福爾摩斯有很敏銳的觀察能力和準確的比較能力。他能從濺落到觀察對象身上的幾滴極不引人

注意的泥漿上，辨別出這個對象到過甚麼地方。他對倫敦各地的泥土顏色有準確的了解，從而能作出可靠的比較。

有一天，福爾摩斯對華生醫生說：「今天早上你去過韋格摩爾街郵局。」華生道：「完全不錯。我真不明白，你是怎麼知道的，那是我一時的突然行動，並沒有告訴任何人啊！」福爾摩斯得意地說：「這個太簡單了，簡直用不着解釋，因為，只有去過韋格摩爾街郵局，鞋上才會踏上那條街特有的紅色泥土。」

20 世紀 50 年代初，《新民晚報》記者曾寫了一篇特寫，標題是《南京路是上海的精華》。幾天後，總編輯趙超構收到一封讀者來信，對這提法表示不同意見，末尾署名是「一讀者」。但趙超構一看信，便看出名堂來了。趙後來回憶說：「甚麼都瞞不過我，從筆跡上我斷定，這封信出於陳毅市長之手。這樣一手毛筆字別人寫不出來。再加上，信箋和信封上都印有紅色的『上海市人民政府』字樣，更證實了這猜測沒有錯。」

三國時孫權的長子孫登有一次騎馬外出，突然有顆彈丸向他射來。手下人四下搜尋射彈丸者。恰好看到一人手裡拿着彈弓，身上帶着彈丸，大家認為就是此人。審問時，此人不肯認罪。隨從們想拷打他，太子不許，而要隨從把射過的彈丸找來，同這個人身上帶的比一比，結果不一樣，就把他放了。

上面說到的比較，都是拿對象的影像摹本或標本與對象作比較的。依據對象本身的「樣式」來比較，雖然是最基本的方法，但它是較簡單的、低級的，並且不是事事都能普遍使用的。科學研究活動不能僅僅以對象本身作比較。使邏輯學工作者感興趣的是探索比較中包含了哪些有普遍指導意義的推理形式。國內有的邏

輯工作者進行了可貴的探索。下面我們就來介紹其中的一種：比較中的證認推理。

　　自然界裡有雷聲，大家司空見慣。人身上也會發出「雷聲」，恐怕知道的人還不多。

　　請你把拇指輕輕地按住一個耳孔，然後，一邊提起肘部，一邊握起拳頭。你會聽到一種隆隆的聲音——肌肉發出的「雷聲」。

　　早在 1810 年，英國物理學家沃勒斯特就發現了肌肉發出的聲音。他比較過肌肉發出的聲音與車輪在倫敦卵石街道上滾動的聲音。他選擇萬籟具寂的清晨做實驗。讓馬車忽而奔馳，忽而緩行，以各種不同的速度所發出的聲音作比較，推論出肌肉的頻率在 20—30 赫茲。人耳的感覺範圍 20—20000 赫茲之間。通常情況下，由於噪音的干擾，一般是聽不到肌肉的歌唱或歎息的。

　　1936 年，加利福尼亞州立大學的奈爾遜發現，鯊魚只為頻率 20—40 赫茲的聲音所吸引。他把揚聲器垂入水中，只要聲音在 20—40 赫茲之間，鯊魚就會從數米之外筆直地衝來。奧斯特對鯊魚的奇特習性作了如下解釋：獵物在拚命逃遁時肌肉要發出 25 赫茲左右的聲波。他還觀察到鯊魚追捕獵物時還會左右晃動身體，以便容易用自己身上的三個聲吶裝置來確定方位。奧斯特勸告在水中遇到鯊魚的人，千萬不要太緊張，不要太用勁收縮肌肉，否則發聲的肌肉正好為鯊魚導航。

　　沃勒斯特把肌肉發出的聲音與車輪的聲音作比較，以及奧斯特把揚聲器的聲音與肌肉的聲音作比較，都是運用了比較中的證認推理。這種推理有如下形式：

對象　　　　標記

A　　　　　$a_1 a_2 a_3$

B　　　　　$b_1 b_2 b_3$

C　　　　　$c_1 c_2 c_3$

…　　　　　…

X：$a_1 a_2 a_3$（或 $b_1 b_2 b_3$；或⋯⋯）

所以，X 是 A（或 B；或⋯⋯）

在上面這個公式中，「X」表示需要證認的未知對象。

比較中的證認推理在科學研究中被廣泛地運用。以地質學為例，由史密斯開始而由賴爾完善的化石對比方法，即用地殼中生物遺跡研究地殼岩層層序的地層古生物方法，第一次把地質學建立在科學基礎上，使地質學從宗教神學的荒誕假說深淵中解放出來，並形成生物地層學和古生物學兩門新的邊緣學科。賴爾的地質漸變論作為科學的地質進化思想，直接為達爾文的生物進化論的創立開闢了道路。這是古生物地層方法的偉大歷史功績。

在人類認識各個地質年代形成的地層以前，不可能拿出地層的「樣本」，人們只能根據地層的「標記」——生物化石來證認。例如細菌、水藻等化石是原古代的標記，而三葉蟲、筆石、古杯等化石是古生代寒武紀地層的標記，等等。

辯證唯物主義的常識告訴我們，測量時間的標記是物質在空間的運動，離開物質在空間的運動，就沒有時間的度量可言。測量空間的標記則是物質在時間中的運動。證認時間的鐘錶，最有趣的要算 18 世紀的瑞典植物學家別出心裁地設計的花時鐘了。林

奈把各種花種在一起，成為一個花圃，這些花分別在一天 24 小時開花。人們在觀賞的同時，根據甚麼花開放了就知道大約是幾點鐘了。

　　在《絞刑架下的報告》一書中，伏契克描寫過捷克警官和密探中的一種人的臉譜──「政治氣壓表」。書中寫道：「他們很兇或者打官腔嗎？那準是德寇在向斯大林格勒進攻了。他們和顏悅色，還同犯人聊天嗎？那就是形勢好轉！德寇準是在斯大林格勒吃了敗仗。他們如果開始敘述自己原是捷克人的後裔，談他們是怎樣被迫地給秘密警察服務時，那就好極了：準是紅軍已經推進到羅斯托夫了。」

「捕捉」雷電的巨人

傳說，鋸子是由魯班發明的。有一次，魯班上山砍木料，不料手指被茅草劃了一道口子。魯班是個有心人，他發現，茅草這樣厲害的原因是，茅草的邊緣上排列着又長又密又鋒利的牙齒。他就找鐵匠仿照茅草樣子，用鐵打了幾十根鐵條，用來鋸樹，果然又快又省力。

他的思考過程是：

> 茅草邊緣有很密而又鋒利的齒能劃開硬物，
> 鐵條邊緣有很密而又鋒利的齒，
> 所以，鐵條也能劃開硬物。

這是一個類比推理。類比推理是這樣一種推理：根據兩個對象在某些屬性上類似而推出其他屬性也類似。

如果對象 A 有屬性 abcd，對象 B 也有屬性 abc，那麼就可以得出對象 B 也有屬性 d 這一結論。

南北朝時的賈思勰讀書時善於思考。當他讀到荀子《勸學篇》中「蓬生麻中，不扶自直」時，就想到纖細莖弱的蓬長在粗壯的麻中，就會長得很直，那麼，把細弱的槐樹苗種在麻田裡，也會這樣

嗎？於是他做試驗。槐樹苗由於周圍的陽光被麻遮住，便拚命往上長。3 年過後，槐樹苗果然長得又高又直。

生活在奧古斯都王朝的克里歐默狄，觀察到放在一隻空的容器中的一個指環，剛剛為容器邊緣所阻，因此看不見，但是把水注入容器，就能看見了。他根據這個現象提出，我們所看到的將落未落的太陽可能已經在地平線之下。

200 多年前的一天，風雨交加，電閃雷鳴，富蘭克林冒着生命危險，把一隻特製的紙風箏放上了天空。風箏的繩子的末端拴着一把金屬鑰匙，鑰匙下端又用絲線把繩子加長，由於絲線是不良的導電體，電會集中在鑰匙上而不會通到拿着絲線的手上。這時他發覺，用手去觸摸鑰匙，就產生通常的觸電感覺。

如果說古希臘神話中的普羅米修斯是為人類盜竊天火的英雄，那麼可以說富蘭克林是捕捉雷電的巨人。神話畢竟是神話，富蘭克林的實踐，其驚險與成就足以勝過一打神話。

啟發富蘭克林做這個實驗的，是他對「地電」與「天電」所作的一次類比推理：

閃電的路線是之字形的，電花亦然；

電使物體着火，閃電也有這一本領；

電熔解金屬，閃電也有這一威力；

兩者都能殺死動物，都能致盲；

電經常在最良好的導體或最易帶電的物體中通過，閃電也一樣；

尖的物體吸引電花，閃電也酷愛親吻塔尖，樹木和山頂；

閃電經由一朵雲到另一朵雲，正如電花之經由一物到另一物……

如果閃電是電，那麼，運用適當的設備就能把它引到地面。

這便是運用類比推理提出的一個著名假說。

類比推理的結論是或然的。因為類比推理的可靠程度決定於已知共有屬性與推出屬性之間的聯繫程度。在客觀世界中，二者之間的聯繫有的有規律性，有的沒有規律性，所推出的結論，可靠程度就會有所不同。有的結論，通過實踐而確立其真理性，有的依照實踐而加以修改，有的則被推翻。如果已經確定了已知共有屬性與推出屬性之間的必然聯繫，人們就會應用演繹推理而不會再應用類比推理。

假說是根據已有的事實或知識，對未知的現象及其規律性作出假定並證明這個假定的思維過程。

醫生看病，通過望、聞、問、切而提出初步診斷；在軍事上，偵察員遇到新的情況，要作出種種推測，指揮員根據偵察來的情況，要提出一種或數種戰鬥方案；刑偵人員根據一定的線索，要提出破案的各種可能性；科學家在向自然和社會進軍的過程中，常常要用新的理論去解釋未知的現象以及它們之間的各種聯繫。上述種種推測、方案、猜想等，都稱為假說。

自然科學研究無疑要大量用到假說，就是在社會科學研究中也時時運用假說。

列寧在 1918 年寫的《預言》這篇短論中，評論了恩格斯在 30

多年前談世界戰爭（即第一次世界大戰）時所說的一段話。列寧說：「這真是多麼天才的預言！」「很多事情發生得同恩格斯所預料的『一字不差』。」

　　恩格斯的預言如下：「對於普魯士德意志來說，現在除了世界戰爭以外已經不可能有任何別的戰爭了。這會是一場具有空前規模和空前劇烈的世界戰爭。那時會有 800 萬到 1000 萬士兵彼此殘殺，同時把歐洲都吃得乾乾淨淨，比任何時候的蝗蟲群還要吃得厲害。30 年戰爭所造成的大破壞集中在三四年裡重演出來並遍及整個大陸；到處是饑荒、瘟疫，軍隊和人民群眾因極端困苦而普遍野蠻化；我們在商業、工業和信貸方面的人造機構陷於無法收拾的混亂狀態，其結局是普遍的破產；舊的國家及其世代相因的治國方略一齊崩潰，以致王冠成打地滾在街上無人拾取……」

　　形式邏輯不研究具體的假說，它只研究推理在假說中的應用。假說包含兩個階段，第一階段是假說的提出，第二階段是假說的證明。

　　神奇的預言是神話，科學的預言卻是事實。假說的提出，並不是胡思亂想的結果，它以所掌握的事實和根據已有的科學知識為出發點。

　　牛頓說過：「我不做假說。」但他不顧這個聲明而提出了很多假說。他的意思是說「我不做假說，但我要在事實的基礎上提出假說」。當牛頓以自發唯物主義傾向研究自然現象時，提出了萬有引力定律等著名的科學假說與理論；當人家問他行星為甚麼會運動時，他卻錯誤地假定了上帝的第一推動力，走進了死胡同。

　　據說提出著名的星雲假說的法國的拉普拉斯把他的《世界體

系》一書送給拿破崙，事前有人告訴拿破崙說，這本書裡根本沒有提到上帝。拿破崙就對拉普拉斯說：「你寫了這樣一部大著作，卻從來不提到世界體系的創造者。」拉普拉斯回答得好：「我用不着那個假設。」

在形成假說的過程中，我們還要運用一種推理或綜合運用各種推理，進行推演，提出某個假說。

類比推理在假說的提出中佔有特殊的地位。因為人的認識總是從個別開始的，人們發現了所研究的兩個對象有某些相似點，就有可能去假定這兩個對象在其他方面也有相似點，例如，關於動物細胞結構的假說最初也是通過類比推理提出來的。德國動物學家施旺和德國植物學家施萊登發現動植物都是由細胞組成的。後來，又發現植物細胞中有細胞核，於是類推動物的細胞也有細胞核。

歸納推理在假說的提出階段也是用得較多的形式。例如，著名的哥德巴赫猜想就是不完全歸納的結果。

運用演繹推理來提出假說的情形較少見，因為它容易導致模式論。

這裡追述一下華人神探李昌鈺怎樣通過一系列的選言推理來提出一個著名懸案的假設。

21 歲的加拿大華裔女大學生藍可兒於 2013 年 1 月 31 日失蹤。美國警方公佈的錄像顯示藍可兒在失蹤一天前位於洛杉磯市中心貧民區旁的酒店住宿時，曾在電梯有令人百思不解的一連串怪異動作，令事件更加撲朔迷離。但警方強調藍可兒並無精神問題。2 月 19 日屍體被發現在她所住的洛杉磯塞西爾酒店頂樓的水

箱中。6月20日，藍可兒屍檢報告出爐，警方稱其意外溺亡，患躁鬱症。

　　已經多次退休的國際鑑識專家李昌鈺認為，藍案不一定是自殺。案情及殺人兇手至今都尚未明朗。他因為沒有直接參與調查這個案子，所以只能根據媒體提供的信息做一些評論。他說，藍可兒的屍體在水塔中發現，只有兩種可能性：一是她自己掉進水塔，二是別人謀殺她。

　　他認為，關鍵就是警方判斷錯誤。藍可兒失蹤前於電梯的怪異動作，其實是在釋放求救信號，很明顯有人在跟蹤她。但美國警方卻錯判她很調皮、很搗蛋，將電梯每一個樓層按鈕都按一下，又在那裡做鬼臉。其實這個女孩子當時的心情是很緊張的，當時判斷對的話，就知道她是受到生命的威脅。就因為警方把這起案件當普通失蹤案處理，才讓兇手有機會將她全身衣物脫光棄屍水塔。屍體泡水後，所有指紋、傷痕等微物跡證都隨之消失，讓原本破案有望的兇殺案成了棘手的離奇玄案。

　　李昌鈺後來回到母校台灣彰化高中演講，針對藍可兒命案，指出她最後在電梯內有釋放3個求救訊號，第一，藍進到電梯後，馬上按下每個樓層，就是不要讓跟蹤她的人知道她在哪一層；第二，她伸頭出電梯看，是要看跟蹤者在哪；第三，藍可兒在電梯內一連串怪異舉止，應該跟中邪無關，而是透露出有人企圖對她不利的警訊。

　　作為知名刑事鑑識專家，李昌鈺非常重視讓證據說話的原則。他說，死亡方式和死亡原因是兩件事。在美國死亡方式分為5種：自殺、他殺、意外死亡、自然死亡和死因未明。死亡原因大

概有 30 多種，包括淹死、毒死、槍擊、刀傷等等。遇到溺水而死，首先一定要查是生前落水還是死後落水。這些都不難判斷，可以檢查胃部、肺部有沒有進水，看氣管裡微生物是否和水箱裡一樣等等。第二，要看是否有外傷、內傷。然後，要看有沒有使用毒品、酒精、藥物等，再來做一個詳盡的設想。對藍可兒屍體的化驗與檢測，大概分成三個部分：首先是驗屍，看有無刀傷、繩索勒傷或者槍傷，她有沒有被打傷、打暈，通常很容易就能看到，肺和胃裡面有沒有進水也很快可以知道。再查是否使用了毒物、藥物，一般一到兩天就能檢測出來。如果是奇怪的毒物，可能需要送到特別的毒物實驗室才行，世界上僅有幾個實驗室才能分析。最後，要看過去的病歷。看她有沒有精神方面的問題，要將以前的 X 光和現在的 X 光進行比較。李昌鈺補充說，除上述幾樣之外，還要留意水塔有多高，有沒有上鎖？她會不會爬上去？上面能不能找到她的指紋？聽說她被發現時是裸體。要查明掉入水塔中時究竟是裸體還是穿了衣服？假如是裸體，她從房間走到水塔處、爬上去，過程中有沒有留下微物證據？這些需要很有經驗的人才能分析。

　　李昌鈺說，他們做任何偵查都不能預設立場。假如真的如網絡上傳言，藍可兒是裸體，那當然很可疑；假如是自殺，要看有沒有遺書，這很容易可以查明。此外，有人說是因為情感糾葛，由於這些是傳言，在沒有真正掌握物證之前，很難去判斷。李昌鈺也針對電梯的影像提出質疑，警方只公佈藍可兒在電梯中那一段，按常理來說影像不會那麼短，而且一般人也不清楚那一段影像是甚麼時候拍攝的，很容易造成誤導。

　　李昌鈺推論，假如沒有外傷，還有其他疑問：她的衣服去了哪裡？衣服鞋子是在她自己的房間裡、還是丟在了水塔外面？這個很明顯應該馬上公佈出來。假如我到現場偵查，第一步就是找她的衣服，還有皮包、手機等，這些東西女孩通常會有，它們在哪裡？然後，看看她住的房間有沒有遺書，有沒有打鬥的痕跡，有沒有杯子、瓶子，有沒有甚麼殘餘物。假如發現有酒瓶，我就會驗酒精。假如杯子裡有殘餘物，那就比較容易和死者身體裡的東西去比對。

　　李昌鈺說，此外通過手機，可以發現藍可兒最後和誰通話。電梯影像應該有時間，幾分幾秒、哪一天，從她還活着的時候開始，經過的每個時間段都要算出來。這個案件，需要很多的人證、物證、事證，好像拼圖一樣，拼出一幅完整的圖。現在只是看網站上的訊息，他不願做太多的評論。

　　在形成假說的過程中，除了運用邏輯方法以外，科學想像也起着重要作用。有人認為，只有詩人才需要幻想，這是沒有理由的，甚至在數學上也是需要幻想的，沒有它就不可能發明微積分。

　　想像（幻想）是一種特殊的思維活動。在實踐活動中，人的頭腦不僅能感知過去和現在作用於他的事物，而且能創造出過去未曾遇到過的事物的形象，產生出現實中尚不存在的東西的觀念。想像既有一定的事實依據，又有高度的抽象性。它是直覺的延伸。人一藉助幻想來猜測對象的性質、特點和機理，思想便可能滲透到實驗、觀察所不能直接達到的深處和廣處。

　　德國化學家凱庫勒描述過自己發現苯的環狀結構的想像過程：「事情進行得不順利，我的心想着別的事了。我把座椅轉向爐

邊，進入半睡眠狀態。原子在我眼前飛動：長長的隊伍，變化多姿，靠近了，聯結起來了，一個個扭動着，回轉着，像蛇一樣。看，那是甚麼？一條蛇咬住了自己的尾巴，在我眼前輕蔑地旋轉。我如從電閃中驚醒，那晚我為這個假説的結果工作了整夜。」

我們一方面要看到類比推理在假説的提出階段有着大量的應用，另一方面又要強調，類比推理的結論又是或然的，即不是從前提中必然推出的。

19 世紀人們根據火星與地球有許多相似之處，推出火星上也有生命的結論，就被 20 世紀空間探測的結果所否定。又如，1845 年法國天文學家勒維耶發現水星軌道近日點的進動現象在現有的攝動影響都考慮進去以後，仍舊有無法解釋的偏移，他根據以往從天王星軌道的攝動現象預言並發現了海王星的成功經驗，將水星軌道的進動現象同天王星軌道的攝動現象進行了類比，認為這可能又是一個未知行星的攝動力作用的結果，於是，許多天文學家花費了幾十年的時間，尋找這顆猜想中的行星，有人還熱情地預先將它命名為火神星。但是，經過反覆探測，人們發現它並不存在。直到愛因斯坦的廣義相對論建立以後，人們才發現水星軌道的近日點的進動，原來是一種廣義相對論效應。

要使假説成為科學的、正確的理論，必須通過實踐和科學論證來確立假説的真實性。

在驗證假説時，暫時假定所提出的假説是真實的，然後根據這一假説導出一批推斷，接着再拿這些推斷來同現實對照，看看推斷結果是否符合實際。通常，如果實際上沒有產生這些結果，則可以認為該假説是虛假的。有時候據假説推出的推斷與實際不

符，是由於提出假說的背景知識有缺陷，這時就要求修改背景知識，所以不能輕易以推斷的假來否定假說。如果推出的結果愈多並且驗證得愈多，那麼假說的可靠性程度愈高，但是該假說仍沒有得到邏輯上的證明，因為其邏輯形式是充分條件假言推理的肯定後件式，前提與結論沒有必然聯繫。

驗證假說的真實性比驗證其虛假性要複雜得多。

當假說涉及的現象能夠直接通過實踐加以觀察時，如果假說與觀察相符，那麼假說就變為確實可靠的知識。

數學中的公理，形式邏輯中的基本規律以及具體科學和哲學中的帶公理性質的基本原理，都是一些特殊性質的假說，對它們無法進行邏輯的論證，只能直接依賴實踐的證明。

數學中的許多命題不可能由實踐直接證明，當數學家從一些公理出發，通過演繹證明後，這些命題就成為定理。

在科學史上，有許多有生命力的假說，不僅能解釋已經觀察到的現象，而且還正確地預言新的沒有觀察到的現象，因此得到人們的承認。這時我們就不再稱它們為假說，而稱它們為定理。例如，根據元素週期律預言了一系列未知元素，當這些預言得到證實後，它就成為定律被人們接受。

「捉住我，不要讓我逃走」！

—— 機械類比

「捉住我，不要讓我逃走」，是古羅馬奴隸項圈上所刻的字。這不是奴隸的心聲，而是幻想長治久安的奴隸主貴族強加給奴隸的口號，一種精神鴉片。

在公元前 2 世紀初，意大利多次出現奴隸起義，對奴隸制統治造成了困難和威脅。為了鎮壓公元前 196 年的起義，羅馬政府曾派出整整一個軍團。

公元前 137 年，發生了第一次西西里奴隸起義，在地中海範圍內產生了強烈的影響。公元前 104 年，為了反抗奴隸主的殘酷剝削和壓迫，又爆發了第二次西西里奴隸起義。起義失敗後，許多俘虜被釘在十字架上。為了鎮壓這兩次起義，羅馬政府動用了一支訓練有素的職業軍。

到了公元前 73 年，羅馬歷史上爆發了規模最大的一次奴隸起義，即斯巴達克斯起義，給羅馬奴隸主以最沉重的打擊。起義失敗以後，六千起義者被釘死在從卡普亞到羅馬的大道上。

這一次次的起義都以失敗而告終，但是「革命死了，革命萬歲」，它們在歷史上留下了不可磨滅的光輝。恩格斯認為，頑強奮戰後的失敗與輕易獲得的成功有着同等重要的意義。

可是，在羅馬史上，也有過與這些光輝篇章形成強烈對照的

暗淡的一頁。據說，有那麼一次百姓暴動，被奴隸主貴族不費一兵一卒，僅憑牧師式的説教，三言兩語就平息下去。這不能不是一個慘痛的教訓。

　　羅馬政府派出的説客是議員梅涅里‧阿格利巴。他對暴動的人們説，你們每人都知道，人體由若干部分組成，每一部分都擔負着自己的一定任務：雙腳走路，大腦思想，雙手工作。國家也是一個機體，裡面每個部分也都完成着自己一定的任務：貴族是國家的大腦，百姓是它的雙手。如果人體的個別部分不安分，並拒絕完成賦予它的任務，那還成甚麼人體呢？假如人的雙手拒絕工作，大腦拒絕思想，那麼這人只有死路一條。要是國家的公民拒絕盡他們應盡的義務的話，國家也是會遭到這種命運的。

　　這番説教的用意顯然和本文標題上的這句話如出一轍。它要奴隸們俯首帖耳，安於命運，相信剝削、壓迫有功，而造反無理。

　　從邏輯上來説，梅涅里‧阿格利巴使用了歸謬法和類比法：

　　　　如果人的雙手拒絕工作，大腦拒絕思想，那麼人只有死路一條，
　　　　人不能無謂地去死，
　　　　所以，人不能雙手拒絕工作和大腦拒絕思想。

　　人是如此，國家也一樣。這又是類比推理，但是，這是一個完全不正確的類比推理。它通常叫作機械類比。

　　的確，人體中的每一個部分都有不同的功能，各司其職，不能越俎代庖。大腦的命令要靠手和腳來執行，手和腳也不能代替

大腦來思想。在人體的各個器官之間，存在着一種內部協調一致的關係，構成為統一的整體。

但是，在一個奴隸制國家裡面，人與人之間存在着階級關係，統治階級與被統治階級有着根本的利害衝突。難道能夠說百姓離開了貴族就不能生存嗎？難道能夠說只有百姓用手和腳來工作，而只有貴族能用大腦思想嗎？不！貴族與百姓之間根本不存在協調一致的關係。既然在人體內部各組織之間有協調一致的關係，而一個國家各階級之間不存在協調一致的關係，就不能用前者來類比後者。

從這個事件中總結階級鬥爭的經驗教訓，是史學工作者的任務；邏輯工作者更感興趣的是從中探討類比推理的結論的可靠性程度。

類比推理是一種或然性推理，其結論不是從前提必然得出的。這是因為類比推理的可靠程度決定於已知共有屬性與推出屬性之間的聯繫程度。類比是以對象之間的某些相似的共有屬性為根據的，但從兩個對象之間在某些屬性方面的相類似，並不能得出它們在其他方面必然相類似。類比推理是在未確定已知共有屬性與推出屬性之間有必然聯繫的情況下進行的。如果已經確定了二者的必然聯繫，人們就會運用演繹推理而不會再運用類比推理。正因為類比推理是在不確定已知共有屬性與推出屬性之間有必然聯繫，如果所推的屬性恰好與已知屬性間有規律性聯繫，那麼結論就經得起實踐的檢驗，否則就會被推翻。

梅涅里·阿格利巴用人體各部分的關係來類比一個國家各階級的關係，是不恰當的。人的大腦和手腳，擔負着人的機體的不

同職能，這些組織拒絕工作，生命就會終結，二者之間有着必然的聯繫；而國家的公民拒絕盡他們的義務與國家會崩潰之間卻不存在這樣的規律性聯繫。人和國家這兩類事物的相似，例如，都分成各個組成部分，僅僅是表面的、形式的、非本質的。問題在於這些組成部分的相互關係，人體各組織是協調一致的，而一個國家的統治階級和被統治階級是根本對立的。

　　歐洲中世紀的神學家為了論證上帝的存在，把世界和鐘錶進行類比。他們認為：鐘錶有構造，有規律；世界也是有構造，有規律的；既然鐘錶有其製造者，那麼世界也有其製造者，這就是上帝。其推論方式為：

　　　　鐘錶有構造，有規律，有製造者，

　　　　世界有構造，有規律，

　　　　所以，世界有製造者。

　　拿鐘錶與世界進行「類比」，「推出」世界的「製造者」上帝，就犯了機械類比的錯誤，其結論只能導致荒謬。

如果死雞會生蛋⋯⋯

—— 比喻推理

　　從前有個腳夫，在一家客店裡吃了一隻雞。臨走時請店掌櫃算賬，店掌櫃説：「客人假若手頭緊，就記上賬吧，啥時有錢啥時再還。」

　　過了一些時候，腳夫來還賬。店掌櫃用古銅錢在桌上擺來擺去，好像這筆賬有多麼繁難似的。腳夫有些不耐煩地説：「你那隻雞到底值多少錢，你説好了，何必這樣算來算去呢？」

　　過了很久，店掌櫃終於把賬算出來了，腳夫一聽大吃一驚，這隻雞的價錢比一般的市價貴了幾百倍。店掌櫃説：「你算算看，假若你不吃掉我那隻雞，它該下多少蛋？這些蛋又該孵成多少小雞？小雞長大了，又要下多少蛋？」

　　兩人爭執不下，來找當地最有權威的法官——寺院長老。「惡人先告狀」，店掌櫃搶先一五一十地説了一遍。長老聽了覺得挺有道理，因此他不等腳夫申訴便判決，讓腳夫如數償還。

　　腳夫把自己的遭遇，告訴了納斯爾丁（阿凡提的全名是納斯爾丁·阿凡提）。納斯爾丁思索了一會，説：「你立刻再返回寺院，説官司斷得不公，請求長老當眾公審，我納斯爾丁替你包攬這場官司。」

　　公審這天，陪審官和群眾紛紛來到寺院。長老宣佈開審以後，

等了很長時間，納斯爾丁卻姍姍來遲。他向長老和陪審官們說：
「請長老和法官先生們原諒，因為有一件緊要的事，我來得遲了。」
一個陪審官故意挑剔說：「難道還有比今天的事更緊要的嗎？」納
斯爾丁說：「當然緊要，你們想想，我明天就要種麥子了，可是我
的麥種還沒有炒熟呢，還有比這件事更緊要的嗎？就因炒了三斗
麥種，我才來遲了。」長老和陪審官們喝斥道：「簡直是瘋話！炒
熟的麥子還能下種嗎？」他們企圖取消納斯爾丁的辯護資格。

納斯爾丁不慌不忙地說：「你們說對了，既然炒熟的麥子不能
下種，難道吃到腳夫肚子裡的雞還能下蛋嗎？」長老和陪審官們被
問得啞口無言了，聽眾高興地大聲說：「對呀！難道吃了的雞還能
下蛋嗎？」長老和陪審官們只好取消了原來判決，讓腳夫按一般市
價付一隻雞錢了事。

納斯爾丁的反駁是夠巧妙的。如果炒熟的麥子不能下種，那
死雞當然不會下蛋囉（更何況是吃到肚子裡的雞）。

有人說，納斯爾丁的反駁是運用了類比。這樣說未免太過籠
統。「類比」是個多義詞。它在希臘語中的原意是表示比例。希臘
數學家用它來表示數目之間的關係的相符。例如，4 和 6 兩個數
的系統與 6 和 9 兩個數的系統是相類似的，即 $4:6=6:9$，兩個
系統有相同的比例數 $2:3$。

隨著科學的發展，「類比」一詞又在多種含義上被使用。有時
它表示兩個對象之間的類似、相符或有同樣關係。例如，盧瑟福
把原子結構與太陽系結構類比，就是指兩者相似。

「類比」一詞有時又指修辭學中的比喻。例如，「音樂是流動
的建築，而建築則是凝固化的音樂」。

　　「類比」在形式邏輯中，又指一種推理形式──類比推理。納斯爾丁使用的類比，既不同於修辭手法的比喻，也不同於類比推理。

　　他用麥子炒熟以後不能再用來下種這個比喻，來證明死雞不能下蛋。這不僅是比喻，而且還包含了推理。因此，它被有的語言邏輯工作者稱為比喻推理。

　　作為修辭手法的比喻與作為推理的比喻，共同之點是「以彼物比此物」，比喻推理也有修辭作用。但是比喻推理與比喻又有種種不同之處。

　　比喻推理中被比喻的對象不是一個具體的事物，如死雞，而是比較抽象的事理，如死雞不會下蛋；用以比喻的不是一個對象，如炒熟的麥種，而是一組具有內在聯繫的對象，如「麥種炒熟了，不能下種」；比喻推理的語言表述不是詞或詞組，而是一個復合句，納斯爾丁的話可看作一個條件句。比喻推理的作用主要不是加深印象，而是說理。

　　比喻推理與形式邏輯的類比推理雖然都是推理，但它們也有不同點。類比推理要求兩個對象在一系列屬性上相同，從而推出某一屬性也相同。比喻推理只要求一點相同。如炒熟的麥種沒有生命力與死雞失去生命力，只是一點相同。

　　當我們說納斯爾丁的反駁運用了一個比喻推理時，我們是把「如果麥種炒熟了，不能下種」當作前提，而把「那麼死雞不會生蛋」當作結論。從這個前提為甚麼能推出結論呢？

　　這是因為前提和結論所反映的兩組對象之間，有可能隱含着一個共同的一般性的原理，即「凡是失去了生命力的東西都不能繁

衍後代」。這個一般性原理在推理中沒有明確揭示出來，但只要承認這個一般性原理，就可能承認特殊結論的真實性。

馬克‧吐溫喜歡向人家借書。他的鄰居想出一個辦法以期扭轉他的習慣。當馬克‧吐溫提出要借閱某一本書時，這位鄰居說：「可以，可以。但是我定了一條規則：從我的圖書室裡借去的圖書必須當場閱讀。」

一星期後，這位鄰居向馬克‧吐溫借用割草機。馬克‧吐溫說：「當然可以，毫無問題。不過我定了一條規定：從我家裡借去的割草機只能在我的草地上使用。」

這是運用比喻推理來開玩笑。鄰人的規定還是容易執行的，而馬克‧吐溫的規定是無法做到的。這種玩笑有點過火了，也許他是想矯枉過正吧。

福爾摩斯推理「一秒鐘」

—— 猜測與演繹推理

　　福爾摩斯是英國作家柯南道爾筆下的著名偵探。他以自己的神機妙算，出人意料地偵破形形色色的疑難案件，成為廣大讀者津津樂道的人物。在那著名的「一秒鐘」推理中，似乎充分顯示了他的敏銳的眼光和高超的智力。

　　當華生醫生初次見到福爾摩斯時，福爾摩斯開口就說：「我看得出，你到過阿富汗。」

　　華生醫生對此非常驚異，後來他對福爾摩斯說：「沒問題，一定有人告訴過你。」

　　福爾摩斯解釋說：「沒有那回事。我當時一看就知道你從阿富汗來的。由於長久以來的習慣，一系列的思索飛也似地掠過我的腦際，因此在我得出結論時，竟未察覺得出結論所經的步驟。但是，這中間是有一定的步驟的。在你這件事上，我的推理過程是這樣的：『這一位先生具有醫務工作者的風度，但卻是一副軍人氣概。那麼，顯見他是個軍醫。他是剛從熱帶回來；因為他臉色黝黑，但是，從他手腕的皮膚黑白分明看來，這並不是他原來的膚色。他面容憔悴，這就清楚地說明他是久病初癒而又歷盡了艱苦的人。他左臂受過傷，現在動作起來還有些僵硬不便。試問，一個英國的軍醫在熱帶地方歷盡艱苦，並且臂部負過傷，這能在甚

麼地方呢？自然只有在阿富汗了。』這一連串的思索，歷時不到一
秒鐘，因此我便脫口說出你是從阿富汗來的，你當時還感到驚
奇哩！」

　　誠然，作為一個職業偵探，由於長久以來的習慣，一系列的
思索可以飛也似地掠過腦際。這是不奇怪的。常言道：熟能生巧，
巧能生華。問題在於這飛也似的思索，是由一定的步驟組成的。
這些步驟合乎邏輯嗎？偵探小說的普通讀者十有八九是不會去深
究的。有人甚至依葫蘆畫瓢，完全照搬過來分析案情。這就不能
不促使我們去過細地分析福爾摩斯的一定步驟。

　　步驟之一：

　　「這一位先生具有醫務工作者的風度，但卻是一副軍人氣
概。那麼，顯見他是個軍醫。」

　　這一步就包括三個推理：

　　(1) 凡是具有醫務工作者風度的是醫生，
　　　　他具有醫務工作者風度，
　　　　所以，他是醫生。

　　(2) 凡是具有軍人風度的是軍人，
　　　　他具有軍人風度，
　　　　所以，他是軍人。

(3) 他是醫生，又是軍人，

所以，他是軍醫。

(1) 和 (2) 是三段論，(3) 是聯言推理，形式都是正確的。由於兩個三段論的大前提很成問題，因而結論的可靠性要大打折扣。

步驟之二：

「他是剛從熱帶回來；因為他臉色黝黑，但是，從他手腕的皮膚黑白分明看來，這並不是他原來膚色。」

步驟之二分為兩個推理：

(4) 如果臉色黝黑是他原來的膚色，那麼，他手腕的皮膚不會黑白分明，

他手腕的皮膚黑白分明，

所以，臉色黝黑不是他原來的膚色。

這是充分條件假言推理否定後件式，內容形式都對，結論應當是符合實際的。

(5) 他臉色黝黑，或者是剛從熱帶回來，或者是原來的膚色，

不是他原來的膚色，

所以，他剛從熱帶回來。

(5) 是選言推理否定肯定式，形式正確，但前提選言支不窮盡，因為溫帶地區的人曬成黑炭團的也不乏其人。因此 (5) 的結論不是唯一的。

步驟之三：

「他面容憔悴，這就清楚地說明他是久病初癒而又歷盡了艱苦的人。」

步驟之三只能算是一種猜測：

(6) 他面容憔悴，
　　所以，他是久病初癒而又歷盡了艱苦的人。

或許有人要把 (6) 改造成：

(7) 如果是久病初癒而又歷盡了艱苦，那麼會面容憔悴，
　　他面容憔悴，
　　所以，他是久病初癒而又歷盡了艱苦的人。

然而這是一個形式無效的推理。面容憔悴的人中，久病不癒的，或歷盡艱辛而未生病的不是大有人在嗎？

步驟之四：

「他左臂受過傷，現在動作起來還有些僵硬不便。」

　　步驟之四與步驟之三相同，左臂動作僵硬不便，既可是槍傷所致，也可以是摔傷的後遺症，抑或是嚴重的關節炎發作，等等。

　　步驟之五：

　　　　「一個英國的軍醫在熱帶地方歷盡艱苦，並且臂部負過傷，這能在甚麼地方呢？自然只有在阿富汗了。」

　　步驟之五是建立在前四步之上的，倘若前四步很可靠，步驟之五與實際相符的可能性應當說較大。然而在一系列推理中，只有 (4) 的結論必定與實際相符，其餘都只能算是猜測。由此可見，步驟之五是沙上建塔，其可靠性就可想而知了。

　　福爾摩斯要是對華生醫生說「你可能是到過阿富汗」，或許更接近於實際。非常遺憾，他所使用的字眼如「顯見」「清楚地說明」「自然只有」等，用在猜測活動中真是太不相宜了。

　　在《福爾摩斯探案》的作者柯南‧道爾安排他筆下的主人公出場亮相的開篇《血字的研究》中，我們可以領略福爾摩斯的偵探哲學。他在雜誌上發表的題為《生活寶鑑》的文章中聲稱，從一個人瞬息之間的表情，肌肉的每一牽動以及眼睛的每一轉動，都可以推測出他內心深處的想法來。……對於一個在觀察和分析上素有鍛鍊的人來說，「欺騙」是不可能的事。他所作出的結論真和歐幾裡得的定理一樣的準確。

　　福爾摩斯還說：「一個邏輯學家不需要親眼見到或者聽說過大西洋或尼加拉瀑布，他能從一滴水上推測出它有可能存在。所以整個生活就是一條巨大的鏈條，只要見到其中的一環，整個鏈條

的情況就可推想出來了。」

　　福爾摩斯的這番經驗之談，可以說精華與糟粕雜糅在一起。他強調了要鍛煉觀察能力和分析能力，這是難能可貴之處。但是他把自己的觀察能力和分析能力吹得太玄了。

　　作家柯南·道爾以文學語言宣揚了一套錯誤的哲學觀點——形而上學的機械決定論。我們想引述 18 世紀法國機械唯物主義者霍爾巴赫的觀點，讀者將上述福爾摩斯的言論加以對照，可以得出自己的結論。

　　霍爾巴赫認為，無論是由一陣狂風所捲起的塵土的漩渦中，或是由掀起巨浪的暴風雨中，在我們看起來是多麼混亂，可是沒有一粒沙、一粒水，甚至一個小小的分子是隨便擺在那裡的。它們都具有現在所處的地位的充足原因，它們都是嚴格地按照它們應當那樣活動的方式而活動的。人類社會也是這樣。「一個迷信者的膽汁內過多的辛烈，一個征服者的心中過於灼熱的血液，一個專制君王的胃裡的消化不良，在某個婦人的精神中閃過的一個幻想，都是一些充分的原因，足以醸成戰爭、足以驅使千百萬人去從事屠殺、足以傾覆城池、足以使城市化為灰燼……」而「一次節食，一杯水，一次鼻出血，有時就足以挽救一些王國」。

　　稍加對照，就可以發現福爾摩斯的觀點與霍爾巴赫的觀點兩者何其相似乃爾。共同的特點是認為自然界以及社會生活的一切細節都有着必然性。從這種觀點出發，自然界中只有簡單的直接必然性。某個豌豆莢中有 5 粒豌豆，而不是 4 粒或 6 粒，是必然的；某條狗尾巴是 5 寸長，不長一絲一毫，也不短一絲一毫，也是必然的。這種把必然性絕對化的觀點，實際上是把必然性降低

到了偶然性。

　　恩格斯說：「科學如果老從豌豆莢的因果連鎖方面探索這一個別豌豆莢的情況，那就不再是甚麼科學，而只是純粹的遊戲而已。」偵探科學也不能例外。把一切細節，諸如一個人瞬息之間的表情、肌肉的每一牽動，以及眼睛的每一轉動，等等，都說成是必然的，使人覺得它們得以產生的因果連鎖早已在太陽系形成以前的星雲中就確定了。果真如此，我們就不得不將福爾摩斯的偵探經同「天數」「命運」決定一切的宿命論相提並論了。

　　話說回來，福爾摩斯是不是不折不扣地實踐自己的偵探哲學呢？怕不見得。讀者是否注意到，福爾摩斯不是說從一滴水上能推論出大西洋或尼加拉瀑布，而是說推測出它有可能存在。「有可能存在」，只是一種猜測。既是一種猜測，又怎麼斷言其「結論真和歐幾里得的定理一樣準確」呢？

「該來的」和「不該走的」

—— 推理的綜合應用之一

當代有則很有名的相聲叫《某公請客》，素材源於一則《劉大請客》的笑話。從前，有個叫劉大的人，由於不善辭令，往往得罪人。那一次，他過 50 歲生日，特意邀請好友張三、李四、王五和趙六來家裡喝酒。吃飯時間到了，趙六還沒影子。劉大見了便焦急地說：「該來的還不來。」張三心想：「我們可能是不該來的。」於是拍拍屁股走了。劉大見張三莫名其妙地走了，就著急地說：「哎呀！不該走的又走了。」李四一聽，又想了：「看來我們是應該走的。」他也不辭而別。劉大攤攤手對王五說：「你看，我又不是講他。」王五揣度：「你不是講他，那一定是說我了。」於是氣呼呼拔腿就走。主人大驚失色：「啊！怎麼都走了？」

你看，他會說話嗎？每說一句就氣走一位客人，好心辦了壞事，把一個好端端的生日宴給砸了鍋。

主人說「該來的還不來」這句話從字面上看，說得很含糊，既可以理解為「那位該來的還沒有來」，又可以理解為「所有該來的都還沒有來」，說者無意，聽者有心，第一位客人以為是說「所有該來的都是還沒有來的」，於是直觀地感覺到自己是不受歡迎的人，主人不過是在委婉地下逐客令。從「所有該來的都是還沒有來的」確實可以推出「我是不該來的」。

其推理步驟：

> 所有該來的都是還沒有來的，
> 所以，所有該來的都不是已來的。

這是換質法推理。

> 所有該來的都不是已來的，
> 所以，所有已來的都不是該來的。

這是換位法推理。

> 所有已來的都不是該來的，
> 我是已來的，
> 所以，我不是該來的。

這是三段論推理。

通常，我們在下判斷時，總得帶上量詞，形成單稱或特稱或全稱判斷，以便準確地反映客觀事物的範圍。只有在判斷所反映的一般情況和原理是眾所周知、不言自明時，說話人為了簡明，有時要省去全稱量詞「所有」「凡」「任何」「一切」等。例如，我們往往說「金屬導電」「人總是要死的」「事物是發展變化的」等等。在這些判斷中，雖然省去了量詞，人們一聽便知道，斷定的是某類事物的全部或一切事物。由於這個原因，人們在理解一個不帶

量詞的判斷時，也往往把它當作全稱判斷。為了避免誤解，在請
客吃飯這類容易引起誤解的場合，說話人最好把話說得完全些，
明確些。相聲中的那位「大爺」所說的「該來的還不來」，在他自己
來說，意思是明確的，就是指「那位該來的主客還沒有來」。從這
個前提出發，再根據客人一共四位這個論域，就可推出，就只差
那一位，這是你知，我知，大家都知的。但由於在這種特定場合
該用而沒用單稱判斷，留下一個漏洞，使得過於敏感、過於多心
的客人誤以為它有弦外之音。

在張三被「趕」走以後，主人又犯了同樣的毛病，他說「不該
走的又走了」這句話又使多心的人直觀地感到，自己是該走而未走
的。的確，從「所有不該走的又走了」這個全稱判斷出發，是可以
推出「我是該走的」結論的。

李四的思考包含如下步驟：

　　　所有不該走的是走了的，
　　　所以，所有不該走的不是不走的。

這是換質法推理。

　　　所有不該走的不是不走的，
　　　所以，所有不走的不是不該走的。

這是換位法推理。再用這個推理結論換質得：

所有不走的不是不該走的，

所以，所有不走的是該走的。

再用該結論為大前提組成三段論得：

所有不走的是該走的，

我是不走的，

所以，我是該走的。

最後一位客人被氣走的情況與上述不同。由於主人至此還不醒悟，不知道自己「不會說話淨得罪人」的癥結所在，於是又說了一句易被誤解的話。在只有兩人的情況下，不說他，自然是說我，王五推理如下：

或說他倆，或說我，

沒說他倆，

所以，說我。

以上是就主人的三句話分開來考察的。實際上主人的這三句話不是孤立的，而是連貫、不矛盾的。如果說由於主人說不明確，第一位客人被氣走還情有可原的話，那麼，第二位第三位客人一走了之就不大應該了。因為，「該來的還不來」如果是一個全稱判斷的話，那麼三位已來的客人就都是「不該來的」，但是第一位客人走後，主人說「不該走的走了」，從主人把第一位客人稱為「不

該走的人」來看，剩下的兩位客人理應知道第一個客人過於敏感了。而他們自己也就不應重犯第一個客人的疑心病。

肩章上的冰雪與德軍部署

—— 推理的綜合應用之二

　　1944 年 4 月 6 日夜間，蘇軍某前線司令部正在積極籌劃進攻彼列科普。這時外面大雪紛飛，前沿陣地上覆蓋着厚厚的積雪。

　　次日清晨，蘇集團軍炮兵司令員坐在暖和的掩蔽室中，注意到剛走進來的集團軍參謀長肩章上所附一層冰雪的邊緣部分已開始消融，水珠清晰地勾畫出肩章的輪廓。他馬上聯想到，外面天氣轉暖，陣地掩體中的積雪將會很快融化。德軍為了不使掩體中變得泥濘，將會清理其中的積雪，帶雪的濕土將被一起拋出，這就必然會暴露其掩體的輪廓和兵力部署。

　　炮兵司令員隨即命令前沿觀察所加強觀察，並進行航空照相偵察，果然偵察到德軍第一道塹壕前的積雪一片潔白，一公里的正面上只有少量幾處有濕土。第二、第三道塹壕前的積雪則被大量拋出的泥土覆蓋而成褐色。他從而推斷出，第一道塹壕內只有零星值班觀察員；第二、第三道塹壕卻佈滿了兵力。此外，還發現原先暴露出的許多目標是假的，因為它們周圍無任何改變的跡象。

　　正確的聯想和推斷，使蘇軍迅速查明了正面德軍的防禦部署，為實施有效的炮火攻擊提供了可靠的依據。

　　上面這個戰例極好地說明了邏輯推理在軍事上的作用。肩章

上的冰雪消融與德軍陣地掩體的輪廓和兵力部署，似乎是風馬牛
不相及的兩碼事，但是一個戰爭指揮家卻從這兩件相距很遠的事
中，通過一系列的邏輯推理，找出了二者之間的必然聯繫。雖然
這位司令員沒有將其邏輯推理的步驟一步一步、完完全全地寫下
來，我們所能知道的僅僅是一個個推理的結論，但其結論的可靠
性卻不能不使人信服。下面我們嘗試將其思考的全過程整理出來，
供讀者參考。

第一步：

> 只有天氣轉暖，室外肩章上的雪才會消融，
>
> 室外肩章上的雪消融了，
>
> 所以，天氣轉暖。

這是一個必要條件假言推理肯定後件式。從內容到形式都是
正確的，可知其結論是可靠的。

第二步：

在天氣轉暖，溫度升高的情況下，凡雪皆融，這是常識，因
此有推理：

> 凡雪皆融，
>
> 德軍掩體的雪是雪，
>
> 所以，德軍陣地掩體的雪也要融。

以上兩步推理在日常生活中有過億萬次的重複，人們幾乎不

用按部就班地進行推理，在頭腦裡一瞬間就可完成，關鍵是在後面幾步。

第三步：

　　肩章上的冰雪消融，其棱角部位的水珠勾畫出肩章的輪廓，

　　陣地上的冰雪消融，其突出部位的水珠會勾畫出陣地的輪廓。

這是將兩件事加以類比。但是光有陣地的輪廓還遠遠不夠，因此還必須尋找能夠標誌掩體位置和兵力部署的特徵。根據日常的經驗，該司令員又估計到德軍會清理積雪。接着便有下面幾個推理：

　　如果某處有濕土拋出，那麼某處有掩體，
　　某處有濕土拋出，
　　所以，某處有掩體。

　　如果某處拋出的濕土多，那麼該處兵力多，
　　某處拋出的濕土多，
　　所以，某處兵力多。

　　如果某處拋出濕土少，那麼兵力少，
　　某處拋出濕土少，

所以某處兵力少。

如果某處有掩體，那麼會有濕土拋出，
某處沒有濕土拋出，
所以某處沒有掩體。（說明原先暴露的目標是假的）

　　看到這裡，也許有人會說，這些推理實在太簡單了，沒有甚麼複雜深奧之處。的確，上述推理一經整理出來，是很平常。這使我們想起哥倫布立雞蛋的故事。哥倫布環球航行之後，許多人說：「這有甚麼了不起呢？」哥倫布一言不發，拿起一個雞蛋，問有誰能把它立起來。試驗者全都失敗了。這時哥倫布把雞蛋較小的一端往桌上一敲，雞蛋就在桌上站立起來，人們才恍然大悟。

　　世界上的事情就是這樣，當還沒有人把它點穿時，它好像在幽山迷霧當中，難以捉摸。一經點穿，又會覺得這有甚麼了不起？須知真理與無知本來只有一步之遙。但是誰能發現真理呢？這要看誰善於觀察，誰善於思索。

　　同是在第二次世界大戰，德法對戰，德國某參謀人員從望遠鏡裡觀察到法軍陣地上每天八九點鐘，總有隻波斯貓出來曬太陽，經過一番思索，他斷定法軍前沿陣地有地下高級指揮所，於是集中火力一舉加以摧毀。事後查明，這是法軍一個旅的指揮所。

　　肩章上冰雪消融，陣地上出現貓，在前面《向動物請教》一篇中拿破崙的老師發現的蜘蛛吐絲結網，這都是些極平常的事。許多人都看得到，然而許多人卻想不到從中能夠獲取重要的情報，當然更談不上如何應用邏輯推理去建立由此及彼的橋樑了。

「地上也有天上的運動」

下面這個故事取自劉寧寫的人物評傳《對創造的渴望：威廉·哈維》。

銀色的解剖刀輕快地劃了一下。解剖動物的實驗，哈維做了不下千百次，但是這一次格外不同。一條活蛇被固定在木板上，半透明的肉在解剖刀下分開了。鮮紅的管型心臟在有節奏地緩慢地跳動着。

根據血液循環的設想，只要紮住與心臟相連的靜脈，血液不能流回心臟，心臟就應該變空變小；相反，如果紮住動脈，心臟就會因排不出血而脹大。

哈維用小鑷子緊緊夾住靜脈，蛇心迅即變小變白。一鬆開鑷子，心臟又倏然充血。再用鑷子夾住動脈，心臟就脹大變紫，似乎頃刻就要爆裂，蛇身不停抽搐着。哈維鬆開鑷子，興奮地抹去額頭的汗珠。再也沒有比這簡單的實驗更有力地證明血液循環運動的假設了。

心臟的血液是由靜脈輸送來的，心臟的血液又是由動脈輸送出去的。這是兩個假設。它們是根據血液循環的思想演繹出來的。驗證這兩個假設，則兩次運用差異法推理於實驗。夾住靜脈，心臟變小變白；鬆開鑷子，心臟又立即充血。夾住動脈，心臟就脹

大變紫；鬆開動脈，又會回復原狀。

　　動物體內的血液是循環的。這是人人皆知的常識。可是，血液循環思想的建立卻來之不易。它表現了哈維批判舊思想的膽略，認識世界的卓識，精密的計算，準確的解剖和嚴密的推理。

　　在哈維提出血液循環學說之前，統治醫學一千多年的是蓋倫的心血潮流運動說。蓋倫本來是古羅馬時代的一位名醫。據說，他父親曾夢見神告訴他說，他的兒子長大後應貢獻給醫學。果然蓋倫成為醫學界的王子。在古代，蓋倫所達到的成就是驚人的，他的解剖觀察細緻而又精密，他高超的醫術被傳為佳話。蓋倫學說長期統治歐洲醫學界，甚至被視為醫學界的「聖經」。他認為，肝臟產生「自然之氣」，肺產生「生命之氣」，腦產生「智慧之氣」。這三種靈氣混入血液裡，在血管內像潮汐漲落那樣來回做直線運動，供養着各個器官。

　　蓋倫的心血潮流運動說，使後人歎為觀止，虔誠信奉。不幸的是，基督教使蓋倫學說僵化了。基督教認為世界是「一分為三」的：「聖父、聖子、聖靈三位一體」。人可以分為僧侶、貴族、平民。自然界亦可分為魚、獸、鳥。蓋倫用三種靈氣來解釋生命現象，正好符合宗教的需要。他的學說同托勒密的地心說一樣，成為基督教解釋自然和生命現象的理論基礎。到哈維的時代，哥白尼的日心說已經引起了一場思想革命，而統治醫學一千餘年的蓋倫學說，卻並沒有因為文藝復興以來進步學者對它的批判而動搖。

　　最早對蓋倫學說提出異議的是藝術大師達文西。他一生解剖達 70 餘具屍體，發現心臟有四個腔，而不像蓋倫說的只有兩個。比利時醫生維薩里還在大學求學時，常常深夜溜出學校，偷取掛

在絞架上的犯人屍體。他的解剖觀察也與蓋倫相左。可維薩里的
老師卻大罵他是瘋子，認為凡是解剖觀察與蓋倫著作不相符之處，
只能用人體在上一世紀裡發生了變化來解釋！後來他遭到整個社
會的非難，橫死荒島。維薩里的同學塞爾維特提出血液由右心室
流到左心室不是經過心膈上的孔，而是經過肺作「漫長而奇妙的迂
迴」。結果塞爾維特被教會判處火刑。

　　為甚麼無數解剖事實證明了蓋倫的錯誤，蓋倫學說依然處於
正統地位呢？哈維想：蓋倫學說的大廈為甚麼推不倒？如果我們
不能告訴人們甚麼是對的，甚麼是真理，只是一味地指出蓋倫的
錯誤，那麼我們能有立足之地嗎？

　　在蓋倫生活的公元 2 世紀，人們普遍認為完美的圓周運動只
屬於天界，地上只存在有起點和終點的直線運動。所以，蓋倫關
於血液產生於肝、消失於全身的理論，顯得合情合理，天經地義。
哈維認為，地上也有天上的運動，哥倫布、麥哲倫的環球航行不
也是循環運動嗎？

　　哈維說：「潮濕的土地被太陽曬熱時水分就蒸發，水蒸氣上
升，下降為雨，再來潤濕土地。一代代的生物就是這樣產生的，
暴風雨和流星也是這樣由太陽的循環運動引起的。」

　　「地上也有天上的運動」這個看法是通過歸納得出來的。既然
「地上也有天上的運動」，那麼人的身上也存在着和日月星辰一樣
偉大的運動就不是甚麼絕對不可能的事。

　　在循環思想的指導下，哈維測量到左心室的容血量為 2 英
兩。因心室有瓣，左心室收縮後排出的血不能倒流。而心臟每分
鐘大約要跳 72 次。這樣，一小時內心臟的排血量為 $2\times72\times60$，即

8640 英兩，差不多有 540 磅，幾乎是一個肥胖成人體重的 3 倍！如果蓋倫的心血潮汐運動說是對的，血液排出後就被各器官吸收，那麼，肝臟在一小時內就必須造出 3 倍於體重的血，一天要造 70 倍於體重的血！哈維由此得出結論說：「其數量之大決不是消化的營養所能供給的」。

　　根據測量和計算的結果進行推論，勢必得出與蓋倫的心血潮汐運動說相對立的結論：血液排出後就被各器官吸收是不可能的。

　　這個推論是充分條件假言推理否定後件式的運用。假定你蓋倫的學說是正確的，那麼一個人一天必須造 70 倍於體重的血！而這顯然是不可能的，因此你那潮汐運動說是錯誤的。這個推論如下式：

　　　　如果蓋倫的學說是正確的，那麼一個人一天必須造 70 倍於體重的血，

　　　　一個人一天造不出 70 倍於體重的血，

　　　　所以，蓋倫的學說不是正確的。

　　上述關鍵性的計算和推論使哈維確信，血液猶如德謨克里特的原子一樣，既不可能在一瞬間被創造出來，也不會在一瞬間消失──血液是循環的。儘管布魯諾也提出過血液循環的設想，但沒有加以驗證的設想還不就是科學。而今，哈維把這一偉大的設想安放在實驗基礎之上。這就是本文開頭所述解剖蛇的實驗。

　　後來又經過多年的實驗，哈維證實了由於心臟跳動、動脈搏動和靜脈瓣結構，保證了血液在體內循環運動。但由於顯微鏡尚

未發明，哈維當時也無法解決動脈血是如何流到靜脈中的問題。他誤以為血是通過肌肉中的細孔流過去的。可是，就連弗蘭西斯·培根也認為這是無稽之談。

　　哈維去世後，不過 3 年左右，1660 年，與哈維同校的意大利人馬爾比基用顯微鏡看到了青蛙肺裡的毛細血管。1688 年，荷蘭科學家列文虎克用精製的顯微鏡觀察蝌蚪的尾巴。他驚喜地寫道：「最初看着，真使人歡喜之至，血液像小河流般循環流往各處」，「所謂動脈和靜脈，實際上是連在一起的」。這就是毛細血管，科學儀器的進步，終於使人們親眼看到了血液循環。

戊 編

一星期「等於」幾百萬年

—— 論題

論證是綜合運用概念、命題、判斷和推理的思維形態，因而是富有創造性的思維活動。推理這種思維形式只管前提與結論有無必然聯繫，而不管前提內容是否真實。論證不但要管所包含的推理形式正確與否，還要管前提內容是否真實。簡單的論證只包括一個推理，複雜的論證由多個推理組成。

只由演繹推理組成的論證叫證明。論證包括論述一個判斷為真或為假兩個方面。論述某判斷為假，稱作反駁。

在 1958 年「大躍進」時期，高校也受到「左」的思潮影響，時興所謂插紅旗、拔白旗。復旦大學中文系就批判過著名的中國文學史教授劉大杰。學生們說：「劉大杰有甚麼了不起，他看了 500 本書，我們年級有 100 人，每人看 6 本就超過劉大杰了。」這當然很荒唐。劉大杰反駁說：「一個美人，你只知道她半根眉毛，他只知道她半片嘴唇……加在一起，仍然不知道她美在哪裡。」這是運用類比推理的反駁，頗具冷幽默。

一個論證有三個基本要素：論題、論據、論證方式。

論證首先要有論證的對象，即論題。論題也叫論點。所謂論題，是真實性需要加以論證的判斷。它回答「論證甚麼」的問題。文章的標題和辯論的辯題不等於論題。論題必須是判斷。

常言道：無中不能生有。著名科學家巴斯德曾以他那個舉世聞名的實驗「證明」從無生命的東西中決不可能產生生命。

恩格斯指出，巴斯德的實驗所真正證明了的東西，不過是在目前地球上的普通條件下在很短的時間內不可能從無生命的東西中產生而已。

恩格斯認為，最初的生命必然起源於無生命的東西。人類實踐的歷史發展越來越證明，在這個問題上真理屬於恩格斯而不是巴斯德。

地球上出現生命是幾十億年前的事，並經歷了漫長的演化過程，要完完全全重演生命發展的歷史，豈非夢囈？

但是，以壓縮餅乾方式來重現生命演化的漫長過程卻是一個大膽的設想。在這種大膽設想指導下誕生了一個令人驚奇的實驗。

1952 年，一位研究生米勒，做了一個實驗。他用甲烷、氨、氫和水汽混合成一種與原始地球大氣基本相似的氣體，放入抽成真空的玻璃儀器中，通過連續進行火花放電，來模仿原始地球中大氣層的閃電。經過一個星期，在這種混合體中得到五種構成蛋白質的重要氨基酸，這些都是活體組織中的主要組成成份。

米勒的實驗使科學界震驚，實驗室中一星期代替了自然界中的幾百萬年。這就為生命起源的研究開拓了一條新的途徑。

「無中不能生有」與「無中能夠生有」是關於生命起源的兩種對立觀點。巴斯德的實驗所證明的並非「無中不能生有」，而只是在普通條件下在短時間內無中不能生有。巴斯德犯了證明過少的錯誤。

證明過少是這樣一種邏輯謬誤：在論證過程中，不論證原論

題，而去論證某個比原論題斷定的內容少的判斷。

在科學史上，人們曾經用下面的論據來論證大地是球體：

一、在海岸上看船進港，總是先見桅桿，後見船身。

二、站得愈高，望得愈遠。

三、環繞世界的旅行。

以上論據儘管是真的，並且論證方式也正確，但是仍不能證明大地是球體，只能論證大地是曲面的、沒有邊緣和密閉的罷了。

後來有人補充了下面兩個論據：

四、在地球表面無論甚麼地方，地平線都是圓形，而且所見遠近，各處都一樣。

五、每一次月蝕時，投射在月球上的地球影子都是圓形。

以上五條論據令人信服地論證了大地是球體的設想。單憑前三條只是論證了大地是曲面的、密閉的和沒有邊緣的，因而犯了證明過少的錯誤。

爭論問題，首先要注意論題必須清楚明確。論題含糊不清，爭論雙方背道而馳，打架打不到一塊去，豈不白白浪費口舌筆墨？

論題不明確是這樣一種謬誤：論題的含義模模糊糊，或者可以有不同的解釋。

兩個獵人在打獵時看到一隻松鼠，松鼠坐在樹上盯着他們看。他們決定圍繞着它走一圈，但隨着他們按圓周運動時，松鼠

也在移動，它一直用一個方向對着獵人們，並且盯着他們看，就這樣一直繼續到他們走回原來地方時為止。有人問：你們到底圍繞松鼠走了一圈沒有？其中一個獵人斷定是走了一圈，因為他們環繞着松鼠畫了一條封閉的線——圓周。另一個獵人不同意，他認為：假如他們是圍繞松鼠走了一圈的話，那他們就應該看到松鼠的周身，而他們一直只是從一個方面看到它。他們爭來爭去，沒有結果。

究竟誰是誰非呢？應該各打五十大板。他們兩人都不可能說服對方。因為他們所討論的問題中「繞對象走一圈」這個判斷是太不確定了。「繞對象走一圈」通常聯合有兩個特徵。一個是環繞對象劃一條封閉的線，一個是從各方面繞過對象。在松鼠停留不動的情況下，這兩個特徵便合而為一，不會引起誤解。但在松鼠跟着獵人轉的情況下，劃一條封閉的線並不等於從各方面看到了松鼠。在未確定根據哪一個特徵來使用「繞對象走一圈」這個判斷時，爭論便不可能見分曉。

列寧曾經指出：「如果要進行論爭，就要確切地闡明各個概念。」伏爾泰說，假使你願意和我說話，請你先給所用的名詞下個定義。在上例中，歸根結底是對「繞過」這一概念有不同的理解。

看哈雷彗星怎樣解答歷史難題

林肯在入主白宮的前幾年，曾用大部分的時間和精力鑽研法律，成了一位頗負盛名的律師。他出身貧賤，同情平民，尤其是黑人，經常幫助他們訴訟，有時甚至不收分文訴訟費用。

有一次，亡友的兒子小阿姆斯特朗被人誣告為謀財害命的兇手。控告人收買的證人一口咬定說，親眼看到被告阿姆斯特朗行兇。

這個青年是無辜的。在假證面前，他無能為力，厄運馬上要降臨到他頭上。林肯獲悉此事後，主動為被告辯護。他以被告的辯護律師的資格，查閱了法院的全部案卷。

隨後，他又來到現場作實地勘查。林肯在任律師之前，為了糊口曾做過測量員。測量是件技術性很強又必須十分細心的工作。在短時期內，他就成了熟練的行家。哪裡出現地界糾紛，都要找他去解決。早年這一方面的訓練，還真為他的律師工作幫了大忙。這次，一來到現場，他很快就掌握了重要的事實。

在法庭上，作為被告的辯護律師，林肯與原告的證人福爾遜進行對質。

林肯：「你發誓說認清了小阿姆斯特朗？」

福爾遜：「是的。」

林肯：「你在草堆後，小阿姆斯特朗在大樹下，兩處相距二三十米，能認清嗎？」

福爾遜：「看得很清楚，因為月光很亮。」

林肯：「你肯定不是從衣着方面認清的嗎？」

福爾遜：「不是的，我肯定認清了他的臉蛋，因為月光正照在他臉上。」

林肯：「你能肯定時間在十一點嗎？」

福爾遜：「充分肯定，因為我回屋看了時鐘，那時正是十一點一刻。」

其實，福爾遜的答辯完全是在林肯預料中的，案卷中白紙黑字都寫着。林肯為甚麼要一連串地明知故問？那是要讓證人把證詞敲死，免得到時不認賬。就拿林肯的這一句問話「你肯定不是從衣着方面認清的嗎」來說，絕不是可有可無的。福爾遜的回答完全排除了這種可能性，那好，我只要證明你不可能認清他的臉，你的證詞就會失效。

林肯待證人一講完，就轉過身，開始了他的辯護演說：「我不能不告訴大家，這個證人是個徹頭徹尾的騙子。」

林肯說：證人發誓說他於 10 月 18 日晚 11 點鐘在月光下認清了被告阿姆斯特朗的臉，但是那晚上是上弦，11 點鐘時月亮已經下山了，哪來的月光呢？退一步說，就算證人記不準時間，假定稍有提前，月亮還在西天，月光從西邊照過來，被告如果臉朝大樹，即向西，月光可以照到臉上，可是由於證人的位置在樹的東

面的草堆後面，那他就根本看不到被告的臉；如果被告臉朝草堆，即向東，那麼即使有月光，也只能照着他的後腦勺，證人又哪能看到月光照在被告臉上呢？又怎麼從二三十米的草堆處看清被告的臉呢？

林肯的辯駁分兩步，第一步是運用必要條件假言推理的否定前件式：

> 只有有月亮，才能看清被告的臉，
> 月亮已下山，
> 所以，不可能看清被告的臉。

第二個前提是根據天文學的經驗知識形成的，假言前提也是真實的，推理符合規則，因此這個結論是真實可靠的。

第二步是不容證人狡辯，先把他的嘴堵上，運用了一個二難推理構成式：

> 如果被告的臉朝大樹，即向西，月光可以照到臉上，那麼證人根本看不到被告的臉；如果被告臉朝草堆，即向東，那麼證人也不能看到月光照在被告的臉上；
> 或者被告臉朝大樹，或者被告臉朝草堆；
> 所以，或者證人根本看不到被告的臉，或者證人不能看到月光照在被告臉上。

這個二難推理的第一個假言前提其前後件之間確實有充分條

件聯繫，因為林肯指出了證人在樹的東面的草堆後面，可見，這個假言前提是有根據的，是真實的；這個二難推理的第二個假言前提前件之間也確實有充分條件聯繫，林肯指出了臉朝草堆，月光只能照到被告的後腦勺上，因而這個假言前提也是真實的；前提中的選言判斷是窮盡的，因而該選言前提也是真實的。這個二難推理從形式上來看也是正確的。從真實的前提出發，應用正確的推理形式，所得結論必定與實際相符。

　　林肯排炮般的發言，駁得證人張口結舌，無可辯駁。福爾遜只好承認是被控告人收買來提供假證的。於是，阿姆斯特朗被判無罪釋放。

　　在反駁當中，駁對方論據是一種間接的反駁方式。駁斥了對方的論據，即指出對方論據不真實，或不充分，或與論題不相干，則對方的論題未得到證明。列寧說：「詭辯家抓住了『論據』之中的一個，而黑格爾早就正確地說過，人們完全可以替世上的一切找出『論據』。」因此說小偷也有小偷的理由，但是，隨便找來的理由，那不過是兒戲。在論證中，論據是支持論題的理由，一個正確的論證必須有真實、充分的理由。下面要說的是找哈雷彗星做證人的趣事。

　　中國古代史上有很多久懸不結的疑案，歷代史家關於「武王伐紂」的年代眾說紛紜就是其中之一。現代著名歷史學家郭沫若和范文瀾也各執一詞，前者說公元前 1027 年，後者說公元前 1066 年。

　　南京紫金山天文台的科研人員於 20 世紀 80 年代推算出哈雷彗星曾於公元前 1057 年回歸。張鈺哲、張培瑜在《人文雜誌》

1985 年第 5 期撰文認為，天象是確定年代的最可信的依據。對文獻所載殷周之際的幾種天象記錄作初步分析，《淮南子》中有武王伐紂途中出現哈雷彗星的記載。

張鈺哲早在 1978 年 6 月就在論文中指出，中國有關哈雷彗星的最早一次記錄見於《淮南子‧兵略訓》:「武王伐紂東面而迎歲，至汜而水，至共頭而墜。彗星出而授殷人其柄。」意思是，武王伐紂時，向東面迎木星進軍，到汜這個地方下了雨，到共頭的地方發生了山崩。這時有彗星出現，像以掃帚之柄給與殷人（紂王），以掃除西方前來的軍隊。張鈺哲更指出，它的出現不但把中國有關哈雷彗星最早記錄的年代大大推進，還為中國歷史上的「年代學」提供了一套新的印證方法，從而改寫一些懸而未決的年代問題。過去只知武王伐紂建立西周，在 300 年的歷史中，有 13 個帝王當政的準確年份則是一筆糊塗賬。現在借用哈雷彗星的「現身說法」，不但可以確定武王伐紂的年代，還可以把 13 個帝王的當政年代逐漸釐清。

這就是天文學家與考古、歷史學相互印證的最佳實例。

在法庭辯論中，證據的真假決定着辯論的成敗。第二次世界大戰後，德軍元帥、空軍總司令戈林受審訊時氣燄非常囂張。戈林憑藉廣博的知識和對被繳獲文件的精通，作出一系列偽證，搞得美方起訴人「暈頭轉向」，「幾乎要哭了」。戈林反而「用洪亮的聲音表示願意幫助他」，「昂首闊步地回到被告席上，彷彿依然是第三帝國的元帥」。

可是戈林在英方起訴人面前，卻連連吃癟。在作證時，戈林堅持說，當 50 名英國皇家空軍的軍官戰俘被槍殺時，他正在休

假。英方起訴人像盤問竊賊一樣嚴密地盤問他，並出示了文件，證明他參與了槍殺事件。戈林狠狠地一再辯解，最後變得又驚又恐，失去自制，叫喊着不知甚麼是「暴行」。這有甚麼用？絞架正向他招手呢！

中國古代有口供乃證據之王的說法，其實不妥當。輕信口供往往造成冤案，或者使真正罪犯逃離法網。在中國古代，屈打成招的事舉不勝舉。在 7 世紀的印度，如果覺得有疑問時，另有一套奇特的方法來鑒別。

根據玄奘法師的《大唐西域記》介紹，在公元 7 世紀時的古印度，採用四種方法：水、火、秤、毒。水，就是把被告與石頭各放入一皮囊中，把兩皮囊連在一起，沉入深水中。如果人沉石浮，就證明犯了罪；人浮石沉就證明他沒有隱瞞。火，就是燒一塊鐵，讓被告蹲在上面，用腳踩，用手摸，用舌頭舔，無罪就不會有損傷，有罪會被燙傷。柔弱的人就換一種方法，讓他們手捧沒有開的花，撒在火焰上，無罪花就開，有罪花就焦。秤，就是將人與石頭並秤，無罪則人低石高，有罪則石重人輕。毒，就是把一隻黑羊的右腿割下，在分給被告人的那一份攙上毒藥，有罪就會中毒身亡，無罪就會毒滅而甦醒。

這四種方法，據說是古印度的所謂「神判」，在印度流行了很長時間。當着訴訟雙方都拿不出確實的證據，無法斷定是非時，就用這些玄妙的方法來斷定。真是聞所未聞，這究竟有甚麼奧妙，書中沒有介紹，我看只有天曉得。

在論證中，論據是論題的支柱，論據不真實，論題就是跛腳的，沒有得到證明。因此，論據真實是正確論證的基本要求。

李昌鈺顛覆「世紀大審判」

—— 論據之二

　　本篇的故事綜合了網上的幾篇報道。「華人神探」李昌鈺的警世之作是顛覆被美國人稱為「世紀大審判」的「辛普森殺妻案」。「辛普森殺妻案」之所以被稱作世紀大審判，那是因為歷史上從來沒有任何一個案子像此案讓全體美國人這麼關注過。事後，新聞界報道說，1995 年 10 月 3 日，在宣判前後的十分鐘裡，全美國的人幾乎停止了一切活動，不工作，不上課，不打電話，不上廁所，連白宮、國會和聯邦各部門，都推遲或取消了原本的安排。克林頓總統推開了軍機國務；前國務卿貝克推遲了演講；華爾街股市交易清淡；長途電話線路寂靜無聲。數千名警察全副武裝，遍佈洛杉磯市街頭巷尾。有統計數字表明，大約有 1 億 4 千萬美國人收看或收聽了「世紀大審判」的最後裁決。

　　1994 年 6 月 12 日深夜，在洛杉磯西部高級住宅區發生了一椿兇殺案，一男一女被謀殺。女死者是美國橄欖球明星辛普森的前妻妮可，身中 8 刀。男死者是餐館年輕的侍應生郎·高曼，身中 27 刀。

　　辛普森與妮可分居後，作為前夫的他一直希望破鏡重圓，與前妻屢有衝突並記錄在案。案發後凌晨，四名警探來到辛普森住所，在門外發現其白色的福特野馬型號汽車染有血跡，車道上也

發現血跡。按鈴無人回應，偵探爬牆而入，其中一個偵探福爾曼在後園樹叢裡揀到一隻浸血的皮手套，和現場留下的那隻剛好成一對。從他臥室的地毯上，揀到有血跡的襪子，血跡的 DNA 測試與被害者相同。

案發後凌晨，辛普森在芝加哥酒店接到警方通知前妻死訊，清早趕回加州。當時警察發現辛普森受傷。他解釋説，接到前妻死訊過於激動不慎打破了鏡子而受傷。

警察經過幾天調查後，決定將辛普森鎖定為疑兇，並且很快認定他為唯一嫌犯。再加上他參加葬禮後沒有及時去投案，時限一過，警方便把他宣佈為重大通緝犯。

當紅體育明星涉嫌謀殺，立即引起全美民眾乃至世界媒體的關注。6 月 17 日，在高速公路上發現了辛普森的白色福特車，他的朋友為他駕車。警車追上去，他們不肯停車，但似乎也無意逃跑，只是不緊不慢地開着。天上是直升飛機，幾十輛警車在洛杉磯公路上展開追逐，全美國都在電視上跟蹤追看。不過幾個小時，他回到家便束手就擒，並未上演媒體期待的追捕大戲。

辛普森本人説自己是無辜的。他花重金聘請了全美最知名的律師為自己辯護。很快，包括全美最優秀的幾十名高級律師在內的「夢幻律師團」就迅速組建起來。

深夜，正在家裡替一本刑事期刊審閱文章的李昌鈺，突然接到律師團打來的電話。他十分驚詫，因為通常來説，只有州警政廳的同仁才會在深夜打電話給他。原來這個明星律師團在第一時間向李昌鈺發出了邀請。

同時，一個檢方律師團也組建起來。這兩個律師團，一個代

表被告，一個代表原告，是完全平等對抗的兩個梯隊。「無罪假定」在美國的司法制度中是極為重要的一條，決定了控方和辯方從道義上的平等地位。如果沒有這一條，被告律師一出場就矮三分，根本談不上「公平」二字，被告也就很有可能輕易淪為「待宰的羔羊」。

檢方的責任是陳列證據，證明控告成立。作為辯方，是要質疑甚至推翻檢方的證據，恢復被告的清白。因此，在道義上，雙方地位平等。

最終到底是誰在掌握被告的生殺大權呢？是陪審團。

從表面上來看，似乎只要是案發地法院的管區之內，年滿十八歲以上的美國公民，都可以當陪審員。但是，實際上遠不是那麼簡單。

此案的檢方顯得信心十足，聲稱他們掌握了辛普森涉嫌殺人的鐵證。在美國的司法體制中，證據的可信度是打贏官司的關鍵性因素之一。但是，李昌鈺接案後發現，檢方提供的證據沒有任何目擊證人或任何直接證據，是一個典型的旁證案件。

在美國的司法體制中，僅僅依賴間接證據就把被告定罪判刑絕非易事。這是因為，僅憑個別的間接證據通常不能準確無誤地推斷被告人有罪，必須要有一系列間接證據相互證明，構成嚴密的邏輯體系，排除被告不可能涉嫌犯罪的一切可能，才能準確地證實案情。

此外，間接證據的搜集以及間接證據和案情事實之間的關係應當合情合理、協調一致，如果出現矛盾或漏洞，則表明間接證據不夠可靠，不能作為定罪的確鑿根據。例如，就在本案中，檢

方呈庭的間接證據之一是在殺人現場發現了被告人的血跡，刑事專家一致同意檢方呈庭的血跡化驗和 DNA 檢驗結果。血跡化驗和 DNA 檢驗的結果是不會撒謊的，但是，如果血跡受到污染、不當處理、草率採集或有人故意栽贓，那麼它的可信度則大打折扣。在辛普森案中，這些毛病全都存在。更令人難以置信的是，得到辛普森的血樣後瓦納特警長並未將它立即送交一步之遙的警署刑事化驗室，反而攜帶血樣回到了 32 公里以外的兇殺案現場。說出來可能沒人敢信，天下竟然有如此荒唐的刑警，瓦納特警長那天手持血樣在血跡遍地的兇殺現場逗留了三個小時之後，才磨磨蹭蹭地將血樣交給正在現場取樣勘查的刑事檢驗員。

由於檢方的間接證據在辯方律師的嚴格鑑別和審核下有破綻，難以自圓其說，使辯方能夠以比較充足的證據向陪審團證明辛普森未必就是殺人兇手。

李昌鈺以超凡的觀察力，發現了重重疑點：第一，現場有乾、濕兩滴血。雖然經過化驗 DNA，證實是辛普森的，但是血不是當天殺人留下的，裡面含有儲存血液用的防腐劑，而人體正常血液是不可能有的。同時警察從辛普森身上提取的 7 毫升血樣，莫名其妙少了 1.5 毫升。第二，現場的手套也比辛普森的手小。現場有兩種不同的鞋印，一種是意大利名牌布諾瑪利的鞋印，另一種是紋路呈並行線的鞋印，這意味着現場有兩名兇手。第三，兇殺案發生時間是夜晚十點半左右，當天 11 點鐘，辛普森便坐出租車到了洛杉磯的飛機場。時間與距離極不相配。按照警方的推斷，辛普森要在 30 分鐘之內，刺人 35 刀，連殺兩人，再跑回家脫了衣服洗澡，然後出門上車去機場。依照常理，這幾乎是不可能的。

李昌鈺在出庭為辛普森作證時，拿出的是專業的鑒定和形象的模擬分析。他在法庭上示範血跡噴濺形態。他將一瓶紅墨水倒在白紙上，然後手掌猛拍紙上的紅墨水。接着又將紅墨水從不同的高度滴到地面的白紙上，來解釋血跡噴濺的形態。他用這些示範結果與現場所搜集到的血跡形狀進行比對。李昌鈺認為，從現場這些血跡形狀來看，男死者曾與一名或兩名殺手展開過一番長時間的血戰，而檢方卻稱他經過極短時間的打鬥即被殺死。

李昌鈺縝密的現場分析和嚴謹的技術鑒定，用確鑿的證據使洛杉磯警方提供的 100 多項鐵證變得疑竇叢生。

首先，襪子上的血跡非常奇怪。這隻襪子兩邊的血跡竟然完全相同。根據常識，假如襪子當時被穿在腳上，那麼襪子左邊外側的血跡絕不可能先穿過腳踝再浸透到右邊內側。只有當血跡從襪子左邊直接浸透到右邊時，兩邊的血跡才會一模一樣。換言之，血跡很有可能是被人塗抹上去的。在庭審時，檢方出示了幾張發現血襪子的現場照片，可是照片上的時間順序卻自相矛盾。案發後下午 4 點 13 分拍照的現場錄影上沒有這隻血襪子，可是 4 點 35 分拍的照片卻出現了血襪子。那麼，血襪子究竟是原來就在地毯上，還是後來被警方移放到地毯上？對此問題，警方的答覆顛三倒四，前後矛盾。另外，辯方專家在檢驗襪子上的血跡時發現其中含有濃度很高的防腐劑。辯方律師提醒陪審團，案發之日，警方在抽取辛普森的血樣之後在血樣中添加了這種防腐劑。

其次，從現場勘查報告看，身高體壯的郎·高曼曾與兇犯展開了一場血戰，他的隨身物品——一串鑰匙、一個信封、一張紙片以及一個呼叫機——都散落在不同的地方，這說明打鬥的範圍

很大，搏鬥很激烈。戈德曼的牛仔褲上有血跡向下流的形狀，説明他不是在極短時間內死亡，而是在負傷之後仍然挺身而鬥，拼死抵抗。他被刺中了 30 餘刀，最後因頸部靜脈斷裂和胸腹腔大出血致死。據此推斷，兇犯渾身上下肯定也沾滿了血跡。可是，為甚麼在白色野馬車上只發現了微量血跡？更令人疑惑的是，為甚麼兇手下車後，卻在圍牆前門車道和從前門通往住宅大門的小道上留下了很多明顯血跡？還有，假設辛普森穿着血衣血鞋沿前門小道進入住宅大門，又穿著血襪子走上二樓臥室，為甚麼在門把、燈光開關和整個住宅內的白色地毯上沒發現任何血跡？

再次，根據血跡檢驗報告，在現場兩處地方發現了辛普森的血跡。一處在從被害人屍體通向公寓後院的小道上，警方發現了五滴被告血跡，大小均勻，外形完整。但辯方認為，假設辛普森在搏鬥中被刺傷，按常理，應該在起初大量流血，過一會兒血量才會逐漸減少，所以，血滴絕對不可能大小均勻。另外，血滴應是在搏鬥或走動中被甩落，以撞擊狀態落地，因此，血滴的外形不可能完整。另一處，是在公寓後院圍牆的門上警方發現了三道血痕。可是，檢方專家在檢驗這些血痕時再次發現了濃度很高的防腐劑。

最後，辯方專家指控，洛杉磯市警署刑事實驗室設備簡陋，管理混亂，檢驗人員缺乏訓練，沒有按照正常程序採集現場血跡。由於證據樣本處理不當，所以檢驗結果令人生疑。比如，按照正常程序，在採集血跡樣本進行 DNA 分析時應當先用棉花沾起血跡樣本，待自然風乾之後才能放入證據袋中，可是，警方檢驗人員在血跡尚未風乾時就已將樣本放入證據袋。據此，辯方律師舍

克毫不客氣地表示：警署的刑事化驗室簡直就是個「污染的糞坑」。

檢方呈庭的重要證據之二，是福爾曼在辛普森住宅客房後面搜獲的黑色血手套。可是，這隻血手套同樣疑雲密佈。

首先，根據福爾曼的證詞，當他發現血手套時其外表的血跡是濕的。辯方專家認為這是絕對不可能的。兇案大約發生在 1994 年 6 月 12 日深夜 10 點半左右，而福爾曼發現手套的時間是 1994 年 6 月 13 日早晨 6 點 10 分，時間跨度在 7 個小時以上。辯方用模擬實驗向陪審團演示，在案發之夜那種晴轉多雲和室外溫度為 20 攝氏度的氣象條件下，事隔 7 小時後手套上沾染的血跡肯定已經乾了。那麼，福爾曼為何一口咬定是濕的呢？辯方提供的解釋是：只有一種可能性，那就是福爾曼來到兇殺案現場後，悄悄地把血跡未乾的手套放入了隨身攜帶的警用證據保護袋之中，然後，他千方百計尋找機會進入辛普森住宅，趁人不備偽造證據，這樣，儘管時間跨度很長，但血跡仍然是濕的。

其次，假設辛普森是殺人兇犯，當他滿身血跡、驚惶失措地從殺人現場逃竄回家，把兇器和血衣藏匿得無影無蹤之後，根本沒必要多此一舉，單獨溜到客房後面藏匿血手套。另外，辛普森對自己住宅的旁門後院、地形道路了如指掌，按常理，他不太可能撞在空調上發出一聲驚天動地的巨響，並且在遺失血手套之後不聞不問。從各方面情況分析，撞在空調上並丟失手套的兇犯顯然是一個對住宅內地形和道路不太熟悉的人。另外，如果兇犯在黑暗中慌不擇路，瞎摸亂撞，丟三落四，為甚麼在血手套現場沒發現其他血跡以及可疑的腳印和痕跡？

再次，雖然警方在兇案現場和辛普森住宅搜獲了一左一右兩

隻手套，並且在手套上發現了兩位被害人和辛普森的血跡，但是，這兩隻手套的外表沒有任何破裂或刀痕，在手套裡面也沒發現辛普森的血跡。這說明，辛普森手上的傷口與血手套和兇殺案很可能沒有直接關係。

最後，為了證實辛普森是兇手，檢方決定讓他在陪審團面前試戴那隻沾有血跡的手套。在法庭上，辛普森先帶上了為預防污損而準備的超薄型橡膠手套，然後試圖戴上血手套。可是，眾目睽睽之下，辛普森折騰了很久卻很難將手套戴上。辯方立刻指出這隻手套太小，根本不可能屬於辛普森。檢方請出手套專家作證，聲稱手套沾到血跡後可能會收縮一些。但辯方專家認為這是一種經過預縮處理的高級皮手套，沾血後不會收縮。控辯雙方各執一詞，爭論不休，但是，在一些陪審員眼中這隻血手套的確有點兒太小了。

據此，李昌鈺提出了辦案警察作偽證的報告。

在經過馬拉松式的審理之後，1995 年 10 月 3 日，陪審團宣佈：辛普森無罪。當判決宣佈的時候，李昌鈺照常在康州警政廳刑事化驗室上班，並不太關注判決的結果。李昌鈺也因此成為美國家喻戶曉的明星人物。從此，在美國有這樣一種說法：李昌鈺為誰作證，誰就一定能贏。

據說，警方因為屈服於輿論壓力，又為了邀功，便在辛普森案的證據上做過手腳。此案讓美國民眾對司法界大失所望。此前，刑事鑑識科學不被重視，只是充當警方辦案的輔助角色。「辛普森殺妻案」的被顛覆，使得刑事鑑識科學一躍而升至調查辦案的主導地位。李昌鈺被稱作「現場重建之王」「當代福爾摩斯」。這一案例

馬上成為全美刑事司法界的鮮活教材，洛杉磯市議會馬上通過法案，增加警察局刑事化驗室的經費及設備，加強訓練刑事鑑識人員。

至於辛普森本人雖然「有錢能使鬼推磨」，高額的訴訟費用最終讓他傾家蕩產。案件沉寂近二十年後，2012年11月21日，美國調查探索頻道（Investigation Discovery）播出的一部紀錄片再次轟動全美。紀錄片通過縝密的調查指出，50歲的連環殺手羅傑斯很有可能是謀殺辛普森前妻妮可‧布朗及其友人郎‧高曼的真正兇手。羅傑斯曾私下暴露辛普森要他去入室偷盜。因此，兇殺案起因與辛普森不無瓜葛。

回過頭來再說「現場重建之王」李昌鈺非同一般的證據收集方法。早年，李昌鈺在台灣做警員時，台灣也盛行刑訊逼供而不重視刑事鑑識科學。李昌鈺說：「在美國，我經常被請去演講。美國警察問：『Dr.Lee，那麼多的案子，您是怎麼找到證據的？』我說：『我歸納了7種簡單方法──站着看、彎腰看、腰彎深一點看、蹲着看、跪着看、坐着看、各種方法綜合起來看。』就是一定要勤奮多專研，都說海外的華人智商高，我想還是華人更努力。我知道不能因為自己的膚色，而被人排拒在美國的主流刑事鑑識界外。我暗地下決心，一定要更努力，花更多的精力做出些成績來，讓別人對我這位黃皮膚的中國人另眼相看。」

一平方厘米面積上的戲法

—— 丐詞

法國大作家福樓拜曾對莫泊桑説：對你所表現的東西，要長時間很注意地觀察它，以便發現別人沒有發現過和寫過的特點。任何事物裡，都有未被發現的東西，因為人們看事物的時候，只習慣回憶前人對它的想法。在細微事物裡也會有一星半點未被認識過的東西讓我們去發掘它。

觀察是智慧的第一道城門。

如果説小説家要反映好生活，得長時間集中注意力去觀察生活的話，那麼魔術家的成功秘訣則在於千方百計地把觀眾的注意力引導到無關緊要的細節中去。

大家知道，我們對某一事物越是集中注意力，就越能發現其中的一些細節，這些細節往往會在大而化之的觀察中被忽略過去。

人們在鑒別正確思想與不正確思想時，也有類似的情形，要鑒別某一思想是否正確，不僅取決於注意力集中的程度，而且取決於注意力傾向哪裡。

在中學數學裡，經常用到一種推導方法 —— 組成相等。兩個面積相等的平面圖形 A 和 B，如果用一定方式把 A 分割成有限個部分後，再拼成圖形 B，那麼，就稱 A 和 B 組成相等。

據説畢達哥拉斯定理的古典證明，就是利用兩個小正方形和

另一個大正方形的剪剪拼拼、分分合合來完成的。為了慶祝這一發現，畢達哥拉斯宰了整整 100 頭牛。

有人通過剪剪拼拼、分分合合方法來證明：其邊為 21 的正方形與其邊各為 34（=21+13）和 13 的長方形具有相同的面積。

如圖：

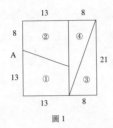 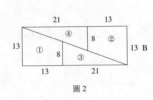

圖1　　　　　　　　　　圖2

上述證明合乎邏輯嗎？讓我們來考察一下。

正方形 A 分為兩個長方形，其長寬各為 13×21 和 8×21。第一個長方形分為兩個相同的直角梯形，梯形的底邊各為 13 和 8，第二個長方形分為兩個相同的直角三角形，其直角邊各為 8 和 21。如圖 2 所示，把被分割正方形所得四個部分拼成長方形 B。

也就是說，把直角三角形 3 拼在直角梯形 1 上面，讓有共同的邊 8 所組成的兩個直角相接，這樣，就組成了正邊為 13 和 34（=13+21）的直角三角形，同樣，由 2 和 4 也組成正邊為 13 和 34 的直角三角形。最後，再將這兩個直角三角形拼成長、寬各為 13 和 34 的長方形。

這個長方形的面積是：

13×34=442（平方厘米）

可是所「組成相同」的正方形的面積卻是：

21×21=441（平方厘米）

看起來，整個拼接的過程是嚴格而一貫的，因而引出下述結
論：正方形和剛獲得的長方形的面積是相等的。可是計算的結果
是：長方形的面積比正方形的大一平方厘米。這多餘的一平方厘
米的面積是從哪裡變出來的呢？換句話說，

441=442

這個錯誤是怎樣產生的呢？

對於幾何學家來說，這不是個難題。但對於普通人來說，要
查明這一平方厘米的來歷，還真得動番腦筋呢！

在剪剪拼拼的過程中，讀者的注意力往往只放在圖 3 的邊 8
與圖 4 的邊 8 長度相等以及兩個直角相接之上，而忽略了拼接起
來的那條「斜邊」是否銜接得起來。

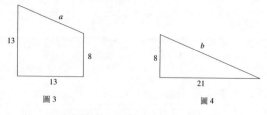

圖 3　　　　　　　　　　　　　圖 4

其實，圖 5 中 a 與 b 的銜接是沒有根據的。∠ COD 不是一
個平角，而是小於 180 度的鈍角。根據習題所得出的尺寸，把圖 3

和 4 拼接在一起所形成的圖形，不是一個三角形，而是一個四邊形（如圖 5 所示）。按實際尺寸來畫，這個四角形（圖 5）與三角形（圖 6）幾乎很難區別開，因為總共只有一平方厘米的差別。

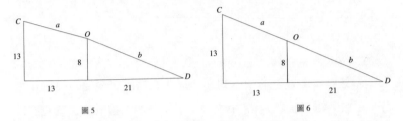

圖 5　　　　　　　　　　　　　　　　圖 6

　　可見，整個證明過程所依賴的論據是未經檢驗其真實性的，是一個丐詞。

　　從虛假的前提中可以做出嚴格的合乎邏輯的結論，但不可以用虛假的前提來做出證明。前提的錯誤就意味着證明的不合邏輯。推理與證明這兩種思維形式的區別也就在這裡。

　　畢達哥拉斯證明勾股定理的成功經驗與上面這個反例啟示我們：數學作為一門精確科學，講究嚴格論證，而反對任意推廣和想當然；掌握個別的數學原理是重要的，而更重要的是掌握這些原理的根據和證明。

　　在各門科學當中，要數數學給予邏輯思維的發展以最深刻的影響。它判斷準確，推理嚴密，使人受到嚴格的邏輯思維訓練。因此，有的數學家認為，掌握數學的演繹思維方法，有時甚至比學習某些數學知識更重要。

「有鬍子就算學識淵博」嗎？

—— 歸謬法

你見過顯微鏡下的微生物嗎？那些在肉眼下視而不見的小生命，在顯微鏡下居然「無」中生有，了了分明。據說列文虎克在顯微鏡下頭髮現一個以滑稽狀態滾動着的細菌時，驚叫了起來。顯微鏡真不愧為敲開微觀世界大門的金鑰匙啊！

攝影師把感光膠片或相紙投入顯影藥水中，頃刻之間，影像便還原出來。

撒一把明礬到混濁的水中，不要多久，便清澈見底。

説起反駁當中的歸謬法，常使人聯想起上述一類情形。歸謬法彷彿有種神奇的力量，它能把隱藏在幽山迷霧中的妖魔鬼怪一下子逮到光天化日之下，使人大吃一驚。

歸謬法是這樣的一種方法，它從對方的論題出發，引出一個荒謬的結論，從而證明對方的論題虛假。

下面是一則外國幽默小品文：

藥劑師走進鄰居一個書商的鋪子裡，從書架上拿下一本書來問道：「這本書有趣嗎？」

「不知道，沒讀過。」

「你怎麼能賣你自己未讀過的書呢？」

「難道你能把你藥房裡的藥都嘗一遍嗎？」

這一反問，問得藥劑師啞口無言。書商採用的是歸謬反駁。假定你說的是對的，一個書商不能出賣連自己都沒讀過的書，那麼同理，一個藥劑師也不能出賣連自己都沒有嘗過的藥，這豈不荒謬？

使用歸謬法的步驟是，先把所要反駁的虛假論斷當作充分條件假言判斷的前件，引出荒謬的後件。由於後件的荒謬是一目瞭然、毋庸置疑的，並且又是從前件合乎邏輯地推導出來的，這就使得前件原論題中不大明顯的謬誤充分暴露出來，從而被駁斥。

有位資本家請畫家為他劃一幅肖像，但事後卻拒絕付議定的5000元報酬。他的理由是：「畫的根本不是我。」

對付這賴賬的理由，畫家自有妙法。他把這幅肖像公開展覽，題名為《賊》。

資本家萬分惱怒，打電話向畫家提出抗議。畫家平靜地回答說：「這事與你無關，那幅畫畫的根本不是你。」

資本家不得不買下這幅畫，改名為《慈善家》。

在這則小幽默中，畫家藉助了歸謬法的威力。假定你說得對（「畫的根本不是我」），那麼你無權過問這幅畫（我可以隨便取名為賊、流氓或其他），你覺得很荒謬不能接受，你就得否定「畫的根本不是我」。

在許多名人的論辯著作或談話中，我們可以看到，歸謬法簡直是他們得心應手的高倍數的顯微鏡。

杜林說：「誰要是只能通過語言來思維，那他就永遠不懂得甚

麼是抽象的和純正的思維。」恩格斯對此駁斥道:「這樣説來,動物是最抽象的和最純正的思維者,因為它們的思維從來不會被語言的強制性的干涉弄得模糊不清。」

馬克‧吐溫收到一個初學寫作的青年的來信。信中説:聽説魚骨頭裡面含有大量的磷質,而磷質有補於大腦。那麼,要想成為一個作家,就必須吃很多很多的魚才行吧?不知道這種説法是不是事實。他問馬克‧吐溫:「您是否吃了很多很多的魚?吃的是哪種魚呢?」

馬克‧吐溫在回信中告訴他:「看來您要吃一對鯨魚才行。」

幽默大師運用歸謬反駁的方法來批評那位青年的可笑的想法。你想通過多吃魚來成為專家,最好是吃一對鯨魚,這顯然做不到,説明你通過吃魚來成為作家的想法是不科學的。

朱熹説:「天不生仲尼,萬古長如夜。」李贄便在《贊劉諧》這篇短文中引用了劉諧的話:「怪不得羲皇以上聖人盡是燃紙燭而行也!」

有人讚美警策句語簡言奇而含意精切動人,如同蜜蜂,形體短小而有刺有蜜,文中有了它,往往氣勢就此一振。我們不妨把對警策句的溢美之詞移贈與歸謬反駁。

有很多針砭謬誤的諺語,是採用歸謬形式出現的,例如:

　　　如果叫喊能幫助建成一座房子,那麼驢子就能建成一
　　條街。

　　　如果有鬍子就算學識淵博,那麼山羊也可以上講台。

　　看了這樣兩句諺語，不覺啞然一笑，在一笑之中領會了「叫喊能幫助建成一座房子」「有鬍子就算學識淵博」的虛假性。

　　當然，嚴格說來，這兩條諺語是不合邏輯的。因為人呼與驢喚、人的鬍子與山羊鬍子畢竟不是一回事，但諺語故意偷換概念，把它們扯在一起，用來挪揄錯誤觀點，想來也不會有人去追究的吧。

　　莎士比亞和蘇東坡都很喜歡使用「博喻」法，「取以為喻，不一而足」，用一連串五花八門的形象來描摹一種聲色狀態，像車輪戰法一樣，直弄得它應接不暇。倘若喻的是事理，往往又成為疊句式的喻證或歸謬反駁。

　　在蘇東坡的筆記文《志林・記與歐公語》篇中，蘇東坡與他的老師歐陽修的對話非常精彩，特翻譯如下，以饗讀者：

　　　　歐陽文忠公曾經說過：有一病人，醫生問他得病原因，回答說：「乘船時遇上颶大風，受驚嚇而得病。」醫生就取來多年的舵把子，上面浸透了舵工的手心汗，刮下細木屑，加上丹砂、茯神等藥，為他治病，喝下去就好了。現今的《本草・別藥性論》上說：「止汗用麻黃根節，以及舊的竹扇子刮末入藥。」文忠因此說：中醫以意用藥多類似這樣做法；初看很像兒戲，然而有時也很靈驗，恐怕也不容易問出個所以然來。我（指蘇東坡）便對先生說：照這樣說來，用筆墨燒灰給讀書人喝下去，不是可以治昏惰病了嗎？推此而廣之，那麼喝一口伯夷（孤竹君之子，與其弟互相推讓王位）的洗手水，就可以治療貪心病了；吃一口比干（商紂王淫亂，比干諫

而死）的殘羹剩汁，就可以治好拍馬屁的毛病；舔一舔劉邦的勇將樊噲的盾牌，可以治療膽怯；聞一聞古代美女西施的耳環，可以除掉嚴重的皮膚病。公聽了便哈哈大笑。

一個人因驚風而得病，醫生便根據他得病的原因，用被汗水浸透了的舵把子刮下的木屑入藥，據說治好了病。中醫理論所謂醫者，意也，即意會的意思，「醫以意用藥多此比」，的確有時很靈驗，而科學發展至今日，還說不出個所以然來。蘇東坡認為，如果這樣用藥對頭的話，那就會推導出一系列的荒唐結論來，歐陽修「大笑」，他是否贊同蘇東坡，沒有交代。

蘇東坡的一系列推斷是否從「醫以意用藥多此比」中必然引申出來的，這個問題值得討論，不過這已不是本文力所能及的了。

歸謬法除了上面講的從被反駁的判斷中引申出荒謬結論即假判斷，從而推出該被反駁判斷虛假這一種形式外，還有另外一種形式，即從被反駁的判斷中推出一個與其相矛盾的判斷。

如果有人說「一切判斷都是真的」，我們可以這樣來反駁他，假定你說的是對的，即「一切判斷都是真的」這個判斷是真的，但是「有的判斷不是真的」也是判斷，因此「有的判斷不是真的」這個判斷也是真的。「有的判斷不是真的」既然是以「一切判斷都是真的」為前提推出來的，而兩者又構成了矛盾判斷，可見「一切判斷都是真的」這句話是假的。

在王梓坤的《科學發現縱橫談》第二章第十四篇中，有下面一個例子：

　　任何一個正整數，除了可以被 1 與它自己除盡外，如果
不能被其他整數除盡，即不能分解因子，就稱為素數。例如：
2、3、5、7、11、13 等都是素數，而 4、6、8 等則不是（因
為它們至少都可被 2 除盡）。

　　問題：一共有多少個素數？

　　歐幾里得回答說：有無窮多個。他的證明很簡單：如果
說只有有限多個，那麼，就可以把它們統統寫出來，記為
P_1，P_2，……P_n，此外，再也沒有更大的素數了。然而

$$P_1 \times P_2 \times \cdots \times P_{n+1}$$

　　或者是一個素數，它顯然比一切 P_1，P_2，…P_n 都大；
或者它包含比它們都大的素數因子。不論哪種情況，總有更
大的素數存在。這樣便發生了矛盾。因此，只有有限多個素
數的假設是錯誤的。

　　這個證明再簡單也沒有了，在數學中叫作構造性證明，在邏
輯上則稱為歸謬法證明。

男孩還是女孩

—— 反證法之一

據説，克羅特地區有一個奇怪的風俗：男人和男孩都説真話；而女人和女孩從不連續地説真話或假話，即：如果前句是真話，那麼她下句便要説假話，反之亦然。

有一天，旅行者遇到一對帶着孩子的夫婦。旅行者問那個孩子：「你是男孩嗎？」孩子用克羅特語回答，可旅行者聽不懂孩子的話。好在孩子的父母都會説旅行者的語言。

「孩子説『我是男孩』。」他們當中的一個説道。

「孩子是女孩，孩子説謊了。」另一個説道。

讀者能不能根據孩子父母的話，判斷出這個孩子是男孩還是女孩？是父親先説話還是母親先説話？

縱使沒有學過邏輯的讀者，要解答本題，也不是一件很難的事，但要知其然並且知其所以然，卻不是每人都做得到的。

由於謎底是唯一的，我們要揭出謎底可以從假設開始。作出假設後，進行推導，如果導出了矛盾，則這假設是錯的，利用反證法，即得正確謎底；如果未導出矛盾，則這假設是正確的。

可以先從假設孩子是男或是女做起，也可以從先假設父母親哪一個先説做起。

讓我們先從假設孩子是男的來開始。

在這個前提之下，第一個說話的要麼是父親，要麼是母親。

如果這兩種情況都會導致矛盾，那就要推翻前提，即孩子不是男的。

我們接着來假設第一個說話的是母親，那麼母親說的「孩子說『我是男孩』」這句話是真的。

而第二個說話的是父親，共有兩句話，「孩子是女孩，孩子說謊了」這兩句都是假的，而題意告訴我們，男人是不說假話的，所以與題意矛盾。因此，在假設孩子是男孩這個前提下，第一個說話的是母親，第二個說話的是父親不成立。

再來看第一個說話的是父親而第二個說話的是母親行不行？

第一個說話的是父親，他無疑說了真話。第二個說話的是母親，她的第一句話顯然是假的，而她第二句話「孩子說謊了」，根據女人不連續說假話的題意應為真話，但是根據題意，男孩又是不說謊的，因此，又導致了矛盾。

在假定孩子是男孩的前提下，無論第一個說話的是父親還是母親，都會導致矛盾，因此由之出發的假定前提是假的，即反證了孩子是女孩。

以上推理的邏輯依據在哪裡呢？

對於任何演繹推理（其中包括三段論）來說，如果推理形式正確而前提假，結論卻不必然是假的。

但是，如果推理形式正確而結論假，那麼，前提之中一定至少有一個是假的。

這個假前提是不是我們最初的假定「孩子是男的」呢？倘若這個假定是真的，那麼一定會有一種情況（要麼父親第一個說話，要

麼母親第一個説話）不產生矛盾，但是，現在兩種情況都產生了矛盾，因此，最初的假定「孩子是男的」不成立。這裡運用了假言易位推理，而具體的推理如下：

> 如果孩子是男的，那麼有一種情況不會導致矛盾，
>
> 所以，如果沒有一種情況不會導致矛盾，那麼孩子不是男的。

這樣，我們得到謎底之一：孩子是女的。

從這個真的前提出發，如果第一個説話的是父親，則第二個説話的是母親。她的第一句話「孩子是女孩」顯然為真，而她的第二句話據題意應為假話，「孩子説謊了」為假，即意味着孩子説了真話。孩子説真話，應為「我是女孩」。但是這句話又與第一個説話的父親所説「孩子説『我是男孩』」相矛盾，據題意，父親是不會説謊的。因此，第一個説話的不是父親，而是母親。至此，解答完畢。

結論是：孩子是女的，第一個説話的是母親，第二個説話的是父親。

有人覺得，以上的推導過程，步驟太多了，本題有捷徑可走。持這種看法的人，提出了一種方案，即找所謂特徵語句。他們找到了本題的特徵語句：「孩子是女孩，孩子説謊了」，認為只要找到了這種特徵語句，推理步驟就可以大大簡化。

這種想法，主觀願望是好的。誠然，對於一個證明來説，這可以説是邏輯的一個「美學原則」。只有簡短的證明在數學家看來

才是美的，漂亮的。

　　但是，要知道，大凡智力測驗題，題意上的每一個已知條件都是解題的必要條件，缺一不可。要說有甚麼特徵語句的話，凡是反映這些已知條件的語句都是特徵語句，想跳越一些必要的推理步驟，實際上是拋棄了某些已知條件。倘若這樣做，真的能夠得到必然的結論的話，那麼智力測驗題的題意本身就已經不符合「美學原則」了。

誰是說謊者？

—— 反證法之二

　　某海島上有兩個土著部落，一個部落的人總說謊話，另一個部落的人總說真話。

　　有一位旅行者遇到了一高一矮兩個土著居民，他倆分屬兩個部落。旅行者問那個高個子：「你是說真話的人嗎？」

　　高個子回答：「奧匹甫。」

　　旅行者知道，「奧匹甫」的意思是「對」或是「不對」兩者之一，但忘了到底是「對」還是「不對」。

　　幸好矮個子與旅行者語言相通，於是旅行者問他：「你的同伴說甚麼？」

　　矮個子說：「他說『對』，但他是個說謊者。」

　　矮個子剛說完，旅行者立即就斷定高個子是說謊者，而矮個子則是說真話的。

　　旅行者是這樣來推論的：

　　假定矮個子說的是真話，看看能不能推出矛盾，如果能推出矛盾，則反證出矮個子說假話。既然假定矮個子說真話，那麼高個子就說假話了。矮個子說奧匹甫是「對」，又說「他是個說謊者」，這兩句話都應是真話，因為高個子作為說謊者是不會承認自己是個說謊者的，他只能回答旅行者「對」。這樣看來，假定矮個

子說真話，不會導致矛盾。這個假定可能成立。但還不能說得到了證明。

　　我們再來假設矮個子說假話，則高個子說真話。既然矮個子說假話，那麼他說「對」，得其反是「不對」，他說高個子是說謊話，得其反高個子是講真話的人。而這兩個結果「講真話的人」與「不對」是矛盾的。因為講真話的人回答旅行者只會如實回答「對」，而不會謊稱「不對」。由於這個假定導致矛盾，因此該假定不成立，從而又反證了其矛盾命題「矮個子是說真話的」是成立的。

　　本來，我們的解答是應該到此結束了，但是思維嚴密的人會提出這樣一個問題：從第二個假定出發，一定會導致矛盾嗎？不一定吧！理由是題意上的「總說謊話」有歧義。

　　這個問題提得好。矮個子一共講了兩句話，一句是「他說『對』」，另一句是「但他是個說謊者」。這兩句話，從語法上來分析，是一個轉折復句，而從邏輯上來分析，則是一個聯言判斷。

　　一個聯言判斷的真假是由其聯言支的真假來決定的。當所有的聯言支真時，這個聯言判斷為真；當其中有一支為假而不必所有各支為假時，該聯言判斷亦為假。於是，假定矮個子講假話，其聯言支的真假就有三種情況。我們用 P 表示「對」，用 q 表示「他是個說謊者」，則有：

　　　　（一）非 P ∧ 非 q 即：P 假且 q 假

　　　　（二）非 P ∧ q 即：P 假且 q 真

　　　　（三）P ∧ 非 q 即：P 真且 q 假

前面的推理是根據（一）為前提的，我們不再重複。

我們再來看看以（二）為前提會不會導致矛盾。由於（二）中P是假的，即「對」是假的，則「不對」是真的；又由於q是真的，即高個子是個說謊者，把這兩句話合起來就成為「說謊者說『不對』」，即說謊者承認自己是說謊者，這是矛盾的。因此以（二）為前提，不能成立。矮個子說謊不能成立，得其反，矮個子是說真話的。

以第三種情況為前提進行推理，會不會導致矛盾呢？由於在（三）中，P真，即「對」是真的，而q是假的，即「高個子是說謊者」為假，則高個子是說真話的，說真話的人回答「對」，這合乎邏輯。因此，根據（三）就不能否定矮個子說謊的假定，也就達不到反證矮個子說真話的目的。

根據以上的考察，對「總說謊話」，有兩種理解，一種是理解成通篇說謊話，就是句句說謊話（每一簡單句所表達的簡單判斷都是假的），在這種情況下，運用反證法，能推出矮個子講真話，而高個子是說謊者；還有一種理解是，對於由簡單句組成的假的聯言判斷，其中有的支判斷為真，有的支判斷為假，則無法判定。

比較「總說謊話」的兩種意義，我們覺得，在日常生活中一般理解為前者，較為保險。如果理解為後者，則加上必要的說明為好。

為甚麼一個看起來不易解答的問題，旅行者簡簡單單地問了兩句，就馬上可以搞得明明白白？有人覺得玄乎，有人雖然也能推一推，但是知其然，而不知其所以然。

其實，旅行者問高個子「你是講真話的人嗎」，對於這個問題

的回答構成一個永真命題，就是說，這個回答是唯一的，不管是講真話的人還是講假話的人，總是回答「對」，而不可能是「不對」。當然得補充說明，回答者須針對問題，而不能答非所問，違反同一律。既然答話是一個永真命題，就可以拿它來判別其他人的話是真是假，相符的為真，不符的為假。旅行者中只要聽到矮個子說一句「他說『對』」，馬上就可推斷。

阿Q和東郭先生的邏輯

—— 不相干論證

「凡尼姑，一定與和尚私通；一個女人在外面走，一定想引誘野男人；一男一女在那裡講話，一定要有勾當了。」這是魯迅小說中的人物阿Q的「名言」。阿Q愚昧無知，在辯論中卻常常「大獲全勝」。他有兩個制勝法寶：一是精神勝利法，二是特殊的邏輯。

阿Q邏輯的顯著特點是亂點鴛鴦譜，將兩件本來沒有必然聯繫的事情，硬貼上一定這樣那樣的標籤。

有時，他會仗着奇怪邏輯的力量，幹出荒唐事來。當他去調戲靜修庵的小尼姑時，口吐髒水説：「和尚動得，為何我動不得？」

還有一次，他到靜修庵的菜園去偷蘿蔔，被老尼姑發現了。阿Q理直氣壯地説：「這是你的？你能叫得他答應你嗎？你……」

面對這樣高妙的反問，有點理智的人都會啞口無言的。

阿Q的邏輯用三個字來概括叫「推不出」，就是從前提不能必然推出結論。「推不出」的謬誤在論證中又稱為不相干論證。不相干論證是這樣一種謬誤：在論證中，所用論據不能論證論題，或者説論據與論題之間沒有必然聯繫。

東郭先生的故事，家喻戶曉，盡人皆知。但人們往往忽略了這個善良的迂腐的書呆子，是用甚麼方法騙過趙簡子的。

據明人馬中錫的《中山狼傳》載，趙簡子追不着狼，盛怒之

下，「拔劍斬轅端」，威脅東郭先生：「敢諱狼方向者，有如此轅！」嚇得東郭先生跪在地上。但這個儒者到底喝過許多墨水，能夠講出一番道理來蒙混，他說：「鄙人不慧，將有志於世。奔走遐方，自迷正途，又安能發狼蹤以指示夫子之鷹犬也？」於是，「簡子默然」，查也不查一下，就往別處追去了。

研究一下東郭先生的遁詞是有意思的。遁詞者，理屈詞窮或不願以真意告人時，用以支吾搪塞之語也。孟子說：「遁詞知其所窮。」東郭先生窮於應急的搪塞之辭，包含着嚴重的邏輯錯誤：用作論據的「奔走遐方，自迷正途」（遠途奔波，迷失道路），與「安能發狼蹤」（不能看見狼的蹤跡）這二者之間，沒有必然聯繫。

提出一個論題來，要說明它是正確的，就必須有真實的論據來支持它，做到言之有理，持之有故，而確定論據與論題之間的邏輯聯繫，這就是論證。論證是推理的運用。論證要合乎邏輯，必須遵守推理的規則。如果論據是真實的，而論據與論題之間又有必然的聯繫，那麼論題就得到證明。

東郭先生的「自迷正途」縱使是真實的，拿來做論據也還是推不出「安能發狼蹤」。因為不迷途的人也好，迷途的人也好，都是有可能「發狼蹤」的。其謬也甚矣，可惜豪放而又粗疏的趙簡子不懂這道理，上了東郭先生的老當。

《呂氏春秋·察今》中有一則寓言故事說，有一人過河，看見一個人牽着小孩正要把他扔下河去，小孩哭了起來。過河的人便問那人甚麼道理。回答說：「此其父善游。」父親很會游泳，難道兒子一定從小會游泳嗎？這裡也是「推不出」。論題沒有得到論證。

魯迅在《作文秘訣》中說：「作文卻好像偏偏並無秘訣，假使

有，每個作家是一定傳給子孫的了。然而祖傳的作家很少見。」他在《運命》中又説：「……漢高祖的父親並非皇帝，李白的兒子也不是詩人……」總之，父親是父親，兒子是兒子，他們在這種那種技能上並沒有像血緣那樣的必然聯繫。以父親的善游、善寫來論證兒子的善游、善寫，豈非如上述寓言所説那樣，要戕害人嗎？

　　既然論證是推理的運用，那我們要知道某論證是否合乎邏輯，就要檢查一下該論證用的是何種推理形式，是否符合推理規則。

　　倘若用的是演繹推理，由於其結論是必然的，假使論據真實，推理合乎規則，可以確定那論題被證實。

　　有一幅題為《今日阿Q——我不死證明煙無害》的漫畫，寥寥幾筆勾勒出一個人頭，嘴上叼個煙斗，像個「Q」字，配上新奇的題目，題圖相映成趣，耐人尋味。用「我不死」來「證明」「煙無害」顯然牽強附會，卻又往往使「今日阿Q」步入迷津：

　　　　如果抽煙有害，那麼我會早死，

　　　　我不死，

　　　　所以煙無害。

　　這儼然像個充分條件假言推理的否定式，通過否定後件來否定前件。明眼人一看就知，這個充分條件假言推理的形式結構是成問題的。由於煙對人體的危害是一個緩慢的過程，抽煙無異慢性自殺，會縮短人的相對壽命。「我不死」不是對「我會早死」的真正否定，所以，上述論證過程是「阿Q」式的證明，只能授人笑柄。

　　倘若論證用的是歸納推理，那麼要看看是不完全歸納，還是完全歸納。若是不完全歸納還要看是否是科學歸納。不完全歸納推理，其結論是或然的。要把哥德巴赫猜想由假設變為定理，縱使用電腦算上三天三夜，列舉出一系列大得難以計數的素數來，那還是不完全歸納，猜想仍然是猜想，不能說得到證明。科學歸納法與完全歸納法的結論則是必然的。

　　倘若論證用的是類比推理，那要防止機械類比和類比不當的錯誤。

　　有人用「龍生龍，鳳生鳳，老鼠生兒打地洞」來類推「老子英雄兒好漢，老子反動兒混蛋」，真是大謬不然。龍不會生出蛇來，鳳凰不會孵出烏鴉，老鼠生兒也不會成為飛行物，人的後代當然也是人，這樣類推是無可非議的。但一牽涉「英雄」「好漢」「反動」「混蛋」這樣的社會屬性就沒有甚麼必然性可言了。就說臭名昭著的賣國賊秦檜吧，他的曾孫就是一位垂青史冊的民族英雄。類比證明的啟發性較強，但它只是一種輔助性的證明，在三種推理形式中，要以演繹的證明力為最強。

　　論據與論題的關係可以是邏輯理由與推斷的關係，例如「水銀柱上升」是「溫度升高」的邏輯理由，也可以是原因與結果之間的關係。

　　在確定原因與結果之間的關係時，常見的一種錯誤是認為「在此之後，即由此之故」，即前後相隨的兩件事，前者總是原因，後者總是由這個原因造成的結果。

　　某人眼皮跳後，遭了大難；某家聽到喜鵲叫後，喜事臨門；某處烏鴉聒噪一陣之後，火災頻發……於是乎有人振振有詞地論

證説「喜鵲叫，喜事到」「烏鴉叫，天火燒」「眼皮跳，禍難逃」，是自古以來的真理。其實是犯了「在此之後，即由此之故」的錯誤。

就拿烏鴉「報喪」來説，雖然多少有點聯繫，但是沒有必然聯繫。烏鴉是農業的益鳥，會捕食蝗蟲、棉鈴蟲和蚜蟲等。由於其貌不揚，羽毛又黑，歌喉又啞，還偏好啄食腐屍爛肉，令人討嫌。它的靈敏的嗅覺功能能聞到遠處屍體的腐臭，同樣也能聞到危重病人身上的微弱臭氣。因此説，烏鴉上門呱呱叫，偶爾確有喪事到，但並非一定如此。

1811 年，拿破崙入侵俄國前夕，北半球上空的一顆慧髮為一百多萬公里的大彗星飛過俄羅斯上空，天空為之變赤。不久拿破崙大軍的鐵蹄就蹂躪了俄國大地。許多俄羅斯人從此更加深信：血紅色的天空是戰火劫難的徵兆。

顯然，這一切都是迷信。它證明了「在此之後，即由此之故」的虛假性。儘管原因必定在結果之前，卻萬不能誤以先後為因果，去重複迷信的人們的老調。

鴉片煙的催眠力量

—— 循環論證

中世紀經院哲學的集大成者托馬斯·阿奎那（約 1225—1274）能輕而易舉地解釋世界上任何現象的原因。他憑藉的萬應藥方是所謂「隱蔽的質」的學説。

鐵為甚麼能壓延呢？他認為那是由於鐵具有壓延的「隱秘的質」。

鐵為甚麼能在高溫下熔化呢？是因為鐵具有一種在高溫下能夠使鐵熔化的「隱蔽的質」，而這種「質」是甚麼呢？他認為就是在高溫下能夠使鐵熔化。

依此類推，對於任何一種事物來説，它之所以具有某種屬性，只要同義反覆地説某物中有某種「隱蔽的質」就可以了，不必深入研究事物的根本原因和內部結構。托馬斯這一「隱蔽的質」的學説實在可以稱為懶漢哲學。這種解釋、論證方法在邏輯上稱為循環論證。

循環論證是這樣一種謬誤：直接或間接地從論題中推出論據，再以這樣的論據來論證論題。即是説，或者論據與論題是同義的，若有不同，也僅是表達有所不同；或者論據就是論題的直接邏輯結論。循環論證等於沒有證明。

在法蘭西作家莫里哀的喜劇《假病人》中，有人問一位醫生，

鴉片煙為甚麼能夠催眠，這位醫生回答說：「鴉片煙之所以能催眠，是因為它有催眠的力量。」顯然，這是用論題本身來論證論題，是無濟於事的空洞的廢話。如果說鴉片煙是取罌粟未成熟的果實的汁液製成，其中含有嗎啡、尼古丁等生物鹼，性毒，具有麻醉作用，那麼，便完滿地回答了該問題。

在另一喜劇《屈打成招》中，有個父親想知道為甚麼他的女孩是啞的。醫生解釋說：「沒有甚麼比這更簡單了，這就是由於她喪失了說話的能力。」並且說：「我們所有的優秀醫書都會告訴你，這是由於她不能說話。」

在印度，7世紀中期以前，無論哪個宗派和個人參與辯論，都不允許循環論證。這是當時約定俗成的一個辯論規則，是辯論中的題中應有之義。印度中世紀邏輯之父、佛教大論師陳那還特別指出一種稱為「不共不定」的循環論證錯誤。例如，古代屬於婆羅門教的聲論派為了論證「凡聲音都是常住的」，便以「凡所聞的都是常住的」作為理由。誰都知道，世上除了聲音再沒甚麼是可以聽得見的。說「凡所聞的都是常住的」就等於說「凡聲音都是常住的」。

經院哲學家反對哥白尼關於地球與太陽系其他行星圍繞太陽運行的學說，他們妄圖證明宇宙是有止境的，是有限的。他們在證明宇宙有限時說：宇宙在一晝夜之間繞一個不動的中心運行一周，這個中心就是地球的中心。可是當他們證明這個根據本身的真實性時，所依據的卻又是宇宙的有限性，因為如果宇宙是無限的話，就不能夠理解何以無限的宇宙竟能在一晝夜之間繞自己的中心運行一周。這就是說，論題「宇宙有限」是用論據「宇宙晝夜

繞中心運轉」證明的，而這個論據本身又要藉助於被證明的論題「宇宙有限」來證明。

歐洲中世紀的「最後一個教父和第一個經院哲學家」安瑟倫（1033—1109）曾為上帝的存在作出許多論證，其中最出名的數他那個「本體論證明」。

安瑟倫武斷地提出，每個人的心中都具有上帝的觀念，就連愚人心裡說的「沒有上帝」這一思想本身，也就是證明上帝是存在的。因為在他看來，「上帝」這個觀念本身就意味着「絕對完備者」，不能設想有比它更偉大的實體存在。既然我們確定無疑地認為，上帝是最完善者，那它就絕不可能僅僅存在於心中。因為假定它僅僅存在於人的心中，就能夠設想現實中的存在物可能比它更完善。即是說，假如上帝僅僅存在於人心中而不具有現實的存在，那它就不是最完善的實體了。但是我們早已確信沒有任何東西比上帝更完善，「因此毫無疑問……它既存在於心中，也存在於現實中」。

安瑟倫的手法並不高明，他為了論證上帝是存在的這一論題，預先把上帝解釋成最完善的實體，這種最完善的實體是無所不包的，既然上帝是無所不包的，當然它存在於現實之中這種性質也就包括在內。簡而言之，這等於是在說，為甚麼上帝是存在的，因為它是存在的。馬克思一語破的，指出這種證明不過是一種空洞的「同義反覆」。同義反覆，是直接的循環論證。

由於安瑟倫的論證方法拙劣，就連主張上帝存在的一些同時代的經院哲學家都起來反駁他。都蘭的僧侶高尼羅寫了《為愚人辯護》一文，主張把實在的東西和思想中的東西區別開來。他說人

們可以想像大海的某處有一座珍藏各種無價之寶的島,這個島比其他一切國度都更優越,但是不能由此推出這個島的真實存在。

　　17世紀唯心主義的唯理論者勒內‧笛卡兒論證上帝存在的方法,實際上是中世紀經院哲學家安瑟倫「關於上帝存在的本體論的證明」的翻版。笛卡兒從他「我思故我在」這一唯心主義命題出發,根據「概念的明白和清楚」的真理標準,推論了上帝的存在。他說,當我在懷疑的時候,我就不是完美的存在,因為懷疑總是表明認識的不足,不完美。可是,在我的心裡是十分「明白、清楚」地意識到有一個無限完美的上帝觀念,這個完美的觀念絕不可能是不完美的我產生出來的。因此,它必然是由一個無限完美的實體把這個觀念放到我心裡來的,它只能是上帝。上帝既然是無限完美的,就必然包括存在這個屬性,所以,上帝是存在的。

　　在經院哲學家看來,落體垂直下降這常見的自然現象,是地球靜止說的無可辯駁的證據。他們說:如果地球轉動,石子就不會落在塔底,而應當落到與塔底有一段距離的地方,石子的運動也不會是直線運動,應當是斜線運動。然而,我們看到的是石子垂直落到塔底。因此,地球是不動的。

　　其實這只是事物的表面現象。伽利略敏銳地指出,經院哲學家的錯誤是把需要加以證明的命題,當作已知的正確前提。

　　事實上,地球本身的運動,對地球居民來說,必然覺察不出,好像根本不存在一樣。這同我們在船艙裡常常覺察不出船是在運動還是靜止不動一樣。因為運動只是相對沒有這種運動的物體才存在,在所有具有相等運動的物體之間,運動彷彿不存在。

　　在石子自塔頂垂直下落這個事例上,由於地球、塔、石子和

我們觀察者都是做周日運動，因此，我們感覺不出這種運動。唯一可以觀察到的，是我們沒有參與的運動，即石子自塔頂落下的運動。事實上，石子自塔頂落下時，並不是像經院哲學家主觀臆想的那樣，在脫離靜止狀態，而是在脫離和地球一樣的運動狀態，這種運動和向下運動相結合，就形成一種斜線運動。只是由於塔、石子和我們都具有地球的周日運動，所以我們觀察到的是石子自塔頂垂直落下的直線運動。

國父排行第五與計劃生育

—— 訴諸權威

古羅馬的蓋倫（公元 130—200）是解剖學的權威。他根據自己對猴子的解剖，斷言人的大腿骨也是彎的。後世的許多醫家、學者往往照本宣科。他們不屑於操刀解剖，自己高坐講壇，而讓助手在台下執棒指點，由僕人執刀，學生們則環繞旁觀。當解剖發現大腿骨是直的時，這些醫家、學者對蓋倫不敢提出一絲一毫的懷疑。那麼，人的大腿骨為甚麼是直的呢？他們認為是長期穿緊身褲造成的。真是荒唐的解釋。

訴諸權威是這樣一種謬誤：僅僅引用有權威性的人或有權威性的書上的話作為論據，以此論證某論題。

人們在說話寫文章時，特別是在論證某一論題時，往往引用權威人士的言論。既然某某權威認為某觀點是對的，那麼這一觀點便是對的。人們在論證時，為甚麼往往搬出權威來為自己的觀點服務呢？這是因為權威的言行比普通人的更具有說服力。權威是在社會發展過程中產生的最有威望（或最有強制力），最有支配作用的力量。在一個論證中，適當引用權威的言行，會大大增加論證的說服力，從而達到宣傳的目的。

常常有這樣的情況，儘管對某種思想觀點作了完全合乎邏輯的論證（論據是真實的，論證方式是有效的），但仍不能保證宣傳

的成功。從心理學的角度來看，權威的言行極大地影響着宣傳效果。下面的一次有名的心理學實驗是美國某大學心理學系所做的。

上課前，教授向學生們介紹了一位德國來賓，名叫岡斯·施米特博士，是一個「世界聞名的化學家」，「這次是被特別邀請到美國來研究某些物質的物理化學特性的」。

課堂上，這位博士操着德國人特有的腔調向學生們解釋說，他正在研究他所發現的幾種物質的特性。這些物質的擴散作用極快，人們能夠馬上聞到它們的氣味。他說，由於大家都是研究感覺問題的，所以他就同大家一起來做實驗。

他從皮包中拿出一個裝有液體的玻璃瓶對大家說：「現在我就拔出瓶塞，這種物質馬上就會從瓶子裡揮發出來。這種物質是完全無害的，不過有那麼一點氣味，就跟我們在廚房裡聞到的那種氣味差不多。這個瓶子裡裝的是樣品，氣味很強烈，大家很容易聞到。不過，我有個要求，你們一聞到這種氣味，就請立刻把手舉起來。」說完，這位化學家拿出秒錶，沒多久，學生們從第一排到最後一排依次舉起了手。「施米特博士」向學生們表示感謝，並帶着滿意的神情離開了教室。

其實，學生們集體受騙了。心理學教授自拆騙局。這位「施米特博士」不過是德語教研室的一位老師化裝的，而帶有強烈氣味的物質，原來是蒸餾水。

上面這一實驗清楚地說明，權威的言行能起到特別的宣傳效果。

黑格爾說得好：「正像同一句格言，從年輕人（即使他對這句

格言理解得完全正確）的口中説出來時，總是沒有那種在飽經風霜的成年人的智慧中所具有的意義和廣袤性，後者能夠表達出這句格言的所含的內容的全部力量。」因此，同樣一句格言，出於一位飽經風霜的老人之口，其宣傳效果往往勝過年輕人之口。

　　但説服力並不等於證明力。從根本上來説，正確的論證是有説服力的，但是絕不能倒過來説，凡有説服力的都是正確的論證。在一個論證中，適當地引用革命權威和學術權威的論斷儘管很有必要，但不能以此代替論證。

　　名人權威，一言九鼎，田夫野老，人微言輕。然而名人權威並非句句是真理，許多至理之言倒出自田夫野老之口。所謂「智者千慮，必有一失；愚者千慮，必有一得」者是也。某一領域裡的權威，即使是他在這一領域裡的思想觀點，也不能與真理劃等號。

　　伽利略有句名言：「真理是時間的孩子，不是權威的奴僕。」400 年以前，正是他本人論證了自亞里士多德以來關於重物比輕物下落速度快的概念是錯誤的。傳説他在比薩斜塔頂層做過實驗，兩個大小不同的鐵球同時下落，結果同時到達地面，伽利略作為自由落體運動的可靠權威，是毋庸置疑的。然而，400 年以後的今天，令人震驚的證據——一種以前不為人知的，能在短距離內微弱地抵消重力的基本力——已被一批科學家發現。這種特殊力能使羽毛在沒有空氣阻力的情況下，向地面下落的速度比金屬還快。現代科學家稱其為超負載力，它與世所公認的重力、電磁力和叫作強力、弱力的兩種次原子力並列為第五種力。

　　達爾文算得上生物學的可靠權威吧，但他的進化論卻有三個不可忽視的錯誤。

　　國際著名地質學家、瑞士籍華裔學者許靖華於 1986 年在上海作學術報告時指出,達爾文的第一個錯誤是,把地質史上生物的大規模滅絕當作地質記錄不完善的表現,誤認為生物進化是一個均勻、緩慢的過程。現在已經查明,物種滅絕實際上是在相當短暫的時間裡一下子發生的。

　　第二個錯誤是把人類社會的現象用到生物物種的進化上去,設想物種的發展與人口一樣,也是隨時間按幾何級數增長的。但是,化石記錄表明,物種增長實際上表現為對數圖形。達爾文用生物進化來說明人口增長規律,實際上犯了循環論證的邏輯錯誤。

　　第三是把生存競爭當作物種滅絕的原因。現在已經查明,物種滅絕是由於自然環境的突變。生物進化不是「適應者生存」,而是「幸運者生存」。說適應者生存,是同義反覆。

　　訴諸權威的謬誤的突出表現是濫用權威。

　　一般說來,某一權威人物只是某一個或幾個領域裡的權威,如果認為一個人在某一領域中是權威,而在其不熟悉的領域裡也是權威,並用他的話作論據,去論證他不熟悉的領域裡的某論題,那麼便是濫用權威。

　　在古典力學領域裡,牛頓稱得上無與倫比的權威,但是為了證明上帝存在,而引牛頓「上帝是存在的」話以為論據,就屬於濫用權威。如果有人引他關於「黃金不是元素,而是化合物」的觀點,以論證「黃金是化合物」的論題,也是濫用了權威。

　　俗話說,「隔行如隔山」。這是說行行都有自己的特殊性。魯迅認為「專門家的話多悖」,他們的悖,「是悖在倚專家之名,來論他所專門以外的事,社會上崇敬名人,於是以為名人的話就是名

言，卻忘了他之所以得名是哪一種學問或事業。名人被崇奉所誘惑，也忘記了自己之所以得名是哪一種學問或事業，漸以為無不勝人，無所不談，於是乎就悖起來了」。

魯迅曾舉過兩個濫用權威的典型例子。一個是德國的細胞病理學家維爾曉。他是醫學界的泰斗，舉國皆知的名人，然而他不相信進化論。教徒便請他來作了幾次反對進化論的演講，一口歸功於上帝，造成了極壞的影響。再一個是法國昆蟲學專家法布爾。他用人類道德於昆蟲界，定昆蟲為善蟲或壞蟲，卻是多此一舉。

訴諸權威的又一種突出表現是以宗教教條為據。這在歐洲的中世紀社會裡司空見慣。在那時，「教會教條同時就是政治信條，『聖經』詞句在各法庭中都有法律的效力」。任何一個人的言行，如果與基督教教義或別的權威性言論相違，都要受到法庭的嚴厲制裁。西班牙醫生塞爾維特由於批判了蓋倫的某些學說，觸犯了宗教神學的權威，在被火刑處死前還被活活地烤了兩個小時。

如果說濫用權威，以宗教教條為權威的謬誤比比皆是的話，那麼以權威其人本身的存在來證明某觀點正確的事例卻是很鮮見的。著名藝術家黃佐臨先生撰文回憶了自己親自參加的一場通過「強詞奪理」而取勝的辯論。

1934年，北京和天津的青年會青聯社進行了一場辯論對抗比賽。辯論的問題是：計劃生育好不好？經過協商，北京隊贊成計劃生育，天津隊則持反對觀點。

辯論會在北京飯店鄭重舉行，兩隊隊員都穿上晚禮服，氣氛很嚴肅，清華大學優生學專家潘光旦教授等人任裁判員。當北京隊佔上風時，天津隊忽然想出一個理由：我們的國父孫中山先生

排行第五，如果實行了計劃生育，國父何在？革命權威一出場，天津隊立刻反敗為勝。優生學家雖然不贊成天津隊的歪理，但當時正是三民主義盛行之時，無可奈何，反駁不得。於是天津隊榮歸故里。

李鬼求饒

—— 訴諸憐憫

香港報章上曾有一篇文章談到，1986 年上海遣送站收容的數以萬計的乞丐中，騙者高達 97%。這些乞丐絕大多數不是無人照顧的老弱病殘，也不是農村中生活無着的貧苦農民，而是好吃懶做的二流子。在乞丐中流傳着「討到票子，蓋了房子，娶了娘子」的說法。他們把大城市當作「淘金」之地。這說明，乞丐在當今社會的出現，已經不是社會的貧窮病，而是逐步演變為社會的富貴病。

有人說得好：「美好的願望以及願望的實施有時並不能取得相應的效果。你的善良和無私，或許就是乞討者好吃懶做惡習的土壤；你為對方做了本應他自己做的事，無形中正淡化了對方的責任感。」

許多乞丐被民政部門收容、遣返回鄉，甚至都安排了固定職業，但是他們本性難改，總是千方百計逃離農村，回到城市乞討發財。他們的乞討生涯有着「長期性、職業性、欺騙性」三個特點。有的人長期租借民房。也有的每次進得城來，先鑽到公廁裡換上乞丐服，再到大庭廣眾之中裝出可憐相。

一度喬裝打扮，深入乞丐王國中去的賈魯生在報告文學《奇特的乞丐》中說過兩句很有哲理的話：

一百個乞丐有一百種乞討方式。

成功的乞丐都是半個心理學家。

他還為廣大讀者真實地描繪了一場乞丐大競賽：

你看大師兄，他忽然變成了殘廢人。那雙強壯有力的腿像碎了膝蓋似的，裹着厚厚的皮革，跪在地上爬行。不知抹了甚麼東西，臉色蠟黃，病懨懨的。那平時抹得油光光的長髮，弄成像一團亂蓬蓬的茅草。他端着大白缸子，嘴裡念念有詞：「可憐可憐殘廢人吧……」

二師兄西裝革履，衣冠楚楚，面部表情像丟失了甚麼貴重的東西，眉頭緊鎖，額角滾着汗珠。他來到一位軍人面前，彬彬有禮地叫了聲「解放軍同志」，遞過一張名片，「我是出差的，錢包被人偷了，你能借我幾塊錢，買張車票，到家我就寄還」。軍人掏出十元錢：「夠不夠？」

抱孩子的女乞丐，專找抱孩子的婦女，擰得孩子哇哇直哭，代替了她的乞討聲，能取得雙倍的成效；那位十八九歲的姑娘，描眉畫眼，香氣撲鼻。誰要多看她一眼，她立刻就靠上了，嬌滴滴的乞討聲，好像約你逛公園；還有一個小伙子滿臉橫肉，一言不發，先鞠三個躬，然後伸出手，怒目而視，等着對方施捨，簡直是強盜！

依筆者愚見，訴諸威力的乞討究竟少見，而訴諸憐憫卻往往成為乞丐們敲開施捨者錢袋的有效武器。乞丐們很懂得，可憐相

是很能打動人們的菩薩心腸的。

《水滸傳》裡的李鬼可謂深通此道的藝術典型。不過他不是乞討錢財，而是乞討活命。他假冒李逵剪徑不成，謊言：「小人本不敢剪徑，家中因有個九十歲的老母，無人養贍，因此小人單題爺爺大名唬嚇人，奪些單身的包裹，養贍老母；其實並不曾敢害一個人。如今爺爺殺了小人，家中老母，必是餓殺。」這一番話説得歸家迎母的李逵心動。黑旋風非但不殺李鬼，反而倒貼他一錠大銀令其改惡從善，真是上了大當。

訴諸憐憫是這樣的一種謬誤，不是正面論證論題，而是用種種方法引起人們的憐憫，從而使別人接受其論題。

李鬼是該吃板斧的，可他懂得訴諸憐憫的妙用，因而苟延了性命。

從前，有一個瞎子和一個小販同住一家旅館裡。第二天早晨，小販同瞎子吵了起來。小販說瞎子偷了他五千文錢。告到官府裡，縣令問小販，錢上有無可供識別的記號。小販說：「這是日常使用的東西，進進出出，哪裡有甚麼記號！」縣令又問瞎子，瞎子回答說：「我有記號，我的錢是字對字，背對背穿成的。」一檢查，果然是這樣。可是小販仍不服。於是，縣令要瞎子伸出手來，但見他兩隻手掌呈青色，摸銅錢的痕跡看得清清楚楚。毫無疑問，瞎子是在夜裡用手摸索着把錢穿成那樣的。於是縣令責罰了瞎子，讓小販把錢領走了。

瞎子利用人們同情弱者的心理來誣告別人，故事中的縣令能細心考察，不為其所惑，難能可貴。

林肯的雄辯有邏輯力量嗎？

—— 訴諸感情

齊桓公之所以能成為春秋五霸的第一霸主，重要原因之一是有一個善於治理國家的好相國 —— 管仲。齊桓公之用管仲，經歷了感情上的痛苦變化。

在公元前 687 年暮春的一天，在齊魯邊境上，齊國使者公孫隰朋帶兵押着囚車匆匆趕路。剛剛踏上齊地，只見後面大批魯兵追趕而來要劫回囚犯，危急之中，正好齊國鮑叔牙帶兵前來接應。魯國官兵只好望而卻步。鮑叔牙親自開籠放出了囚犯管仲。

齊桓公繼位前叫小白，他與公子糾之間發生過一場王位爭奪戰。管仲輔佐公子糾，險些射死小白。鮑叔牙幫助小白奪取了王位。公子糾和管仲逃至魯國。

齊桓公繼位後，原本要把管仲從魯國要回來準備處以極刑。哪知鮑叔牙卻來祝賀，說甚麼「管仲是天下奇才，今天我已把他請來了。祝賀大王得到一個賢明的相才」。齊桓公怒火三丈，他說：「好一個管仲，當年差點把我射死，我還留着那支箭呢！別提當相國了，我要對他食肉寢皮。」鮑叔牙說：「當大臣的各為其主，你不能為這事責怪他，再說你如果能用這樣的仇人，那天下的賢能之士知道後不是要聞風而至嗎？」齊王怒氣頓消，但仍不放心地說：「我相信你，就讓他在你手下做事吧。」鮑叔牙說：「大王不應

感情用事，要量才用人。我只是一個小心謹慎的人，不是一個治
理國家的能臣……如果你要建立霸業，就一定要重用管仲。」

　　經過反覆勸説，齊王終於把管仲迎進王宮，暢談三天三夜，
有相見恨晚之感。從此齊王拜管仲為相國，稱仲父。

　　齊桓公起初囿於感情要殺管仲，犯了訴諸感情的錯誤。

　　在論證當中，訴諸感情有時能增強説服力，但究竟不是正當
的理由，不能起到證明的作用。

　　訴諸感情是一種常見的錯誤。1920 年 11 月 26 日，毛澤東給
新民學會會員羅學瓚寫信，談論四種常見的「論理的錯誤」，包括
以感情論事，時間上以偏概全，空間上以偏概全，以主觀概客觀。
他説：「我自信我於後三者的錯誤尚少，惟感情一項頗不能免。」

　　戴高樂的人事政策往往難於了解。他曾解釋過：「基本上我只
喜歡敢反駁我的人，可是我與這些人很難相處。」

　　有一篇文章，極力稱讚律師林肯的「一次雄辯」。筆者認為這
一雄辯儘管相當精彩，很能打動人心，但沒有甚麼邏輯力量。

　　一位老態龍鍾的婦人來找林肯，哭訴自己被欺侮的事。這位
老婦人是獨立戰爭時一位烈士的遺孀，每月就靠撫卹金維持風燭
殘年，前不久，出納員竟要她交付一筆手續費才准領錢，而這筆
手續費卻等於撫卹金的一半。這分明是勒索。素有修養的林肯聽
後怒不可遏，答應幫助打這個沒有憑據的官司，因為那個狡猾的
出納員是口頭進行勒索的。

　　法庭開庭了。原告因為證據不足，被告矢口否認，情況顯然
不妙。輪到林肯發言了。上百雙眼睛緊盯着他，看他有無法子扭
轉形勢。

　　林肯用抑揚婉轉的嗓音，首先把聽眾引入對美國獨立戰爭的回憶。他用真摯的感情述説革命前美國人民所受的苦難，述説志士是怎樣揭竿而起，為澆灌「自由之樹」而灑盡最後一滴鮮血。突然間，他的情緒激動了，言詞猶如夾槍帶劍，鋒芒直指那位企圖勒索烈士遺孀的出納員。最後，他以巧妙的設問，作出令人聽之怦然心動的結論：「現在事實已成了陳跡。1776年的英雄，早已長眠地下，可是他們那衰老而可憐的遺孀，還在我們面前，要求代她申訴。不消説，這位老婦人從前也是位美麗的少女，曾經有過幸福愉快的家庭生活，不過，她已犧牲了一切，變得貧窮無依，不得不向享受着革命先烈爭取得來的自由的我們請求援助和保護。試問，我們能熟視無睹嗎？」

　　發言到此戛然而止。聽眾的情緒早被感動了，有的眼圈泛紅，為老婦灑一掬同情之淚；還有的當場解囊捐款。在聽眾的一致要求下，法庭通過了保護烈士遺孀不受勒索的判決。

　　以上是原文的照引。林肯唯一的論據是訴諸感情。但是「同情之淚」究竟證明不了出納員事實上進行過勒索。「雄辯」究竟還代替不了事實。

「世界上為時最久的笑話」

—— 訴諸私心

在世界科技發展史上，有許多發現和發明幾乎同時為兩個人（或兩人以上）獨立完成。著名的有：

相對論：愛因斯坦和彭加勒；

非歐幾何：羅巴切夫斯基、高斯、波約；

海王星的發現：勒維烈和亞當斯；

進化論：達爾文、華萊士；

……

真是不勝枚舉。其中，達爾文與華萊士兩位謙謙君子的謙讓精神成為科技史上的佳話。

在 1858 年 6 月，也就是乘「小獵犬號」環球考察回到英倫之後，達爾文收到一位素不相識的英國人華萊士的遠方來信。此人正在印度尼西亞馬魯古群島從事考察。華萊士在信中附來一篇論文，拜託達爾文代為發表。論文竟然和達爾文正在著述的進化論思想如出一轍。達爾文左右為難。如果單獨發表對方的論文，自己 20 年的勞績將黯然失色，如果自己搶先發表，又辜負了對方的信任和囑託。達爾文一度想只發表華氏論文。最後，他把華氏論文和自己《物種起源》提綱同時公之於世。華萊士提議把兩人的進化論稱作「達爾文理論」，達爾文則報以寬厚的一笑：「您過分謙虛了。」

在科技史上，也有人為爭發明權而留下黯淡的篇章。

據說，在 17 世紀中葉，萊布尼茨和牛頓各自都在研究微積分，在通訊中，萊氏得知牛頓發明了微積分，就捷足先登，搶先發表了只有 6 頁稿紙的論文。牛頓後來適當地承認了萊布尼茨在這個領域的成就。在《原理》第一版 (1687) 中，他插上了一段話。「十年前在我和最傑出的幾何學家 G · W · 萊布尼茲的通信中，我表明我已知道確定極大值和極小值的方法，作切線的方法以及類似的方法，但我在交換的信件中隱瞞了這方法⋯⋯這位最卓越的人在回信中寫道，他也發現了一種同樣的方法。他並訴述了他的方法，它與我的方法幾乎沒有甚麼不同，除了他的措辭和符號而外。」這段話在 1713 年的《原理》第二版中還保留着，但在 1726 年的第三版中 (萊氏逝世十年後) 卻被刪去了。此後，人們一直以為這兩個人獨立地發明了各自的系統。然而，早在 1699年，瑞士數學家在給皇家學院的論文中斷言，萊布尼茨的思想獲自牛頓。牛頓並未參與爭論。幾年後萊氏暗示牛頓對萊的思想進行了改制。為爭發明權，英、德兩國紛紛參戰，解說、爭辯，甚至含有敵意。

事實上是牛頓先於萊布尼茨大體完成微積分，而萊氏則率先發表了成果。就學術水平而言，兩人同樣光彩。但是他們都忘了「千層高台，始於壘土」這一真理。微積分思想並不是由他們從零開始提出來的。微積分研究本身經歷了一個長過程。

值得一提的是，在萊氏眾多的同胞中，有一個人沒有偏袒萊氏，而是持一種全新的見解 —— 他認為：遠在 1635 年，意大利人卡瓦利的《不可分連續量的幾何學》一書才是微積分的發端，1637

年，法國人判定笛卡兒制定解析幾何，1638 年，法國人費爾瑪用微分法求極大值和極小值都是微積分的先導。所以他說，微積分「是由牛頓和萊布尼茨大體上完成的，但不是由他們發明的」——這個德國人就是恩格斯。

在這場關於微積分發明權歸屬的風波中，可以說爭論的雙方以及各自的許多同胞為爭一己之利或本國之榮譽，而無視前人和同代人的成果，犯了訴諸私心的錯誤。

訴諸私心這種謬誤包括兩個方面：一是在沒有舉出充足理由或根本不作正面論證的情況下，出於私心對某論題作出論證；二是不正面論證對方論題虛假，或在沒有充分論證的情況下，便通過猜測，描述對方之所以要提出這個論題，是因為他有私心，以此論證這個論題虛假。

四大發明是中華民族的驕傲。除此以外，還有許許多多大大小小的發明創造使得中華民族在世界民族之林中領先。正確地判定，積極地宣傳，無疑會提高民族自尊心，增強民族自信心。然而訴諸私心的錯誤也時有發生。《大自然雜誌》有篇文章說：關於到底中國是否已在多少年前就發明了某事物，科技史界正在探討、爭論之中，而一些外行的國人（令人遺憾的是，其中有時還包括著名學者）就輕率地援引有利於表明我們祖先偉大的一面之詞，當作定論，加以宣傳，而不理會另一方面的證據和理由，結果鬧出笑話。

《新民晚報》有篇文章說：「不知從甚麼時候起，學術界就有人把類書和百科全書混為一談，並且由此得出中國的兩個『世界第一』的結論：一個說三國魏文帝時編撰的《皇覽》是世界上最早的

百科全書，一個說明朝初年官修的《永樂大典》，是世界上最大的百科全書。」作者認為類書不同於百科全書，首先，它不是著作，只是各種資料的彙編或者摘抄，其次類書的分類很不合理，查檢資料也十分困難。

有的國人過分熱衷於考證中國古代的各種「世界第一」「世界之最」；如果某項發明有時間上先後之爭，則會盡力證明中國發明在先；如果在研究中發現中國在某方面落後於外國，也就不敢理直氣壯地說出來了；甚至還硬把落後拔高或粉飾成先進。這些都是訴諸私心的表現。

《健力士紀錄大全》收入一則「世界上為時最久的笑話」，這則笑話說：1920 年的某一天，9 歲的英國小女孩法蘭西絲帶着她的盒式照相機來到一家洗印公司，取出膠卷，要求沖洗放大照片。

照片洗出來後，立刻引起轟動。因為在照片上除了一位名叫愛絲的小女孩外，還有一些身穿白衣，背上長有翅膀的小天使。法蘭西絲對人們說，她經常看到這樣的小天使，這是她拍下的照片之一。

後來照片在各家刊物上登出，引起爭論。辯之者說有，攻之者說無。

人們訪問了法蘭西絲，還特別詢問了照片上的小姑娘愛絲，她們均一口咬定小天使是真的出現了。

一位替法蘭西絲做了 5 年「超自然實驗」的學者杜爾證實說：「這位小女孩不會撒謊，她確實看到一些使平常人驚異的東西。」

到了 1983 年，老態龍鍾的愛絲對報界說，照片上的小天使是她和表妹法蘭西絲用硬紙和大頭針做出來的，「這個玩笑本來以為

兩小時便可拆穿，沒想到維持了一生」。

愛絲的話使法蘭西絲非常憤怒，她堅持說當時就是看到了小天使。她還在自傳中詳細描述見到小天使的情景。直到她 78 歲臨終前，仍堅持那張照片是真的。

愛絲臨終吐真言，關於小天使的一幕本來是鬧着玩的，但是法蘭西絲大概為了自傳的傳奇色彩，為了維護自己的聲譽，出於私心，從一而終，真是可悲又可笑。

不去認真研究對方提出的論題是真是假，就說別人出於私心，因而不可取，這是訴諸私心的常見情形。無根據地指責別人有私心，就不免被人目為「以小人之心度君子之腹」。

《說岳全傳》裡有個故事：南宋朝廷選拔武狀元，身為考官的東京留守宗澤收到兩封推薦信。一封是毛遂自薦，出於柴世宗嫡派子孫，人稱「小梁王」的柴桂。另一封是節度使劉光世推薦岳飛為候選人。

宗澤雖然不知小梁王垂涎狀元桂冠，目的是為擁兵自重，反叛朝廷，但他深知這個紈絝子弟不過酒囊飯袋，無甚本事。宗澤看準了其他三位考官出於私心阿諛權貴、貪財枉法，當即便把小梁王的書信和重金退了。

這岳飛又是何等樣人呢？劉節度說他是人間少有、蓋世無雙的文武全才，真乃國家之棟梁，必要他宗澤提拔。宗考官不由得日日思量：「他不知果是真才實學；也不知道是個大財主，劉節度得了他的賄賂，徇情囑託？」

待到岳飛來投書，宗澤拆開看了，把案一拍，喝聲：「岳飛，你這封書札，出了多少財帛買來？從實講上來便是，若有半句虛

詞，看夾棍伺候！」

上來就是一句複雜問語，回答竟令他宗澤大喜過望。

岳飛自小貧寒，以周侗為師，學得本事。眼見他使一張三百斤神臂弓，二百餘步，一連九箭，箭箭中的。又耍得一桿銀槍，三十六翻身，七十二變化，神出鬼沒，再問行兵佈陣之法，見解比自己還高一籌。宗留守不禁歎曰：「真乃國家棟梁，劉節度可謂識人！」

如果有確鑿的證據證明，某人提出某論題是與他的私心有直接聯繫，那麼這當然可以作為反駁某人論題的一個論據，但是，僅僅用這樣的論據往往是不夠的，還需要對那個論題本身作出進一步論證。宗澤正是這樣做的，對柴桂那個「酒囊飯袋」，他可謂深知其人。

有句名言說：「幾何定理要是觸犯了人們的利益，也要被人推翻。」畢達哥拉斯學派把發現 $\sqrt{2}$ 的人扔到海裡去，這件事可說是對這名言的最好註解。

宗教裁判所的烈焰

—— 訴諸威力

一個國家，沒有威力，便不能自立於世界民族之林；

一支軍隊，沒有威力，難於克敵制勝；

一個運動員沒有威力，既不能壯自己的膽，也不能從心理上震懾對手。

花和尚魯智深倘若不在相國寺裡倒拔垂楊柳，略顯英雄之威力，恐怕眾潑皮有朝一日還會請他下茅坑。

曹操挾天子以令諸侯，可謂威風凜凜。據說他自以為形貌醜陋不足以威懾遠國，在召見匈奴使者時，竟讓崔琰替代自己，而自己卻捉刀立床頭，作侍衛狀。

多年前，一曲《軍港之夜》響徹大江南北。歌星蘇小明的名字家喻戶曉。據說，她的「盛名」是從鼓槌之下敲出來的呢。

首都體育館裡，正舉行音樂會，觀眾席上的熱烈掌聲給蕭靜的後台增添了緊張的氣氛。突然，從化妝室一角傳出抽泣聲——她，海政歌舞團的合唱隊演員，第一次登台獨唱，竟在上場前怯場哭起來了。「不！我不唱了……」領導的寬慰，同事們的勸說，無濟於事，台上的演員已經謝幕，下一個該她出場，怎麼辦？一位樂隊司鼓老演員急中生智，猛地揮起手中的鼓槌，在姑娘眼前晃了晃，輕聲而嚴厲地吼道：「不許哭！再哭、再哭——我揍你

了！」這一手，還真靈，哭聲止住了，上場了。演出大獲成功。

有人就此事發表「觀察家」評論說：鼓槌敲出了大歌星，可見「棍棒下出好人」，甚麼寬慰、勸說都是多此一舉，說服人靠的是威力。

筆者佩服老鼓手的急中生智，他用的是高明的心理戰法，但是，這僅僅是特殊場合的特殊運用，是不能當作萬應靈藥普遍使用的。道理很簡單，壓服不等於說服。

在論證當中特別是在學術討論中，訴諸威力則完全是一種不正當的手段，它絲毫無助於對論題的論證。

所謂訴諸威力，就是指在論證中，憑藉自己的權勢、武力來威脅、恫嚇對方，迫使對方接受自己觀點的謬誤。

成語故事「指鹿為馬」便是訴諸威力謬誤的典型事例。秦時丞相趙高專權，他混淆是非，顛倒黑白。在他的高壓下，他指鹿為馬，別人便不敢指鹿為鹿，否則就要掉腦袋。

哥白尼的《天體運行論》否定上帝是宇宙的主宰，動搖了教會對人世的統治。意大利的一位教職人員布魯諾讀了哥白尼的《天體運行論》後，相信行星環繞太陽運行的說法是符合事實的，但是感到不滿足，他要像哥白尼一樣繼續探索。他認為在太陽系這個小宇宙外面，還應該有無數個像太陽系一樣的小宇宙。在這樣廣漠無邊的宇宙裡，哪裡還會有上帝的位置呢？布魯諾深知他這些離經叛道的思想為教會不容。他脫下道袍，逃出了教堂。他在歐洲到處逃亡，到處宣傳所謂異端邪說，最後，受了朋友的騙，回到意大利，落進了教會的圈套。

手中沒有真理的教會只能乞靈於威力。教會把布魯諾拘捕起

來嚴刑拷打，逼他承認自己說的全是無知妄說。但是，布魯諾經受長達 6 年的折磨，始終不肯屈服。1600 年 2 月 17 日，教會在羅馬的鮮花廣場上把布魯諾活活地燒死。烈火吞噬了布魯諾，卻無法燒毀他的錚錚誓言：「我認為勝利是可以得到的，而且勇敢地為它奮鬥。我的後代將會說：『他不知道死的恐懼，比任何人都剛毅，認為為真理而鬥爭是人生最大的樂趣。』」

當 1632 年伽利略發表了轟動整個學術界的《兩大世界體系的對話》時，他也大難臨頭。書被查禁，他本人被傳喚到羅馬，並被監禁。後來在法庭上遭到刑訊逼供。於是，伽利略宣佈放棄信仰，宗教法庭遂感到滿意而判處監禁。法庭命令他在 3 年裡每星期都要背誦《詩篇》中的 7 首懺悔詩。

伽利略被迫公開宣佈放棄信仰。「我跪在尊敬的西班牙宗教法庭庭長面前，我撫着《福音書》保證，我相信並將始終相信教會所承認的和教導的東西都是真理。我奉神聖的宗教法庭之令，不再相信也不再傳授地球運動而太陽靜止的虛妄理論，因為這違反《聖經》。然而，我曾寫過並發表了一本書，在書中我闡發了這種理論，並且提出了支持這種理論的有力根據。因而我已被宣佈為涉嫌信奉邪說。現在，為了消除每個天主教徒對我的應有的懷疑，我發誓放棄並詛咒已指控的謬見和邪說、一切其他謬見和任何違背教會教導的見解。我還發誓，將來永遠不再用書面或口頭發表任何可能使我再次受到懷疑的言論。我不管在甚麼地方發現任何邪說，或者覺得有這種可疑，都將立即向神聖的法庭報告。」

相傳伽利略在被迫公開認錯之後，曾喃喃自語道：「可是，地球是在運動。」

　　烏雲遮天難持久，1882年紅衣主教終於不得不宣佈允許在天主教國家講授哥白尼和伽利略的著作。到了20世紀80年代，教皇若望‧保祿二世在梵蒂岡終於宣佈1633年6月21日羅馬宗教法庭對意大利天體學家伽利略關於地球環繞太陽運轉之說的譴責是錯誤的。這位教皇說，當時的神學家們錯誤地從《聖經》的字面意義出發，照本宣科地解釋物質世界。

　　事實證明，訴諸威力可以猖獗一時，最終不能持久。

從臭雞蛋說到《呂氏春秋》

—— 訴諸個人（以個人品質為據）

　　黑格爾在《誰在抽象地思維》中說到一個很厲害的女商販。一位德國的女顧客在挑揀了一陣以後，對賣雞蛋的女商販說：「你賣的雞蛋是臭的呀！」這句大實話可捅了馬蜂窩，女商販立刻回敬道：

　　　　甚麼？我的蛋是臭的？你自己才臭呢！你怎麼敢這樣說我的雞蛋？你？你爸爸吃了蝨子，你媽媽跟法國人相好吧！你奶奶死在養老院裡了吧？瞧，你把整幅被單都當成了自己的頭巾啦！你的帽子和漂亮的衣裳大概也是床單做的吧！除了軍官們的情人，是不會像你這樣靠着打扮來出風頭的！規規矩矩的女人多半在家裡照料家務的，像你這樣的女人，只配坐監牢！你回家去補補你襪子的窟窿去吧！

　　這一陣傾盆大雨，這一頓狂轟濫炸，直弄得女顧客啞口無言，女商販的雞蛋也因而「不臭」了。除了無中生有的人身攻擊，女商販別無所據。退一步講，即使你罵得有根有據，也還是犯了訴諸個人（以個人品質為據）的錯誤。

　　訴諸個人（以個人品質為據）是這樣一種邏輯謬誤：當要論證

某一論題的真或假，或要論證某人的事業、行為有無價值時，只
引證他個人的品質。

人身攻擊是完全錯誤的。謾罵是辯者無理與虛弱的表現。如
果有道理，盡可以以理服人，何必罵人呢？法國格言說：「罵人是
無理者的道理。」這種證明方法在文化人中間是不能容忍的。一
個人到了潑婦罵街的田地，那表明其手中已無真理可言了。

有一位竭力反對弗朗西斯‧培根哲學的人說過如下的話：「弗
朗西斯‧培根無情無義、行同走獸。他父親死後，他官場失意、
親朋疏遠、困苦不堪、孤立無比，且又債台高築，因無力還債而
幾度入獄。不久，他轉而依附艾塞克斯伯爵。艾塞克斯年少顯貴，
為女王寵信之臣，顯赫一時。他與培根建立了誠摯的友情，多次
推薦培根任政府的檢察長等職，推薦次數之多以致女王對他的寵
臣生厭。艾塞克斯推薦不成，竟以自己在特肯漢的房地產，價值 2
千英鎊，送給培根。2 千英鎊在 16 世紀是一筆巨額款項。後來，
艾塞克斯失寵，並犯有嚴重罪行，被執下獄。他被審兩次，培根
非但不緘口沉默，更未為他作辯護，反而歷數他的種種罪狀，其
中有很多過實之處，並堅請立斬其首。結果，艾塞克斯在 7 天後
被送上斷頭台。培根就是這樣一個人，他的所謂哲學、人品有甚
麼可值得稱道的呢？」

這一番話概而言之就是用培根的無情無義、行同走獸來證明
他的學說不值得稱道。這就包含了訴諸個人的謬誤。從培根的人
品有問題，推不出他的學說也有問題。因為二者之間並無必然的
聯繫。

訴諸個人是政治論證中常見的錯誤。列寧說過：「把目標轉移

到『個人』身上，實際上就是詭辯家的遁詞和手腕。」又説：「政治上的謾罵往往掩蓋着謾罵者的毫無思想原則，束手無策 —— 軟弱無力、惱人的軟弱無力。」魯迅也説得十分精闢：「辱罵和恐嚇決不是戰鬥。」在政治爭論當中，特別要注意「形式要文雅有禮，內容要充實有力」。

據前人考證，署名蘇洵的《辯奸論》乃偽作，實際是南宋初年道學家邵伯溫為攻擊北宋宰相王安石變法，而假託蘇洵之名寫作的。文章為把北宋末年的社會動亂和亡國之禍歸罪於王安石，對王安石進行了人身攻擊。

文章説：現在有個人，嘴上講的是孔子、孟子的話，親身實踐的是伯夷、叔齊的行為，收羅了一些沽名釣譽的士人和一些不得志的人，他們在一起製造輿論，自我標榜，自以為是顏淵、孟軻再生於世。可是內心卻陰險狠毒，志趣和一般人大不一樣。這真是合王衍、盧杞於一身了。王衍是晉惠帝時終日清談、不理國事的宰相，盧杞是唐德宗時陷害忠良，搜刮百姓的宰相。他所造成的災難，難道可以用語言形容嗎？他穿的是奴僕的衣服，吃的是豬狗的食物，頭髮蓬亂，像囚犯一樣，滿面塵垢像居喪者一般，可是卻大談詩書，這難道合乎情理嗎？凡是做事不近人情的人，很少不是大奸賊的，齊桓公時的豎刁、易牙、開方就是這類人。以蓋世的名望來助成他潛在的禍患，這樣，雖然有想要勵精圖治的君主，以及喜愛賢才的宰相，也還是要提拔重用他的。那麼，這種給天下帶來禍患，那種必然而無疑的情況，就不是王衍、盧杞所能比擬的了。

邵伯溫在文中沒有拿出哪怕一點兒證據，去論證王安石「禍

人家國」，而完全靠含沙射影，誣衊咒罵，用人身攻擊來取代對論題的論證。

　　以人廢言以至以人廢書的事是常有發生的。歷史上最著名的例子恐怕要算《呂氏春秋》了。《呂氏春秋》成書不久，便束之高閣，長期受到冷遇。其中一個重要原因就是歷代文人鄙夷呂不韋的為人。其人誠可鄙，其書不可貶。宋人黃震說：「《呂氏春秋》言天地萬物之故，其書最為近古，今獨無傳焉，豈不以呂不韋而廢其書邪……今其書不得與諸子抗衡者，徒以不韋病也。」

　　中國書法字體歷代都是以書法創始人的姓名命名，唯有宋體字是以朝代命名的。這是甚麼原因呢？據說，宋體字的創始人是宋朝秦檜。秦檜書法造詣亦很高，宋體字就是他總結前人書法之長而創立的。他早年為官，名聲尚好，但到後來為相時，迎合高宗偏安政策，以莫須有罪名在風波亭害死岳飛父子，天怒人怨。由於他創立的字體委實是好，後人並沒有以人廢字，又由於他的名聲實在太臭，他的字體就只好被稱為「宋體」字了。

　　在「文革」時期，著名作家巴金的名著橫遭批判，他本人也被剝奪了寫作的權利，封筆 10 年無一作品問世。政治上的打倒造成了文學作品以及創作的厄運。令人驚奇的是，巴金竟有一封短簡「出籠」。

　　那是 1976 年，巴金訂了一份南京師院編印的《文教資料簡報》，當他看到第 46 期上一篇文章的引文出處有誤，便寫了一封短簡寄去。該刊的實際負責人姚北樺接到信後，並沒有因巴金正背着「大黑幫」的罪名而不刊出，在第 49 期「讀者來信」欄內，刊登如下：

　　《文教資料簡報》第 46 期 68 頁上，引了兩段魯迅先生對
內山完造的談話，說是「內山引用曹聚仁在香港《星島晚報》
上發表的《書林新語》的第六節談到內山書店的部分」。這個
說法似與事實不符。這兩段話的原文，見於內山完造的悼念
文章《憶魯迅先生》，最初發表在 1936 年 11 月 15 日上海出
版的《作家》月刊二卷二期上，後收在魯迅先生紀念委員會編
印的《魯迅先生紀念集》中。當時《星島晚報》還沒有創刊……

一個讀者

　　「十年一簡」終於以「一個讀者」的具名問世。這應當是對「四
人幫」踐踏文壇的諷刺。

　　在口頭辯論當中，當一方理屈詞窮時，便轉而指責對方口音
不准、姿勢難看、語氣太硬、衣衫不整等等，也都屬於訴諸個人
的錯誤，在爭論當中都是要加以避免的。

河中石獸何處求？

——以感覺經驗為據

刻舟求劍的寓言故事讀者都很熟悉。「舟已行矣，而劍不行」，如此求劍，也真算得上糊塗！

在實際生活中，我們要是有甚麼物品掉到河中，或是在落水處撈，或是順流而下打撈，不外這樣兩種方案。大概不會有哪個人異想天開地溯江而上打撈吧。倘真有這樣的人，那他與刻舟求劍的楚人何異？

世界上的事情也真怪，偏偏有過這麼一件事：

還是清朝時候，滄州南面，有座寺廟傍河而立，寺門毀壞了，兩個石獸也一併沉入河中。10多年過去了，僧人募捐重新修整寺廟，便在落水處打撈石獸，居然無蹤無影。眾人都以為被水沖到下游去了，於是駕了幾條小船，拖了鐵耙，找了十幾里，仍無蹤跡。

一位講學家正在寺中講學，聽說這事便嘲笑道：「你們這般人好不通事理，偌大兩個石獸又不是木頭，怎麼可能被暴漲的河水捲走呢？石頭又硬又重，而沙性鬆散，石獸淹沒於沙中，越沉越深。你們順流而下打撈，豈不荒唐可笑？」此學究高論一出，眾人佩服得五體投地。

然而此論雖高，畢竟是個猜測，河沙深處挖出石獸來才見得分曉。結果如何呢？這件事的記載見之於清人紀昀的《閱微草堂

筆記》卷十六。筆記文字極省儉，它沒有多費筆墨直截了當去敘述打撈結果是一場空，而是接着寫道：

> 一老河兵聞之，又笑曰：「凡河中失石，當求之於上流。蓋石性堅重，沙性鬆浮，水不能沖石，其反激之力，必於石下迎水處嚙沙為坎穴，漸激漸深，至石之半，石必倒擲坎穴中。如是再嚙，石又再轉，再轉不已，遂反溯流逆上矣。求之下流，固顛；求之地中，不更顛乎？」如其言，果得於數里外。然則天下之事，但知其一，不知其二者多矣，可據理臆斷歟？

這位有着豐富實際經驗的老河工語出驚人，「凡河中失石，當求之於上流」。這雖然是「常識」所不能接受的，但是有它合理的依據。

石獸很重，河沙卻很鬆浮，水不但捲不走石獸，其反沖力反而將石獸上游一面的沙子沖走了，越沖越深，出現一個深坑，石獸就會翻倒在坎穴當中。如此循環往復，石獸便不斷向上游翻轉。所以，到下游打撈石獸，固然是顛倒錯亂，而到河沙深處發掘，豈不是更加顛倒錯亂？

按照這一設想，溯江而上，果然在幾里以外找到了石獸。紀昀評論說，天下的事情，只知其一而不知其二的多着呢，怎麼能想當然呢？

如果說眾人在落水處打撈和在下游打撈都是囿於感覺經驗不足為訓的話，那麼老學究關於重物仍沉沒在落水處的高論也是一

種想當然。把這些狹隘的經驗和想當然推而廣之，用到尋找落水時間長的大型石獸上便大謬不然了。老河兵的經驗則不然，他找到了重物在河水中的運動規律，作出了與「常識」大相徑庭的論斷。

世界上有很多出人意料的現象是相映成趣的。

有人提出一個有趣的問題：從飛機上扔下來的未引爆的炸彈，經過幾十年後它埋在泥土中的姿態是怎樣的呢？

「當然是彈頭朝下，彈尾朝上。」許多人不假思索地這樣回答。這是因為炸彈從飛機上扔下來時，尾部翼片起着掌舵的作用，總是令彈頭先着地。

這一回答不無道理，未爆炸彈剛着地時它一定是倒立的，問題是經過幾十年時間的考驗它還能保持落地雄姿而不變嗎？

許多上海建築工人在工地上常常發現，那樣的高論，儘管貌似有「理」，究其實仍不過出自膚淺的感覺經驗。在邏輯論證方面來說，他們犯了「以感覺經驗為據」的錯誤。

以感覺經驗為據是這樣一種謬誤，以為感覺經驗一類的東西是可靠的，可以無條件地用它作為論據來論證論題。

「經驗」這個詞有兩種含義，一是指感覺經驗，二是指在特定條件下通過實踐得來的技能和知識。

人們的經驗知識基本上屬於感性認識。感性認識是認識過程的起點，我們既要看到它的重要性，又要看到它的局限性。感覺經驗是對事物的表面的、片面的和外部聯繫的認識，有待進一步發展和提高，才能達到事物的本質和規律性。

眾人和講學家的經驗是狹隘的感覺經驗，它或者適合於小物體（被水流沖至下游），或者適合於靜止的水中（沉於落水處）。彈

頭向下的猜想則適合於短時間。可是幾十年前落在上海灘上的未爆炸彈在數米深的土層中卻驚人地昂首肅立。事實又給普通的人們開了一個玩笑，以感覺經驗為據是靠不住的。

要解開這個謎得從上海地質構造的道理說起。《新民晚報》有篇文章說：「上海灘」顧名思義為泥沙堆積而成，上海地區的第四紀鬆散沉積土層厚達 300 米。在表土層下是流沙層。炸彈在入土過程中，把彈頭部分的土壓得非常堅實，也把炸彈周圍的土層振動液化得鬆軟起來。待入土炸彈穩定後，周圍的泥土開始收縮平衡，逐漸向彈坑流動，因而造成彈身傾斜靠壁。未受炸彈所靠的另一邊坑壁土，向彈坑流動的速度相對快一些，流動的量也大些。這種土體不平衡的應力傳遞，久而久之潛移默化地使倒立的彈身逐漸翻了一個跟斗，爾後彈尾三隻翼片猶如三條腿穩穩地鼎立在數米深的土層中。倘若不受周圍施工環境或地殼運動影響，便將一直昂首肅立下去。

孔夫子是一位博學的聖人，可是有一次他卻被兩個小孩子所爭論的問題難倒了。

一個小孩說：太陽剛出來時離人最近，中午離人最遠，因為早晨的太陽像車蓋一樣大，中午太陽如盤子一樣小，而離我們遠的東西看上去就小，離我們近的東西看上去就大。

另一個小孩說：太陽剛出來時離人最遠，中午離人最近，因為太陽剛出的時候，天還不很熱，到中午，天就非常熱了，而太陽離我們近，我們就感到熱，遠就感到不熱。

這兩個小孩對於太陽遠近的爭論，各自的論題都似乎有十分可信的感覺經驗支撐着。兩個小孩要孔夫子當裁判，他竟然發表

不出意見。

　　問題在於這些小範圍的感覺經驗能否推廣到宏觀宇宙中去。

　　現代科學告訴我們，由於地球自轉，引起了晝夜的交替，又由於地球圍繞太陽公轉，便發生四季的變化。在地球自轉運動中，太陽與地球的距離在一天之中是有變化。早晚太陽斜射地球，距離遠，因而不熱；中午太陽直射地球，距離近，因而熱。至於早晚太陽看起來大而中午的太陽看起來小，是由於視覺上的誤差，早晚的太陽在地平線上有參照物，看上去顯得大，中午的太陽當空無參照物，看上去顯得小。

　　兩個小孩的看法同樣是以感覺經驗為據，以今日的眼光來裁決，就有真假對錯之別了。

人有亡斧者

—— 被錯覺迷惑

中國古代有一個寓言故事：有個人丟失了斧子，就懷疑是他鄰居偷的，於是他就仔細觀察他鄰居的言行舉止，發現他的臉色有異常，像個偷斧子的人，看他鄰居走路的樣子也像一個偷斧子的人，後來發現他鄰居的所有行為無不像一個偷斧子的人。有一天，這個丟失斧子的人找到了他的斧子，又發現鄰居的言行舉止與當初一樣，一點都不像一個偷斧子的人。

在實際上，這位鄰居的言行舉止前後沒有甚麼不同，而這個丟失斧子的卻認為他有些不正常。考其過失，乃錯覺所致也。

德國有則《錘子的故事》說：有個人想掛一張畫。他有釘子，但沒有錘子。就在這時候他起了疑心：要是鄰居不願意把錘子借我，那怎麼辦？昨天他對我只是漫不經心地打招呼，也許他匆匆忙忙。也許這種匆忙是他裝出來的，其實是他對我不滿。甚麼事不滿呢？我又沒有做對不起他的事，是他自己在多心罷了。要是有人向我借工具，我立即就借給他。而他為甚麼會不借呢？怎麼能拒絕幫別人這麼點忙呢？而他還自以為我依賴他，僅僅因為他有一個錘子！我受夠了。——於是他迅速跑過去，按了門鈴，鄰居打開門，還沒來得及說聲「早安」，這個人就衝他喊道：「留着你的錘子給自己用吧，你這個惡棍！」

　　「借錘人」同樣犯了被錯覺迷惑的錯誤。「亡斧者」由錯覺而生懷疑，僅此而已；「借錘人」走得更遠，錯覺、懷疑、武斷以至上門討伐。這就可笑又可惡了。

　　被錯覺迷惑是這樣一種謬誤：在觀察中，把自己關於對象的錯覺當作是關於對象的真實的情況，並由此推出一個錯誤的結論。

　　錯覺是指與客觀對象不相符合的知覺。把一根直的棍子插在水裡，看上去這根棍子變「彎」了；從地球上看太陽，似乎太陽是繞着地球旋轉的，而不是倒過來。這就是亞里士多德——托勒密地心說體系能長期被認為是真理的原因之一，因為這種觀點由「直觀」就可被「證實」。

　　古希臘的希羅多德記載過一條溪水溫度的反常變化：

　　這條溪水清晨是溫和的，當市場熱鬧起來時涼了許多，到中午已經很冷了。因此人們此時澆花灌水。下午日頭偏西，溪水的溫度又有回升，到太陽落山時，溪水又變得溫和起來。

　　實際上，溪水的溫度變化極小，人們覺得溪水溫度變化很大，是因為氣溫變化很大，由此形成水和空氣的溫差變化，從而產生錯覺。

　　被錯覺迷惑，往往使一些科學家造成失誤，導致終身遺憾。發現鉛和鈹兩種元素的德國化學家維勒，1830 年在研究墨西哥產的褐色鉛礦石時，發現了一種呈紅色的金屬化合物，當時他錯把這些化合物當作鉻的化合物，因為鉻的化合物一般也是紅色的。可是瑞典的化學家蕭夫斯特姆不久也看到了這種金屬化合物，他沒有被表面現象所迷惑，經過一番實驗後，從中發現了新的元素釩。維勒與釩失之交臂，除了其他原因外，還有錯覺把他引上了

迷津。

有篇文章題目叫《逃掉的瘋子》，講的是一則惡作劇。故事內容概述如下：

　　斯科特太太正在做晚飯時，突然電話鈴響了。

　　「我是諾斯菲爾茲精神病院」，對方說，「我們的一個病人逃掉了。有人聽到他說，他要去殺你。我們覺得最好預先通知你一聲。」

　　「啊……是的……謝謝你。」斯科特太太大吃一驚，連忙問病人的名字。

　　對方停頓了一下，好像有人正在仔細查閱名單。過了一會，對方回答說：「他叫喬治·希契科克。他是個矮個子，黑頭髮，非常危險。」

　　當斯科特太太再問為甚麼要殺她時，電話一下子斷了。她突然想到，人們在襲擊一幢房子以前，總要先把電話線切斷。

　　她手裡還抓着聽筒，就聽到前門砰的一聲響，便擱下話筒，快步向門口走去。當斯科特太太把門鎖好時，看到一個男人就站在屋外信箱前面。她接着又奔向後門，半路上撞翻了一張桌子，把桌子上的花瓶摔得粉碎。水弄滑了地板，她滑倒在椅子上，又撞翻了椅子。……

　　與此同時，電話接線員發現她沒有掛斷電話，又聽到那些哐啷啷的撞擊聲和砰砰的關門聲，以為斯科特太太家中正在進行一場搏鬥，便電話通知了警察局。幾分鐘後，有人敲

斯科特太太的門。

「你們抓住那個瘋子沒有？」她問其中一個警察。

「甚麼瘋子？」警察問道，顯然給弄糊塗了。

「咦，就是砰砰敲我門的那個人啊。他從精神病院逃了出來，名叫希契科克，喬治‧希契科克。」

「喬治‧希契科克？」警察説，「這是精神病院院長的名字啊。」

「剛才是我敲你的門。」郵差説。

一個高個子警察説：「太太，一定是甚麼人跟你開玩笑，而且是個無聊透頂的玩笑。」

一個錯覺就這樣引來一場虛驚。

指羊為狗，謊言成「真」

—— 重複謊言

在《波斯趣聞》中有一則《指羊為狗》的故事：

有個腦子簡單的人來到伊斯法罕，買了一頭綿羊。他牽着羊，走在街上。幾個騙子看見了，其中的一個對他說：

「你牽着這條狗幹甚麼？」

「別開玩笑，這是一頭綿羊！」

他牽着沒走幾步，迎面又過來一個騙子。

「你為甚麼牽着狗？你要這狗幹嗎？」

「這是綿羊！」這人冒火了。

不過，他心裡升起了疑團，會不會真是一條狗呢？又走了幾步。他聽見有人在喊：

「喂！小心些！別讓這條狗咬一口！」

「天啊，我真糊塗！」腦子簡單的人終於大叫起來：「我怎麼會把它當綿羊買來的！」

他信了騙子們的話，把綿羊扔在大街上了。那幾個騙子捉住綿羊，吃了一頓烤羊肉。

「謊言重複千遍成真理」，這是騙子們的信條。

　　重複謊言是這樣的一種謬誤，認為一種主張（觀點、事件）在一定的限度上不斷重複，它就會變為真理的。

　　對於頭腦簡單、沒有主見，對某一主張缺乏堅定信念的人來說，謊言的重複往往具有撼動人心的力量。

　　古人有言：「眾口鑠金，三人成虎，不可不察也。」比喻人多嘴雜，能混淆是非。眾口一詞的威力足以使金子熔化。

　　在我國古代，有不少為重複的謊言所誤的事例。成語「三人成虎」的典故出自《韓非子・內儲說上》：戰國時，魏國大臣龐恭與太子即將去趙國都城邯鄲做人質。龐恭對魏王說：「要是有人說大街上有隻老虎，大王相信嗎？」魏王答：「不信。」龐恭又說：「第二個人說大街上有老虎，您信嗎？」魏王答：「不信。」龐恭又接着說：「第三個人說大街上有老虎，大王相信嗎？」魏王答：「我相信了。」龐恭說道：「誰都知道，大街上不可能有老虎，可是三個人都這麼說，大王就相信了。現在邯鄲離魏國比這兒離大街要遠得多，在大王面前說我壞話的又何止三人，我走後，請大王明斷是非。」等到龐恭從趙國回來後，魏王就再也不願召見他了。

　　在《戰國策》裡也有個類似的故事，叫「曾母逾牆」。孔子的弟子曾參住在魯國費城，有個與曾參同名同姓的人殺了人，前後有兩人告訴曾母，說「曾參在外殺了人」，曾母都不相信，第三個人來說「曾參殺了人」時，曾母便害怕起來，慌忙翻牆逃走了。

　　希特拉為實現充當「地球主人」的野心，提出必須使用三種方法：宣傳、外交和武力。納粹黨最有效的宣傳手段便是「必須玩耍手法，學會說謊」。希特拉的名言是「把天堂說成地獄，把地獄說成天堂」，「謊言越大，人們越是相信」。他還在《我的奮鬥》裡

說：「信號一發，只要看來是最危險的敵人，它就對之發動謊言和誹謗的真正的總攻擊，一直到被攻擊者的精神不能支持時為止……這種策略所根據的是對一切人性弱點的精確估計，其結果必然導致勝利。」第三帝國的宣傳部長戈培爾也一再狂熱鼓吹「謊言重複多次，就會變為真理」。

然而，「烏雲遮天難持久」。謊言儘管能蒙騙一時，終究要被事實擊得粉碎。

捕獲尼斯湖怪獸可謂舉世聞名的謊言。有的報紙發消息說，一個由英、德、法、日專家組成的研究組用一隻鎢鋼做成的金屬網捕捉到了水怪。這頭水怪從鼻子到尾部全長 60 英尺，且有 80 噸重，研究組捕到水怪後，給它帶上了一個電子裝置後將它放生。

這則消息說得有鼻有眼的，具有很高的可信度。其實呢，經記者向英國有關研究機構查詢，此消息純屬杜撰。

又據 1994 年 3 月報載，所謂尼斯湖有怪獸一說，不過是 50 年前幾個人蓄意製造的一個國際玩笑，一個天大的謊言。真相是有人精心偽裝了一個模型，並對之拍照。幾十年來，人們以訛傳訛，搞得沸沸揚揚，煞有介事，欺騙了天下人之視聽。正是：假作真時真亦假，無為有處有還無。

據報載，世界上不少地方有「長壽地」或「長壽村」的美譽。然而，一系列的調查證明，這些美譽是謊言贏得的。

據訪問日本的格魯吉亞共和國某醫學研究所副所長證實，在該共和國內沒有一名年齡超過 110 歲的老人，即使在自稱 90 歲以上的人中，有一半人的年齡是虛報的。格魯吉亞所謂世界罕見的「長壽地區」的美譽是要大打折扣的。

　　美國的學者在 1974 年和 1978 年兩度前往厄瓜多爾的比盧卡甘巴「長壽村」作詳細調查，結果發現該村所有 90 歲以上老人的年齡都是偽造的。自稱百歲以上老人的年齡，實際都在 75 歲至 96 歲之間。有人虛報的年齡竟比生身母親年長 5 歲。

　　日本東京都老人綜合研究所疫學部長松崎俊介在對國內 100 歲以上長壽老人進行多年的追蹤調查研究後也發現，日本有名的「長壽村」，主要是因為該村的年輕人大量流入城市，結果導致全村人口中 70 歲以上老人的比率大大上升的緣故。

　　謊言短壽，古今中外，多為如此。

真正的「巴黎公社牆」在哪兒？

—— 以傳說為據

　　流傳的，哪怕是盛傳的，也要認真地思考：是那麼回事嗎？下面的故事引自《讀者文摘》。

　　在巴黎拉雪茲神甫墓地，「巴黎公社牆」有兩座。一座是人們在畫片上常看到的精心雕琢的那堵浮雕牆：一個少女張開雙臂保護着後面的人群，右牆有一塊大理石，上半部寫着作者的名字「保羅 - 莫羅 · 沃蒂埃」。撥開大理石下半部的泥土，可以發現題字：「我們企求所希冀於未來的，是公正，而不是復仇……」

　　另一座位於拉雪茲墓地東北角。這是一堵舊牆，沒有裝飾，卻遍佈彈痕。當年對公社戰士的最後一次大屠殺，就是在這堵牆近旁進行的。

　　在許多國家，甚至在法國，許多人都把浮雕牆視作社員牆，浮雕牆畫面也曾經出現在講述國際共運史的著作和其他報刊中。

　　然而，這一流傳的，並且是盛傳的，卻不是真正的。馬克思說過：「工人的巴黎及其公社將永遠為社會的光輝先驅受人敬仰。它的英烈們已永遠銘記在工人階級的偉大心坎裡。那些殺害它的劊子手們已經被歷史永遠釘在恥辱柱上，不論他們的教士們怎樣禱告也不能把他們解脫。」教士們有聲而無形的語言所不能做到的，無聲而卻有形的浮雕也無能為力。一些熟悉公社歷史的信仰

者從來不承認浮雕牆，儘管具體的原因隨着斗轉星移越來越模糊了。他們對另一堵彈痕累累的舊牆充滿了敬意。

從 1978 年 10 月到 1982 年 4 月，北京外語學院教師沈大力對浮雕牆的傳說作了一番歷史的考證，弄清了它的背景。

當沈大力看到浮雕牆題字中有希冀「公正」「而不是復仇」的字眼時，他想起了公社委員費烈犧牲前的話：「我相信未來會懷念我，為我復仇！」他還想起了一位公社成員犧牲前寫給母親的信：「為死者伸張正義，為我復仇……」他還發現，那少女張開的雙手的護衛的群像中，有的穿着凡爾賽軍隊的衣帽。他不由得疑竇叢生。

沈大力查到，參加過公社的沃蒂埃是雕塑牆作者的父親，早在 1893 年就逝世了，而雕塑牆作者是 1871 年出生的。經過確鑿考證，他是個狂熱的沙文主義者。小沃蒂埃的許多作品都是為反動人物樹碑立傳的。此牆直到 1909 年才雕成。

沈大力還查到，這座雕塑牆曾被題為「獻給革命的犧牲者」。他從一位巴黎公社社員的後裔處聽說，所謂「革命的犧牲者」其實是「革命的受害者」。沈大力又從檔案中發現「革命」這個法語單詞用的是複數。在 1909 年的巴黎市議會辯論記錄中，有一項決定題目就是「關於在甘必大花園樹立紀念歷次革命受害者塑像的決定」，這充分說明受害者同公社毫無關係。作為雕塑牆的藝術主題，「她」所保護的是公社的敵人。「她」是調解人，「她」反對復仇！

在第一次世界大戰前夕，法國國內矛盾日益尖銳，統治者為調和矛盾，建造了這堵牆，鼓吹和解。而東北角的那堵舊牆是在1893 年，由被大赦回來的公社戰士集錢買了地皮，保護下來的真

正的紀念碑。由於統治者的掩蓋和欺騙，以訛傳訛，浮雕牆長期地迷亂着人們的視線。

這一事例生動地說明，以傳說為據是不足為訓的。

以傳說為據是這樣一種謬誤：把傳說中的東西當作事實，並以之為據，來論證論題。

誠然，有的傳說並非始於編造，而是真實的，但是以為所有傳說都是可信的，並以為據進行論證，那就可能導致謬誤。

《呂氏春秋‧察傳》中寫道：

> 夫得言不可以不察。數傳而白為黑，黑為白，故狗似玃，玃似母猴，母猴似人，人之與狗則遠矣。此愚者之所以大過也。聞而審，則為福矣；聞而不審不若不聞矣。……凡聞言必熟論，其於人必驗之以理。魯哀公問於孔子曰：「樂正夔一足，信乎？」孔子曰：「昔者舜欲以樂傳教於天下，乃令重黎舉夔於草莽之中而進之，舜以為樂正。夔於是正六律，和五聲，以通八風，而天下大服。」重黎又欲益求人，舜曰：「夫樂天地之精也，得失之節也，故唯聖人為能和樂之本也。夔能和之，以平天下，若夔者一而足矣。故曰『夔一足』，非『一足』也。」

這段話先講了有的事情數傳以後，便會傳中出訛，並以訛傳訛，顛倒黑白。後面談了對於傳說應持有的態度，最後舉了「夔一足」的例子，就是說，當時傳說名叫夔的人只有一條腿，孔子糾正了這種誤解。

　　王充認為，人的骨相不同，所體現的富貴貧賤、壽命長短、操行好壞也不同。在《論衡‧骨相篇》中他用如下一些傳説中的事情來論證這個論題：黃帝的臉像龍的臉；顓頊的前額寬闊，像頂着一塊盾牌；帝嚳的牙齒連成一片；堯的眉毛有八種顏色；舜的每隻眼睛都有兩個重疊的瞳仁；禹的耳朵上各有三個窟窿；湯的每隻胳膊上都有兩個肘；周文王有四個乳頭；周武王的雙眼長得特高，不抬就能看到天空；周公是駝背；皋陶的嘴像馬嘴一樣；孔子的頭頂中間凹下去就像倒過來的屋頂。這十二個人的骨相與眾不同，所以，他們都是古代聖人。另外，倉頡有四隻眼睛，晉公子重耳的肋骨長成一片，等等，也是骨相與人不同，因而成為非凡之人。王充所要論證的論題是否包含有合理的因素，這是需要由人體科學來回答的，不是本文的任務。筆者想指出的是，王充引以為據的都是一些無法驗證的、多半是荒誕不經的傳説中講的事，從邏輯上看，他犯了以傳説為據的錯誤。

　　傳説中一般都含有一些虛構成份，尤其是口耳相傳的材料，更是如此。因為傳説一般都經過許多人之口，每個人在複述傳説時都有可能摻進一些原來沒有的東西，或者根據自己的好惡，把某些細節加以誇大，或者誤解了原話的意思，這樣就會以訛傳訛而面目全非，這就是「數傳而白為黑，黑為白」的原因。所以，論證時不能以未經驗證的傳説為據。

　　眾所周知，中國的近代史是被西方列強侵略、瓜分的屈辱的歷史。要論證西方殖民主義者肆意污辱中國人這樣一個論題，最形象、最觸目驚心的論據莫過於「東亞病夫」和「華人與狗，不得入內」的説法了。「華人與狗，不得入內」的故事在世上廣為流傳，

舉國皆知。但是，1994 年出版的《世紀》雜誌第二期的一篇文章宣佈，這一廣為流傳的故事不過是經人精心炮製的一出歷史玩笑。一石激起千層浪。千萬人關注着這一傳說的真實性。

20 世紀 50 年代，上海仿蘇聯體制建立了一個上海市歷史與建設博物館，為配合形勢教育而搞過多次介紹上海歷史的展覽會，製作過中英文對照的「華人與狗，不得入內」的牌子，確實如製作者所預計的那樣，起到了舉國轟動、婦孺皆知的宣傳效應。但是，後來卻有人認為這個傳說故事是挖空心思、無中生有地炮製出來的，根本沒有事實依據。許多人認為編造一個史實來譁眾取寵不是史學工作者的應有態度，更何況人為地編造一個被人侮辱的故事。到了 80 年代，有人要對當初製作這塊牌子作反省時，有些老人卻極力反駁，他們反駁的理由是親眼見過這種牌子。

1983 年在原博物館基礎上又成立了上海市歷史文物陳列館。「華人與狗，不得入內」的中英文對照的牌子又被重新製作。可惜當時大多數人「尊重」史實，取消了它的陳列，把它扔到了它不應該去的廢物堆裡。儘管有人竭力反對，卻沒有得到支持。

1994 年 4 月 18 日《報刊文摘》刊登讀者史群的來信。來信說，方志敏在《可愛的中國》一書中就提到自己的親眼所見，方志敏曾想遊上海的法國公園，可是「一走到公園門口就看到一塊刺目的牌子，牌子上寫着『華人與狗，不准進園』幾個字」。

此後，許多報刊又陸續發表了不少文章，列舉各種事實和歷史文字材料，終於確認了這一傳說的歷史真實性。

對於傳說，一概排斥和以為一定如此都不是正確的態度，重要的是考證。

「苦痛中的小玩意兒」

—— 望文生義

梁啟超有一篇文章，錄有他自己作的集詞聯句約 50 副，該文題為《苦痛中的小玩意兒》。

有一本談對聯藝術的書批評梁啟超輕視對聯藝術，説梁啟超「竟把對聯稱作是『苦痛中的小玩意兒』」。

香港作家梁羽生寫了篇《梁啟超的集詞聯句》為梁任公辯「冤」。梁羽生解釋説，梁啟超為甚麼要用「苦痛中的小玩意兒」作題目呢？因為那一年，即 1923 年，梁啟超夫人臥病半年，不治去世。那一年的中國政局是開始造成南北分裂的局面，孫中山在廣州組織革命政府與北方軍閥對抗，而北方軍閥又在內訌。任公既遭喪妻之痛，又傷國事之「變亂如麻」，於公於私，都確實是説得上「在苦痛中」的。《苦痛中的小玩意兒》説的是當時的寫作背景，「小玩意兒」不過為自謙之語，並無「輕視」之意在內。

梁羽生指出，王國維有論詞名句，「雕蟲技，千古亦才難」，「雕蟲技」即與「小玩意兒」相類，況且梁任公在該文中也曾説過「好的對聯給人以無限美感」的贊語，「輕視」云云，豈不是射箭沒有對準靶子？這位香港著名作家客氣地批評説，談對聯藝術一書的編者「似乎犯了『讀書不求甚解』的毛病」。望文生義是「讀書不求甚解」的一種很常見的現象。

　　望文生義的謬誤是指閱讀時不推求真正的意義所在，只據字面意義，作出附會的解釋。這屬於非形式的謬誤。

　　有位病人問：「大夫，我的病會好嗎？」大夫答：「大概會好的，你這種病在醫書上說是『九死一生』，我以前治過的九個都死了，你正好是第十個。」這是則笑話。大夫望文生義，反道出自己的無能。

　　在 1923 年，任北洋政府教育總長的章士釗，有一篇《評新文化運動》的文章，刊登在上海的《新聞報》上。這位教育總長為弘揚文言文之「美」，舉例說：「二桃殺三士，譜之於詩，節奏甚美。今日此於白話無當也，必曰兩個桃子殺了三個讀書人。是亦不可以已乎！」沒想到這個例子竟是個「反例」，留下了笑柄，受到魯迅先生的嘲笑。「二桃殺三士」中的「士」是指讀書人嗎？非也。

　　「二桃殺三士」有個典故，出自《晏子春秋》。這個故事是講晏子設計除掉三個武士的。春秋時齊景公下面有公孫接、田開疆、古冶子三個勇士，他們居功自傲，對相國晏嬰甚是不恭。晏子視為齊之大患。但是這三人都英勇了得，無人能敵。晏子便與齊景公密議，賞賜兩個桃子給三位勇士，命令他們自己論功受賞。公孫接和田開疆先給自己評功，兩人把桃子瓜分了。功勞最大的古冶子要他們交出來。兩個搶桃子的壯士覺得羞愧難容，便自刎身亡。古冶子覺得自己對不起他們，也抹了脖子。

　　「士」是一個單音節的多義詞，既可指文士，也可指武士、勇士、壯士，但是在「二桃殺三士」這個特定語句中，它只能指武士，而不是指讀書人。

　　「二桃殺三士」這一句則出自古樂府歌詞《梁甫吟》，節奏不可

謂不美，但是其中的一個單音節多義詞，卻使得學問之博如教育總長章士釗也產生誤解，貽笑大方。章總長以此為例來證明文言文的優越，可謂弄巧成拙。

王伯熙寫的一篇題為《「勇士」誤成「讀書人」》評論說：「白話文以雙音節詞和多音節詞為主，大大減少了容易產生歧義的單音節多義詞。就這一點講，寫、讀白話文作品，是可以減少鬧『讀書人』這類笑話的。……當使用成語典故和閱讀文言文作品時，一定要記取章士釗先生的教訓，切忌自以為是，望文生義，也不要圖省力，怕麻煩。只有這樣，才能避免出洋相。」

在「文化大革命」中，我們見過不少望文生義的現象，這裡略舉幾例。

魯迅有一首詩，題目是《答客誚》，全詩共四句：

無情未必真豪傑，憐子如何不丈夫？
知否興風狂嘯者，回眸時看小於菟？

這首詩在「文革」中被頻頻引用，復旦大學的一些「紅衛兵」解釋後兩句說：「你看那興風狂嘯的老虎，似乎很威風，回過頭來一看，不過是小東西。」他們把這兩句詩解釋成紙老虎外強中乾，以此來形容所謂的走資派和資產階級學術權威。

這是想當然，望文生義，完全曲解魯迅詩的原意。《答客誚》作於 1931 年冬。魯迅很愛自己的孩子，有人就同他開玩笑，他便作此詩答覆客人的譏諷。後兩句採用了賦、比、興中的比的手法，意思是：你知道嗎？那興風狂嘯何等威風的老虎也充滿憐子之情，

不時地回眸熱切地關注着自己的小老虎，更何況我們作為萬物之靈的人，因此，愛子之人怎麼就算不得大丈夫呢？

　　著名雜文家徐震因為使用「公今度」的筆名，在「史無前例」的十年中被戴上了「蓄意反黨」的帽子。有人根據「諧意影射法」或「鴨蛋尋骨法」，一口判定「公今度」就是「攻擊今天社會主義制度」的縮寫和密寫。其實呢，這筆名竟是通過抓鬮抓來的。雜文家告訴我們，張天翼先生的名著《兩林故事》裡，就教導有「指字為名」之法。如果替兄弟倆取名字，不妨拿一本字典，一查查到一個「菜」字，叫「大菜」「小菜」，這不太好，重來；再一查，查到了「便」字，叫「大便」「小便」，更不好，誰聽說過哥哥叫「大便」，弟弟叫「小便」的？第三次才查到了「林」——「大林」「小林」好像就是這樣出的名。仿此，這位雜文家便從古詩裡抓鬮，翻到古詩《箜篌引》。全詩四句：「公無渡河，公竟渡河，墮河而死，當奈公何！」第二句鏗鏘上口，改一個字，去掉一個邊旁，便有了「公今度」。

　　20世紀50年代初，胡風住在北京。院子裡栽了四棵樹，因此自名「四樹齋」。一位朋友看到了，就驚呼起來：「甚麼『四樹齋』？你要四面樹敵嗎？」這一說，嚇得胡風再也不敢使用這個齋名了。

　　《老子》中有一名句「不敢為天下先」。今人常有視其為妨礙競爭意識和首創精神的傳統守舊觀念。顧易生先生在《老子掇「寶」》一文中指出：「此語出自《老子》第六十七章，本意殊非如此。」顧先生為「不敢為天下先」一辯，根據有二。

　　首先，他認為「不敢為天下先」與「慈」「儉」一樣都是積極向上的。《老子》原文是：「吾有三寶，持而保之：……慈，故能勇；

儉，故能廣；不敢為天下先，故能成器長。」顧先生認為，「三者籠蓋軍事、經濟、政治眾多領域，各蘊對立統一的深層哲理，確實值得寶重」。其一是說：「慈愛故能勇敢爭鬥。」慈母護衛孩子會奮不顧身，愛民、愛國者在抗暴和反侵略時會顯出大無畏氣概。《老子》書中還有「夫慈，以戰則勝，以守則固」的說法，「《老子》或被視為兵書，這裡是可以看到戰略思想閃光的」。其二說：「節儉故能開拓廣大。」他解釋說：「杜絕浪費以期廣益，乃是開放型的，並非片面死省苦行。」其三意謂：「不強佔廣大群眾之先，故能成為國家首長。」三者同樣值得寶重。

其次，顧先生在《老子》書中找到旁證，他說：「《老子》書中反覆申述此旨：『江海之所以能為百谷王者，以其善下之。』『是以聖人欲上民（做民眾領袖），必以言下之。欲先民（做民眾先導），必以身後之。是以聖人處上而民不重，處前而民不害，是以天下樂推而不厭。』」他評論說，這是虛己容眾，尊重人民，自然受民眾樂意推舉。《老子》學說中彷彿閃耀民主性光芒，書中有「愚民」思想，自當別論。

我認為，顧先生的見解是很有說服力的。

刪繁就簡三「春」樹

—— 錯誤引用

　　你聽說過一句名人名言「引導」一位大學生走上犯罪道路的事嗎？你知道了一定會莫名驚詫。

　　根據竊賊「自白」，他十分讚賞法國著名思想家盧梭的一句名言：「人是生而自由的，但卻無處不在枷鎖之中。」既然人生的信條就是「自由」，那就讓一切紀律的約束都見鬼去吧。他伸出他那雙「自由自在」的賊手，隨心所欲地把別人的大量錢物竊為己有，這位「樑上君子」終於被戴上手銬，落了個真正的不自由。

　　說名人名言引導這位大學生犯罪，是對名人名言的褻瀆。其實，是這位墮落為竊賊的大學生沒有搞明白盧梭名言的真正含義，他的可悲在於對盧梭名言作了歪曲。按照盧梭的自由平等學說，這句名言的本意是：在國家建立之後，人人都應該服從代表公意的法律才能有自由。如果有人要違反，國家就要「強迫他自由」。可見，這位學生犯了「錯誤引用」的錯誤。

　　報上有篇題為《若板橋有知》的文章，作者吳昊說，有兩家報紙的文章把鄭板橋的條幅「刪繁就簡三秋樹，領異標新二月花」和「吃虧是福」，錯成了「刪繁就簡三春樹」和「吃虧幸福」。文章說，「刪繁就簡三秋樹」與「領異標新二月花」上下聯對仗工整，「三秋」對「二月」，既有意境，又含音律，換上「春」字，則全完了。再說，

只有「三秋樹」，木搖葉落，枝幹挺拔，才與刪繁就簡相應對。改成「三春樹」，萬紫千紅、枝葉繁茂，就與「刪繁就簡」自語相違了。

吳文還說，把「吃虧是福」錯成「吃虧幸福」，除文理不通外，原有韻味也喪失了。說「吃虧幸福」的短文還繼續發揮鄭板橋的「幸福觀」，說范仲淹的「先天下之憂而憂，後天下之樂而樂」也是屬於「吃」了「幸福虧」的。吳文諷刺說，看來，范仲淹也「難得糊塗」，不然怎麼就和鄭板橋「錯」在一起了呢！

寫文章免不了要引用。引得好，可使文章增色，並增加力度。錯誤引用是這樣一種謬誤：在引用別人的話作為論據時，出了錯誤。錯誤引用屬於非形式的謬誤。這種謬誤或是把原話、原文說錯、寫錯，或是把別人的話理解錯了、歪曲了。

有篇文章說，「宗教是人民的鴉片」一語是馬克思對海涅或費爾巴哈的引語，馬克思並不是用它來概括宗教的本質。

馬克思在《〈黑格爾法哲學批判〉導言》一文中引用前人的這句話時說：「宗教是被壓迫生靈的歎息，是無情世界的感情，正像它是沒有精神的制度的精神一樣。宗教是人民的鴉片。」就19世紀上半葉的歐洲來說，鴉片是一種貴重的藥用鎮痛劑，而窮人用不起。有苦痛時便轉向宗教以求解脫。馬克思援引此語時，原本無語義上的褒貶，而是充滿了對教徒中勞動人民的感情。注入的新內容，是指出它不能真正使人民從階級社會的苦難中解脫出來，僅此而已。

此文還根據德文原文解釋說：鴉片是人民已有的。只可惜，譯成中文時，這層意思未能明確地不容有歧義地表達出來。更值得注意的是，由於19世紀中葉以來，中國人民經歷的第一次奇恥大辱又正是鴉片戰爭，由此引起的強烈反感情緒，便使這句話貶

的意義為之擴大，當翻譯列寧《論工人政黨對宗教的態度》時，竟把文中所引馬克思的這句話加上「麻醉」二字，成了「宗教是麻醉人民的鴉片」。其實，馬克思這句話說的是宗教的作用，並非本質。

宋大雷在《家庭》雜誌上撰文說，社會上不少人認為「沒有愛情的婚姻是不道德的」是恩格斯的名言，其實並非如此。

宋文說，在《家庭、私有制和國家的起源》這部著作裡，恩格斯曾精闢地論證了「個體婚制在歷史上決不是作為男女之間的和好而出現的」，「它是作為女性被男性奴役、作為整個史前時代所未有的兩性衝突的宣告而出現的」。文章指出，只有當資產階級登上世界舞台，事情才發生了變化。因以商品生產為基礎的資本主義制度要求自由契約、自由競爭，因而「由愛情而結合的婚姻被宣佈為人的權利」，所以，「沒有愛情的婚姻是不道德的」這一命題的發明權是屬於資產階級啟蒙思想家。

司馬遷在《報任安書》中說過，「人固有一死，或重於泰山，或輕於鴻毛」。由於後人的輾轉引用，現在這句話可以說是家喻戶曉、婦孺皆知。但是王同策在《史學集刊》上撰文認為，如今人們對這句話的理解和應用，大都與司馬遷的原意不符。除去表述的方面各異外，其所指的內容，乃至可以說正好截然相反。

「或重於泰山，或輕於鴻毛」，確是涉及死的作用、價值和意義，但這裡所說的「重」與「輕」，絕不是分指死的意義的大小有無，而只是對各具不同作用、價值和意義的死這一行為本身所持的態度。它的原意應為：人生於世，本來都有一死，但有的時候，有的情況下，要把死看得很重。比如面臨那種沒有價值、沒有意義、糊里糊塗的死的時候，要認識到生命是寶貴的，對死要看得

比泰山還重，切不可盲目輕生。反之，有的時候，有的情況下，則應該把死看得很輕。比如勇夫殉國，志士死節，在捨生取義時，就應該視死如歸，把死看得比鴻毛還輕。

司馬遷的這一名言，其本意如何，今人的理解是否賦予了新的含義，專門家還可認真探討。本文只想說明引用有兩個基本要求。第一，準確地把握所引材料的精神，並能恰當地以之論證自己的論題。盡量避免在並未完全理解原文的基本精神時就加以引用，才不至於望文生義以致歪曲原意。第二，所引材料應與原文保持一致，不能有錯字、漏字、加字現象，標點符號亦然。在翻譯時要遵守同一律。如果不遵守這兩條，就會犯錯誤引用的謬誤，這樣的引文是不能作為論據的。

錯誤引用的另一個方式是斷章取義。

古希臘人可能幫忙建造了兵馬俑。這則聳人聽聞的消息居然出自英國廣播公司（BBC）網站等眾多媒體。

秦始皇帝陵博物院研究員李秀珍聲明，自己的觀點被斷章取義。「BBC 誇大了我提出的兵馬俑受到其他文化的啟發，但沒有提到我的主要觀點，兵馬俑的產生根植於中國當地的自然和文化土壤。」她曾說：「我們現在認為，兵馬俑、雜技俑和青銅雕塑從古希臘雕塑和藝術上汲取了靈感。」這與維也納大學亞洲藝術教授盧卡斯·尼克爾想像的「可能還有一名希臘雕塑家在現場訓練中國當地的工匠」相距甚遠。

歐洲巨人的諾言

—— 換湯不換藥

　　成語「朝三暮四」是用來比喻有的人常常變卦，反覆無常的，它的原意是指玩弄手法欺騙人。「朝三暮四」出自《莊子·齊物論》。一個玩猴子的人對猴子說，早上給它們吃三個橡子，晚上給它們四個。猴子聽了都發起怒來。後來玩猴人又說早上四個，晚上三個，它們便一齊轉怒為喜。

　　有一則阿凡提的故事，題目叫《解夢》。故事說：皇帝做了個夢，夢見一個人把他的牙齒全拔光了。皇帝驚醒後再沒睡好。第二天皇帝把夢講給群臣聽，問何人能解。丞相道：「陛下全家將比陛下先死。」皇帝聽了勃然大怒，把丞相處了極刑。

　　這時阿凡提來到皇宮。皇帝又把夢境說給阿凡提，問他主何吉凶。阿凡提回答說：「陛下將比你所有的家屬長壽。」

　　皇帝聽了非常高興，賜給阿凡提一件錦袍。「死」是個令人忌諱的字眼，說「長壽」當然是令人高興的，但是阿凡提的話並不意味着皇帝能增壽。丞相的話與阿凡提的話都是關係判斷，二者是等值的。烏鴉插上了孔雀的羽毛，然而烏鴉終究是烏鴉。

　　古今中外有許多類似上述這樣換湯不換藥的故事。

　　英國有則笑話，題目是《「給」與「拿」》，是嘲笑吝嗇鬼的。傑克有一位愛錢如命的朋友，有進無出，從不給人一點東西。一天，

他同朋友們在河邊走着，突然滑進河裡了，朋友們都跑過去救他，其中有一個人跪在地上，伸出手並大聲喊道：「把你的手給我，我拉你上來。」可是吝嗇鬼寧願給水淹得兩眼發白，就是不肯將手伸出來。這時，傑克走過來喊道：「拿着我的手，我拉你上來。」吝嗇鬼一聽，馬上就伸出手，傑克與眾人也就將他拉出了水面。「你們不了解我這位朋友。」事後，傑克對眾人說，「當你對他說『給』時，他無動於衷，如果你對他說『拿』時，他就來勁了。」

「給」與「拿」在這裡似乎是一出一進，實際毫無二致。吝嗇到連命都可以不要，這樣的吝嗇鬼列為世界之最是當之無愧的了。

換湯不換藥是這樣一種謬誤：為了使一個本來不受歡迎或別人不接受的觀點受人歡迎或被接受，就簡單地給這個觀點換一個好聽的名稱或說法。換湯不換藥也是非形式謬誤之一。

法國有一則笑話是諷刺愛顯示年輕的夫人的。一位夫人已經上了年紀，兩鬢斑白，臉上皺紋麻密，但她總想把自己說得年輕一些。有一次，她對一位新近結識的朋友說：「你知道嗎？我和我妹妹加起來一共 60 歲。」

「啊喲喲」，朋友驚叫起來，「難道您把一個這麼小的妹妹丟在家裡放得下心嗎？」

「兩鬢斑白」且「皺紋麻密」的夫人把年齡轉嫁到妹妹身上去，但新朋友卻不買賬，故意驚歎夫人的妹妹小得令人不放心，拐了一個彎，無非是在說，你不年輕了。

在外交場合中聽到許多的委婉語詞，這種委婉語詞的使用可以避免發生直接的衝突，以利於那些尖銳問題的討論，同時又能表達己方的態度、看法。

　　1984年底，盧森堡向法國要求巨額賠款，一時轟動世界。事情的起因是拿破崙引起的。

　　1797年，拿破崙將軍偕同夫人一起去參觀盧森堡大公國第一國立小學。在辭別的時候，拿破崙慷慨、瀟灑地向該校校長送上一束價值三個金路易的玫瑰花時說道：「為了答謝貴校的盛情款待，我不僅今天呈上一束玫瑰花，並且在未來的日子裡只要我們偉大的法蘭西國家存在一天，每年的今天我將親自派人送給貴校一束價值相等的玫瑰花，作為法蘭西與盧森堡友誼的象徵。」然而，時過境遷，疲於連綿不斷的戰爭與此起彼伏的政治事件，最終因滑鐵盧慘敗，深陷囹圄後被放逐在大西洋聖赫勒拿島上的拿破崙，把青年時代躊躇滿志時的那個「盧森堡」許諾早已忘得一乾二淨。

　　可是，盧森堡這個友邦小國卻把這段「歐洲巨人與盧森堡孩子親切、和諧相處的一刻」載入他們的史冊。

　　誰料到了1984年底，這件相隔近200年的逸事卻給法國惹出個大麻煩來 —— 盧森堡通知法國政府，提出了「玫瑰花懸案」之索賠要求，要麼自1797年起，用三個金路易結算，全數清償這筆外債；要麼法國各大報承認你們的一代偉人拿破崙是個言而無信的小人。

　　起先，法國政府認為「我國的一代天驕之榮譽豈可被一件區區小事給詆毀，打算不惜重金來贖回拿破崙的聲譽」。但是，財政部官員瞧見從電子計算機裡輸出的數據時，不禁面面相覷，叫苦不迭，原來本息額竟高達1375596法郎。

　　苦思冥想之後，機智、狡黠的法國人終於用如下的措辭取得

了盧森堡人的諒解：「今後，無論在精神還是物質上，法國將始終不渝地對盧森堡大公國的中小學教育事業予以支持與贊助，來兌現我們的拿破崙將軍那一諾千金的『玫瑰花』誓言。」

己　編

鄧析的兩個「安之」是矛盾之說嗎？

—— 邏輯史話之一

這則春秋軼事中的訟師所遇之事在當今社會一再重演，訟師的支招在今天也就更加發人深省。《呂氏春秋·離謂》記載了一個故事：

> 洧水甚大，鄭之富人有溺者。人得其死者。富人請贖之，其人求金甚多。以告鄧析。鄧析曰：「安之！人必莫之賣矣。」得死者患之，以告鄧析。鄧析又答之曰：「安之！此必無所更買矣。」

故事說，洧水很大，鄭國一家富人家裡有人溺水死了。別人撈到了死屍。富家向撈到死屍者請求贖回，但是那人要價很高。富家便向鄧析求教，鄧析說：「放心吧，得屍人不可能賣給別人啊。」得屍人擔心這件事久拖而無着落，也向鄧析求教，鄧析又回答他說：「放心吧，贖屍人不可能從別處買到啊。」

故事沒有結尾。得屍人和贖屍人雙方暫時安心等待之後應該怎麼辦，故事沒有交代。雙方安心了多久，誰先主動，成交了沒有，都不見下文。

大家都知道，得屍人和贖屍人的根本利益是有衝突的。一方

「求金甚多」,漫天要價,另一方不肯就範,因而不能成交。這金錢利益上的衝突屬於實際事物的矛盾,屬於客觀矛盾,顯然不是主觀的、思維方面的矛盾,不是邏輯上的矛盾。鄧析分別向兩個在利益上有衝突、有矛盾的人出主意,要他們都「安之」,這兩個「安之」是否構成邏輯矛盾呢?

以常識的眼光看問題,自然得出合乎常識的結論 —— 古人稱之為「兩可之說」,顯而易見屬於矛盾之說。

長期以來,人們把鄧析的「兩可之說」當作「以非為是、以是為非、是非無度」的相對主義詭辯,或者乾脆歸結為矛盾之說。今天,在網上搜索一下,也多為這類聲音。諸如,「詭辯之徒終無所用」,「名離實謂」,「這傢伙,沒有職業道德」。

但是,當代也有很多邏輯學家為鄧析翻案。在解答兩個「安之」的是非對錯之前,還是要先了解一下故事發生的時代背景。

鄧析(約公元前 545—前 501)是春秋末期鄭國人,他與老子、孔子同時代。鄧析是先秦六派學說陰陽、儒、墨、道、法、名中名家最早的代表人物。六派的分類和名稱源於司馬談和司馬遷父子。先秦時「名家」有「刑名之家」的稱號,又有「辯者」「察士」之稱。「刑名」相當於形名,即名與實。形名學說就是研究名與實關係的理論。刑的本義指刑法。所謂刑名之家,即法律條文語詞的專門研究者。鄧析就是當時享有盛譽的訟師。

鄧析不是一個普通的訟師,而是引起政壇乃至社會轟動的、頗有反叛色彩的民意代言人。據《呂氏春秋‧離謂》記載:「鄭國多相縣以書者,子產令無縣書,鄧析致之。子產令無致之,鄧析倚之。令無窮,鄧析應之亦無窮。」用今天的話來說就是子產下令

取締自由書市，而鄧析卻要進行傳閱；子產禁止傳閱書籍，鄧析卻要把它放在其他物品當中傳閱。子產有多少命令，鄧析就會想出多少辦法應付，以其非凡的智慧和膽識在民間傳播着法律知識。

鄧析還有一個主要業績是以私造的竹刑取代官鑄的刑鼎。在那個以「遵先王之法而過者，未之有也」的時代，鄧析能夠「不受君命」而私造竹刑，不但需要長期的思考和傑出的智慧，更需要極大的勇氣和膽量。客觀地説，以「竹刑」取代「刑鼎」，也有利於揭開法律的神秘面紗，促進法律的傳播。這有利於提高老百姓的法律意識並有力地維護自身的權益。説鄧析「私造刑書」，把他殺了，又沿用他的「刑書」，與後來的「商鞅死而商君之法行」是一脈相承的事件。

除了私造竹刑以外，鄧析還聚眾講學，向人們傳授法律知識和訴訟方法，並幫助別人訴訟。《呂氏春秋·離謂》記載了鄧析的收費標準：「與民之有訟者約，大獄一衣，小獄襦（短襖，短衣）褲。民之獻衣而學訟者不可勝數。」相當於收取律師訴訟費。這是當時社會的高檔職業，吸引很多人加入他的法律培訓班。

鄧析擅長辯論，在民眾中有口皆碑，有人稱他「操兩可之説，設無窮之詞」。鄧析作為名家的代表人物，類似於古希臘的智者派（又譯為詭辯派）。名家常常勃發奇論，看似違背常理，其中往往包含着合理因素。德國著名哲學家黑格爾在《哲學史講演錄》中説過：「詭辯這個詞通常意味着以任意的方式，憑藉虛假的根據，或者將一個真的道理否定了，弄得動搖了，或者將一個虛假的道理弄得非常動聽，好像真的一樣。我們要把這個壞的意義拋在一邊，把它忘掉。相反地，我們現在要進一步從它的積極的方面，嚴格

地說，即是從科學的方面，來考察智者們在希臘究竟佔據甚麼地位。」黑格爾對智者派的評論可以成為我們打開名家大門的一把鑰匙。

回到本題的故事上來，我以為，故事的本意不是要給出一個答案，不是要告訴讀者交易雙方解決矛盾的時間、方法和合適的價位，而在於傳達一種處理棘手的特殊事件時應有的思想方法——對立雙方都應「安之」的心態。

針對買賣雙方的着急心態，鄧析分別告誡雙方稍安勿躁，暫時確實能對雙方都起到安撫心理的作用。雙方都不那麼心急火燎了，有了一個較理想的心理環境，可以使雙方冷靜地討價還價，從而找到契合點，使交易成功。

說到鄧析兩個「安之」的軼事，今天，中國社會關於撈屍和贖屍的悲情故事仍在發生，從網上搜索來的舊聞：

南京中山陵體育公園一處人造景觀湖裡有人溺亡。110巡警找來轄區民警和現場不少游泳愛好者下湖未找到。專業打撈隊到場後開價6000元，並要求先付一半。家屬無奈只能同意。打撈隊從半夜開工，搜索幾個小時沒有找到，不得不放棄。後來家屬在六合東溝請來2名打撈人員，他們不報價先打撈，打撈一個多小時就撈出了屍體。

有律師認為，收取打撈費合法。打撈費是打撈員的正當勞動所得，這在法律上是沒有禁止的，但在價格上，要參考勞動難度、工作時間以及參與人數等多種因素來定。不允許毫無依據地漫天要價。家屬可以自願選擇民間打撈隊，如果家屬與打撈隊員之間的口頭合同未達成一致，家屬和打撈員都可以拒絕。

　　最後，我們再次回到本題上來。有人問：「難道邏輯矛盾之說
也能有效指導訴訟嗎？」非也。兩個「安之」並不構成矛盾。鄧析
並沒有讓得屍者既安之又不安之，也沒有讓贖屍者既安之又不安
之。一方的不急會導致另一方的急；一方的急也會導致另一方的
不急。這是實際生活中常見的事，並不違反邏輯。

「使狗國者從狗門入」

—— 邏輯史話之二

　　弱者面對強者的欺凌，往往有不同的表現。藺相如以死相拚，完璧歸趙，是一種；韓信懷青雲之志，受胯下之辱，能屈能伸，又是一種。這裡要說的一種，又別具光彩。那就是晏子使楚，以理抗爭，以辯才取勝的故事。

　　晏子使楚的故事見於《晏子春秋》，一共有兩篇，故事包括三個情節。

　　第一個情節是：

　　　　晏子使楚。楚人以晏子短，為小門於大門之側而延晏子。晏子不入，曰：「使狗國者從狗門入，今臣使楚，不當從此門入。」儐者更道，從大門入。

　　晏子奉齊王之命出使楚國。楚王存心要侮辱他。由於晏子身材較短，楚人便惡作劇，在大門旁邊開了一個小門，請晏子走小門。堂堂的齊國大使怎能鑽狗洞？面對人身侮辱，晏子對楚國的接待人員說：「只有出使到狗國的使臣才是從狗洞裡進去的，現在我到你們楚國來，不應當走這裡。」楚國的接待人員理屈詞窮，不得不改弦易轍，打開大門讓晏子進去。

第二個情節是：

> 見楚王。王曰：「齊無人耶？使子為使。」晏子對曰：「齊
> 之臨淄三百閭，張袂成陰、揮汗成雨，比肩繼踵而在，何為
> 無人！」王曰：「然則何為使子？」晏子對曰：「齊命使，各有
> 所主，其賢者使使賢王，不肖者使使不肖王。嬰最不肖，故
> 宜使楚矣。」

晏子見到楚王后，楚王傲慢無禮，劈頭發問：「難道齊國沒有
人嗎？竟派你來當使者！」晏子回答說：「我們齊國的都城臨淄有
上萬戶人家，張張袖子就遮住了太陽，揮把汗就如同下雨，人擠
得肩碰肩、腳碰腳，怎麼能說沒人呢？」楚王說：「既然這樣，為
甚麼還派你來當使者呢？」晏子回答說：「齊國派遣使者，有種種
規定。賢能的人被派到賢明的君主那裡去，不肖者被派到不賢明
的君主那裡去。我是最不肖之人，所以很適合派到楚國來。」

第三個情節是：

> 楚王賜晏子酒，酒酣，吏二縛一人詣王。王曰：「縛者曷
> 為者也？」對曰：「齊人也，坐盜。」王視晏子曰：「齊人固善
> 盜乎？」晏子避席對曰：「嬰聞之橘生淮南則為橘，生於淮北
> 則為枳。葉徒相似，其實味不同。所以然者何？水土異也。
> 今民生於齊不盜，入楚則盜，得無楚之水土，使民善盜耶？」
> 王笑曰：「聖人非所與熙也，寡人反取病焉。」

　　楚王宴請晏子。喝到痛快之時，兩個侍從把一個綁着的人帶到楚王面前。楚王問：「綁的甚麼人？」回答説：「齊國人，犯強盜罪。」楚王看着晏子説：「齊人生來就善於做強盜嗎？」晏子離開座位回答説：「我聽説，橘樹種在淮南仍然結橘子，而移種到淮北就變成枳了。只是葉子還相似，果實卻不相同。甚麼道理呢？是由於水土不同。齊國的老百姓生在齊國不做強盜，一到楚國便做強盜，這是不是由於楚國的水土會使百姓善做強盜呢？」楚王笑道：「聖人是不好隨便開玩笑的，我反而被取笑了。」

　　晏子使楚的故事千百年來膾炙人口，令人回味無窮。故事雖然短小，但容量卻很大。它為後人提供了多方面的啟示借鑒作用。「仁者見仁，智者見智。」外交家從中吸取外交的策略、應變的能力；語言學家欣賞其修辭的藝術；政治家、愛國者以此來陶冶自己的浩然正氣和愛國熱情；邏輯工作者最感興趣的當然是發掘其中包含的邏輯道理。應當看到，這個故事之所以精彩，重要的原因是它充分顯示了邏輯的力量。

　　晏子使楚，一波三折，在每一回合的較量中，他精當自如地運用了不同的論辯方式。下面我們逐一來作分析。

　　第一個回合用的是必要條件假言推理：

　　　　只有出使狗國，才會從狗門入，
　　　　我是出使到楚國來的（非出使狗國），
　　　　所以，我不從狗門入。

　　這個推理的大前提是必要條件假言判斷，小前提否定了大前

提的前件，結論否定了後件。從形式上來看，這個推理完全合乎邏輯。從內容上來看，大前提的內容合乎情理，小前提又是真實的。所得結論自有不可抗拒的力量。根據上面這個推理，楚人一定要晏子從狗門入的話，那等於承認楚國是狗國。

在第二個回合中，晏子一開始極盡誇張之能事，形容齊國人很多，故意將楚王那後半句置而不答，實際上為後來的答辯埋下了伏筆。齊國人才既然多，派遣使者必有挑選餘地。當楚王以問話的方式來表示晏子是不合格的使者的意思時，晏子就順理成章地提出齊國派使的對等原則：

> 賢能的人被派到賢明的君主那裡去；
>
> 不肖者被派到不賢明的君主那裡去；
>
> 最不肖之人派到最不賢明的君主那裡去。

這三個判斷可以看成三個充分必要條件的假言判斷。以第三個判斷為大前提，再加上「我是最不肖之人」為小前提，就可推得「我被派到你這最不賢明的君主這裡來了」的結論。

此推理如下：

> 最不肖之人派到最不賢明的君主那裡去，
>
> 我是最不肖之人，
>
> 所以，我被派到最不賢明的君主那裡去了。

你不是說我不合格嗎？我確實不合格，是「最不肖之人」，晏

子這一謙虛不打緊，由於宣佈了齊國派使的對等原則，可將楚王劃到最不賢明的君主那一類中去了。晏子究竟是個「習辯」（擅長辯論）的外交家，他不是赤裸裸地說「我被派到你這最不賢明的君主這兒來了」，而是採用委婉的代用說法，「我很適合派到楚國來」。這一外交用語既不至激怒對方（不好發作），又能使對方領會自己的意思。就這樣，晏子憑藉手中的邏輯武器接連取得兩個回合的勝利。

在第三個回合的較量中，晏子成功地運用了類比。橘生淮南果實仍為甜橘，移植於淮北則變成酸枳，其原因在於水土不同。用這種常識來類推齊人不為盜，入楚則為盜，原因也應該是齊、楚水土不同。晏子使用的這種類比方法有人稱之為比喻論證，簡稱為喻證。

「子非魚，安知魚之樂？」

—— 邏輯史話之三

安徽鳳陽的濠水之濱，有莊子之墓。據說這裡曾是莊子（公元前 369？—前 286？）與惠子遨遊之所。莊子名周，惠子名施，他們都是哲學家，惠子還是邏輯學家。

在濠水的一座橋上，莊子與惠子有過一次爭論，這就是《莊子·秋水》篇中記載的著名的濠上之辯。原文是：

> 莊子與惠子遊於濠梁之上。莊子曰：「儵魚出游從容，是魚之樂也。」惠子曰：「子非魚，安知魚之樂？」莊子曰：「子非我，安知我不知魚之樂？」惠子曰：「我非子，固不知子矣，子固非魚也。子之不知魚之樂，全矣。」莊子曰：「請循其本。子曰汝安知魚樂云者，既已知吾知之而問我，我知之濠上也。」

莊、惠兩人是好朋友，都很博學好辯。一天，他們信步來到濠水的橋樑之上，莊子俯視着水中的魚，頗有感觸地說：「能夠自由自在、從從容容地游來游去，這就是魚的快樂呀！」惠子很不以為然地說：「你又不是魚，怎麼知道魚快樂呢？」

莊子立即反問惠子：「你又不是我，又怎知道我不知道魚的快

樂呢？」

惠子仍不服氣地說：「我不是你，當然不知道你，但是你也不是魚，所以你也不知魚的快樂，道理全在這裡了！」

莊子據理力爭道：「請遵循你立論的根據吧。你說『你怎麼知道魚的快樂』這句話表明你已經知道我了解魚的快樂，又來問我，那麼我告訴你，我是在濠梁之上知道的。」

莊、惠之爭饒有興味，引起了史學、哲學以及邏輯工作者的關注。有揚惠抑莊的，有褒莊貶惠的，也有各打五十大板的，眾說紛紜，莫衷一是。

楊向奎先生在《惠施「歷物之意」及相關諸問題》中，認為「莊子在詭辯，而惠施是在作客觀的分析，任何一個人不能代替別人知與不知，更不要說代替魚」。

這一說法包含如下一個推理：

> 如果任何一個人不能代替別人知與不知，
> 那麼任何一個人更不能代替魚知與不知。

按照亞里士多德的說法，這是一個較多、較少的推理。以這個推理的結論為前提又有如下混合關係三段論：

> 任何一個人不能代替魚知與不知，
> 莊子是人，
> 所以，莊子不能代替魚知與不知。

　　同樣，以「任何一個人不能代替別人知與不知」為前提也有如下一個混合關係三段論：

　　　　任何一個人不能代替別人（莊子）知與不知，

　　　　惠子是人，

　　　　所以，惠子不能代替別人（莊子）知與不知。

　　可見，從「任何一個人不能代替別人知與不知」這個前提出發，既會推出「莊子不能代替魚知與不知」，也會推出「惠子不能代替別人（莊子）知與不知」。

　　假定由之出發的前提是真的，則莊子知魚之樂這件事是假的，但不能說莊子是在詭辯。莊子是不同意這個前提的，相反，惠施卻接受這個前提。他向莊子承認：「我非子，固不知子矣。」緊接着他又來責問莊子，發表「知子」的評論，即「子固非魚，子之不知魚之樂，全矣」，於是陷入了自相矛盾。看來，詭辯的不是莊子，而是惠子。

　　「任何一個人不能代替別人知與不知」這個前提究竟符不符合實際呢？這是可以討論的。

　　郭沫若先生在《名辯思潮的批判》一文中認為：「魚的快樂是可以知道的。當其未受驚擾，悠然出游的時候，應該如莊子所說是快樂的。當其受驚擾而慌忙逃竄，那情形便是反證。因此，根據魚的客觀異態，參證以人的主觀自覺，確是可以判定魚的憂樂。惠子的完全否定是詭辯，莊子的『我知之，濠上也』只是偷巧地把『安』字作為何處解釋，同樣是在玩弄詭辯的遁詞。」

　　筆者很贊同「根據魚的客觀異態，參證以人的主觀自覺，確是可以判定魚的憂樂」的說法。但說惠子的完全否定即為詭辯，這恐怕有點牽強。僅僅指出惠子是作完全否定，不過是指出其觀點錯誤而非邏輯錯誤。說莊子偷巧，玩弄詭辯，這也值得商榷。對「我知之，濠上也」不能從字面上簡單地認為只是回答了個地方，應該理解為他是從濠上體察得來的。

　　正如《莊子集釋》疏中所說：「夫物性不同，水陸殊致，而達其理者體其情，是以濠上彷徨，知魚之適樂；鑒照群品，豈入水哉？」意思是說，莊子所以能知魚之樂，是在濠上推而得之的，用不着跳到水裡去體察魚情！這一解釋合乎莊子的原意。可見把莊子的「我知之，濠上也」說成詭辯的遁詞，是沒有說服力的。

　　現在讓我們回過頭來過細地分析一下對話雙方的邏輯：

　　惠子首先詰難莊子：「你又不是魚，怎麼知道魚的快樂呢？」

　　莊子採取欲擒故縱，以退為進的駁論方法，假定你說的是對的，我不是魚，我不能知道魚快樂，那麼同理，你不是我，你也不應該知道我不了解魚的快樂呀！

　　這一駁，駁得有力。惠子不得不承認「我不是你，當然不知道你」，問題就出在惠子剛剛承認「不知道你」，緊接着又發了「知道你」的評論，說甚麼「你也不是魚，所以你也不知道魚的快樂」，惠子就這樣陷入了自相矛盾的縲絏之中。

　　反過來說，你惠施不是我莊周，你倒知道我不了解魚的快樂，難道我不是魚，我就不能了解魚的快樂嗎？「我知之，濠上也」，莊子進一步回答了他自己是怎樣知道魚的快樂的。正如《莊子集釋》疏中所說：「惠子云『子非魚，安知魚樂』者，足明惠子非莊

子，而知莊子之不知魚也。且子既非我而知我，知我而問我，亦何妨我非魚而知魚，知魚而歎魚？」

綜上所述，各家説法還要數《莊子集釋》的解釋較為恰當。

筆者認為，如果再參證莊子的整個思想體系，那麼，對「我知之，濠上也」就更好理解。

有的史家認為，莊子屬於道家，他發揮了任乎自然的楊朱思想。

關於楊朱的「全性保真」思想，莊子曾以馬作比喻道：馬，蹄可以踐踏霜雪，毛可以抵禦風寒，吃草飲水，舉足跳走，這是馬的真性。

可是出了一位叫作伯樂的，他說他會治馬，於是削馬的蹄，剪馬的毛，在馬蹄上釘上鐵掌，並且為了鉗制馬的調皮，還把馬的兩隻前腿用繩拌着。這麼一來，十匹馬總要死掉二三匹……莊子的比喻，就是從發揮楊朱的思想中，藉以比喻儒、墨的所為都是不必要的，都是和伯樂的會治馬，反給馬以損傷一樣，會使人類散失本然之性。儒、墨各自對當時社會有所作為，使人不能「全性保真」，這是莊子所不贊同的。

莊子喜託寓言以廣其意，有人曾把「怎樣為天下」的話問過他，他便託「無名氏」答覆說，「走吧！你這鄙人，你怎的問這樣的傻話呢？我正在與造物者為伴，正游於無何有之鄉，處於廣大之野，既安適，又愉快，你怎的拿這樣的傻話來搞亂我這愉快的心呢？」

寫到這裡，請讀者比較一下，關於濠水之魚樂的説法與上述思想不是很一致嗎？觸景生情、有感而發，此所謂「我知之，濠上也」。

「白馬非馬」與「楚人『異於』人」

── 邏輯史話之四

　　說「白馬是馬」，就好像說「張三是人」一樣，是清楚明白，準確無誤的。但是中國古代的一個邏輯學家叫公孫龍（約公元前320—前250）的，卻別出心裁地提出一個相反的命題：「白馬非馬」。無論是與他同時代的人也好，還是其後的人也好，知道的，十個中有九個都認為這是十足的詭辯。

　　據說，當時就有人為難過公孫龍。一次，公孫龍騎了匹白馬出關，他只有自身的護照，而沒有白馬的護照。他就大談「白馬非馬」的道理，結果還是徒費唇舌，成為二千多年來「虛言不能奪實」的笑談。根據辯證唯物主義的常識，個別中有一般，一般存在於個別之中，白馬明明是馬，這有甚麼好爭論的呢？但是，問題並非如此簡單。公孫龍提出「白馬非馬」別有深意存焉。孔夫子的六世孫，大名鼎鼎的孔穿，為了駁倒他的主張，曾找上門去辯論，結果被公孫龍駁得「無以應焉」，吃了敗仗。

　　辯論是在趙國平原君家裡進行的。

　　孔穿對公孫龍說：「向來聽說先生道義高尚，早就願為弟子，只是不能同意先生的『白馬不是馬』的學說！請你放棄這個說法，我就請求做你的弟子。」

　　「白馬非馬」是公孫龍成名的最得意的命題，要他放棄，那他

公孫龍也就不成其為公孫龍了。所以公孫龍回答孔穿説：「先生的話錯了。我所以出名，只是由於白馬的學説罷了。現在要我放棄它，就沒有甚麼可教的了。」接着公孫龍又批評了孔穿的求學態度：「想拜人家為師的人，總是因為智力和學術不如人家吧；現在你要我放棄自己的學説，這是先來教我而後才拜我為師。先來教我而後拜我為師，這是錯誤的。」

在前哨戰中，孔穿已經處於下風。公孫龍不愧為一位能言善辯的邏輯學家。他在教訓過孔穿以後，又針對孔穿其人，引經據典地開導。公孫龍説：「況且『白馬非馬』的説法，也是仲尼（孔子）所贊同的。」孔子所贊同的，你孔穿還能不贊同嗎？

公孫龍對孔穿講了一個故事：當年楚王曾經張開繁弱弓，裝上亡歸箭，在雲夢的場圃打獵，把弓弄丟了。隨從們請求去尋找。楚王説：「不用了。楚國人丟了弓，楚國人拾了去，又何必尋找呢？」仲尼聽到了説：「楚王的仁義還沒有做到家。應該説人丟了弓、人拾了去就是了，何必要説楚國呢？」公孫龍評論道：照這樣説，仲尼是把楚人和人區別開來的。人們肯定仲尼把楚人和人區別開來的説法，卻否定我把白馬和馬區別開來的説法，這是錯誤的。

末了，公孫龍又做了總結性的發言：「先生遵奉儒家的學術，卻反對仲尼所贊同的觀點；想要跟我學習，又叫我放棄所要教的東西。這樣，即使有一百個我這樣的，也根本無法做你的老師啊！」孔穿沒法回答。

由此可見，公孫龍的「白馬非馬」之説，與孔子的把楚人與人區分開來一樣，只是把白馬與馬區分開來，並沒有説楚人不是人，

白馬不是馬。

「白馬非馬」這個命題本來是戰國時稷下辯士倪說最先提出的一個命題。倪說的本意是甚麼,後人已無從查考。

公孫龍是在其著作《白馬論》中全面論述該命題的。

《白馬論》從概念的內涵、外延兩方面揭示了「白馬」與「馬」的差別。《白馬論》指出「馬」只揭示了馬形的內涵,「白馬」不僅有馬之形的內涵,而且還有白之色的內涵。一切馬固然皆有色,但「馬」的顏色是不確定的,而「白馬」「黃馬」的色則是確定的。因此,公孫龍揭示了「馬」與「白馬」的不同內涵,前者「不取其色」,後者「取其色」。

從外延上來看,公孫龍指出,你要得到一匹馬,給你牽一匹黃馬或黑馬都可以算數;但是你要得到一匹白馬,那就不能用黃、黑馬來頂數。「馬」是包括了黃、黑馬的,而「白馬」卻不包括黃、黑馬。用現在的邏輯術語來說,「馬」是屬概念,「白馬」「黃馬」「黑馬」都是種概念。「白馬非馬」命題區分了「馬」與「白馬」的外延是不等的。

大家知道,同一律的公式是:A是A。A可以用任何一個概念代入。用「白馬」代A,則得「白馬是白馬」。「白馬是白馬」命題是遵守同一律的。在這個命題中,「白馬」這個概念與自身保持了同一性。該命題同語反覆,但這種同語反覆正是思想保持確定性的必要條件。「白馬」就是「白馬」,你不能說它是「白馬」以外的概念,「白馬」概念不是「非白馬」概念。既然「白馬」概念與「馬」概念是兩個不相同的概念,我們就只能說「白馬非馬」(「白馬」概念不是「馬」概念),而不能說「白馬是馬」(「白馬」概念是「馬」概念)。

　　在講到客觀事物的時候，公孫龍總是說楚人異於人，白馬異於馬，他從來沒有講過白馬這類事物不屬於馬這類事物。當問題一涉及名詞時，他才使用「非」，說「白馬非馬」。因此，我們把公孫龍的「白馬非馬」看成同一律在概念方面的運用，或許更合乎公孫龍的原意。

　　「白馬是白馬」與「白馬是馬」，這兩個命題都是正確的。前者是同一律在概念方面的運用，而後者則表現了個別與一般之間的辯證關係的萌芽。「白馬是白馬」或者說「白馬不是非白馬」是邏輯思維的初級階段，而「白馬是馬」則是邏輯思維的更高階段。

韓非的「矛盾之説」

── 邏輯史話之五

戰國時期的韓非，是一位高明的應用邏輯專家。他那個關於自相矛盾的寓言故事，在我國家喻戶曉，老幼皆知。兩千年來，人們千百次引用這個故事，但是幾乎沒有人細緻地而不是粗疏地、準確地而不是籠統地揭示出其中包含的邏輯原理。20世紀70年代末，我國邏輯學工作者以現代邏輯為工具來整理韓非的「矛盾之説」，取得了可喜的成果。

這個故事出自《韓非子·難一》篇：

> 楚人有鬻盾與矛者，譽之曰：「吾盾之堅，莫能陷也。」又譽其矛曰：「吾矛之利，於物無不陷也。」或曰：「以子之矛陷子之盾何如？」其人弗能應也。

楚國有個賣兵器的人，一會誇口説：「我的盾堅固得沒有任何東西能破壞它。」接着又誇他的矛説：「我的矛鋭利得沒有甚麼東西不能被它破壞。」有人問：「用你的矛來刺你的盾會怎樣呢？」這個吹牛皮的人無言以對。

在《難勢》篇中，韓非又一次講述了上述寓言故事。在《難一》篇中，韓非也評論説：「以為不可陷之盾，與無不陷之矛，為名不

可兩立也。」

　　韓非還兩次明確地把與譽矛又譽盾相類似的對立說法，以及不可同世而立的兩件事情，稱為「矛盾之說」。

　　我國治中國史的學者，習慣把韓非的「矛盾之說」中的兩句話看作是具有矛盾關係的判斷：（一）這盾不是可以被扎透的；（二）這盾是可以被扎透的；（三）這矛不是可以扎透任何東西的；（四）這矛是可以扎透任何東西的。

　　熟悉傳統邏輯的人都知道，（一）與（二）、（三）與（四）都是標準的互相矛盾的判斷。問題是這四個判斷都是性質判斷（直言判斷），把楚人的兩句話整理成性質判斷有點削足適履的味道。

　　「吾盾之堅，莫能陷也」的本意是說：我的盾不能被任何東西所破壞，即我的盾與任何東西之間有「不能破壞」這種關係。

　　「吾矛之利，於物無不陷也」的本意是：我的矛能破壞任何東西，即我的矛與任何東西之間有「能破壞」的關係。

　　可見，楚人的話中矛與盾之間的關係不是性質判斷所反映的類與類之間的包含與被包含關係。楚人的兩句話是兩個關係判斷。有一本邏輯教科書把楚人的話整理成「任何東西都破壞不了我的堅實的盾」和「我的銳利的矛能破壞任何東西」是很恰當的。

　　既然楚人的兩句話不是性質判斷，因此以此來判定楚人的兩句話是具有矛盾關係的判斷，從邏輯的角度來看是不嚴格的。

　　天下沒有絕對銳利的東西，天下也不存在絕對不能被破壞的東西。因此，從常識的觀點來看，事實上楚人的兩句話都是假的。但是事實的分析到底不能完全代替邏輯的分析。

　　有人說，楚人的兩句話不能同真，可以同假，因此是一對反

對判斷。也有人認為通過現代邏輯的演算,所謂「矛盾之說」既不矛盾,也不反對,只是在論域中有東西是矛、是盾的條件下,可以說「矛盾之說」是反對的,它蘊含了邏輯矛盾。

　　楚人話中的「物」包括矛和盾,這是題中應有之義,看來沒有人會反對,否則那個旁觀者就不會問賣兵器的人「用你的矛來刺你的盾會怎麼樣呢」?

　　由於旁觀者問得很尖銳,以至賣兵器的人自己也感覺到了不能自圓其說,陷入了窘境。問者和被問者的思維過程如何?寓言沒有交代。我們根據對話提供的前提,整理如下:

　　　　我的矛能破壞任何東西,

　　　　我的盾也是東西,

　　　　所以,我的矛能破壞我的盾。

　　這個混合關係三段論完全符合推理規則,它的結論是必然得出的。

　　　　我的盾不能被任何東西所破壞,

　　　　我的矛也是東西,

　　　　所以,我的盾不能被我的矛所破壞。

　　這個結論同樣是必然得出的。由於「破壞」這個關係詞是反對稱的,因此,根據第一個混合關係三段論的結論「我的矛能破壞我的盾」為前提,可以推出「我的盾能被我的矛所破壞」。請注意這

個關係判斷與第三個混合關係三段論的結論包含矛盾，即「我的盾能被我的矛所破壞」與「我的盾不能被我的矛所破壞」包含矛盾。

至此，我們可以說，楚人的兩句話是蘊含了一個矛盾。但這並不等於說楚人的兩句話本身就是具有矛盾關係的判斷。

這裡要大家注意的是關係判斷的量項（詞）。任何一個關係判斷都有量項，同性質判斷一樣，分為單稱、特稱與全稱三種。楚人的兩個關係判斷，其關係項的量項都是全稱的。

把握關係項的量項對於準確把握關係判斷的意義有密切的聯繫。楚人的那兩句話隱藏着一個矛盾，這兩句話可以同時是假的，而不能同時是真的。但是這兩句話所蘊含着的兩句話：

> 我的某一枝矛能刺穿我的某一把盾。
> 我的某一枝矛不能刺穿我的某一把盾。

這卻是不同真也不同假的，其中有一真也有一假。

「木與夜孰長？」

看了本文標題，你一定感到很奇怪。木頭是木頭，夜晚是夜晚，兩者是毫不相干的事物，怎能比短論長？這個怪問題是甚麼時候提出來的？我們的前人又是怎樣解答的呢？在回答這兩個問題之前，我們先來回顧一下，人類是怎樣來計量時間的。

平常，我們看一下鐘錶，便知道當時是幾點鐘，但是，這個時間概念又是哪裡來的呢？在南京的紫金山天文台，天文工作者每天夜晚都要「守時」。所謂「守時」，就是用精密的天文儀器來測量恆星的位置，然後通過一系列的計算來確定時間，時間一確定，當即校正走時高度精確的石英鐘或原子鐘（原子鐘一天只差百萬分之一秒）。

「守時」工作完成後，天文台每天都在一定時間內，通過無線電廣播把時間準確地播送出去，這叫「播時」。中央人民廣播電台又根據天文台的「播時」，來校正自己的鐘。然後向全國報出 24 個整點時間，這叫「報時」。

我們每天都可以根據收音機裡發出的廣播員的報告「剛才最後一響……」來校正自己的鐘錶。現在我們日常使用的手錶，以石英電子手錶最為現代化，走時也最為精確。它由於採用穩定的石英晶體振蕩頻率為時間基準，走時精度就比機械表的精度高幾十

倍。大家知道，在石英電子手錶誕生之前，人們是通過擺鐘來計時的。擺鐘發明於 17 世紀，其精確度就遠不如石英鐘了。

比擺鐘更原始一點的機械鐘不是用擺或擺輪，而是用許多重錘來拉動的。再追溯到古代，人們使用水鐘或火鐘。

水鐘就是銅壺滴漏。在一個銅壺裡面豎一根有刻度的箭桿，並裝滿水，水從壺底的小孔裡一滴一滴漏出來，水面降低，箭桿的刻度就表示過了多少時間。這是較為簡單的漏壺。

所謂火鐘就是燃香。點燃一支香以後，看看燒掉多少，就大致知道是甚麼時候了。我們的古人在使用火鐘時不是以「小時」來計量時間，而是一支香、兩支香。水鐘也好，火鐘也好，比起近現代的鐘錶來，其精確度是差多了。

人類的測時工具，最為原始的要算是影鐘了。影鐘有兩種，一是土圭，二是日晷。在有太陽時，拿一根木桿或竹竿直立在地上，早晨及黃昏它的影子很長，正午影子最短；上午的影子偏西，下午的影子偏東。古人就是根據影子的長短和方向來掌握大致的時間。

日晷是由土圭發展而來的。日晷由晷針和晷盤組成。晷針直插在晷盤中心。晷盤上有 24 等分的刻度，針影落在哪一個刻度上，便知道是甚麼時間。古埃及人用的日晷，是用有刻度的木條來代替上面所說的晷盤。看一看木條上的影子便能說出上午第幾個時辰到了。看來，木頭的長短與時間的長短還真能比較一番呢！

現在，我們可以回答「木與夜孰長」這個問題了。

木頭與夜晚，這是兩個不同類的事物。不同類的量，不能比較。你不能簡單地說某根木頭比某個夜晚長，或者某個夜晚比某

根木頭短。但是在特定的條件下，把木頭等物當作計時的工具時，情形就不一樣了。

　　土圭、日晷、火鐘、水鐘、重錘拉的機械鐘、擺鐘、石英鐘、分子鐘、原子鐘，以至恆星的位置，它們是各不相同的東西，可以說是異類，但是在計時這一點上，它們又構成了「鐘錶類」。不但相互間都可以比短論長，而且都可以用來計量「日」或「夜」的長短。

　　在一天之內，各種植物開花的時刻是很不相同的。大多數植物都在白天、黎明或傍晚開花，少部分在夜間開花。雖然我國植被廣泛，南北溫差、時差較大，各地同種同屬的植物開花時刻大有差異，但就同一地區而言，這種差異基本上還是不大的。如：蛇麻花約在清晨 3 點開放；牽牛花約在 4 點開放；而薔薇開在 5 點左右；蒲公英、龍葵花開在 6 點左右；荷花開在 8 點左右；草杜鵑開在 10 點左右；而馬齒莧花竟在 12 點前後開在烈日下；茉莉花約在 17 點開放；煙草花約在 18 點開放；而夜來香在 20 點左右開放；曇花卻要在 21 點前後開放。有人就是根據觀察當地草杜鵑花開花的時刻通知午餐，煙草花開時通知「收工」，從不誤時。

　　更有趣的是，18 世紀的瑞典植物學家林奈，把各種花種在一起成為一個花圃，這些花分別在一天 24 小時開花。人們在這個花圃中觀賞的同時，根據甚麼花開放了就知道大約是幾點鐘了。林奈的這個花圃與上面那些鐘錶，材料完全不同，但是在計時這一點上，你能說這位「花時鐘」不是地地道道、名副其實的鐘錶類的成員嗎？

　　辯證唯物主義的常識告訴我們，時間是以物質在空間的運動

來度量的，離開物質在空間的運動，就沒有時間的度量可言。同樣，空間也是以物質在時間中的運動來度量的。平常我們是用尺來測量空間距離，但是在宏觀和微觀世界中，則是根據特定的物質的運動。例如，測定宇宙間天體相互距離的單位是光年（光在真空中的速度是每秒 30 萬公里，光運行一年的行程叫光年）。對普通長度的精微測量以及對微觀世界內極小長度的測定，則是用電磁波（包括光波、X 射線等）以及其他基本粒子的物質波的運動來測定。

時空的測量告訴我們，異類可比，而且時空的測量非異類不比。

為甚麼說「異類」可比呢？兩個事物究竟是同類還是異類？這是相對不同條件而言的。「萬物畢同畢異」，世界統一於物質，這可以說是萬物畢同。世界上又找不到完全相同的兩片樹葉子，任何兩個東西都總有差異，這便是萬物畢異。兩個事物，就其相同點來說構成同類，就其不同點來說構成異類。一個事物有許許多多屬性，根據不同的屬性可以把同一個事物歸屬到不同的類別中去。例如，白馬，可以根據其馬形，將其歸入馬類，又可根據其顏色之白，將其與白石、白玉、白雪歸為白色的一類東西。所以，一個事物，以其某一屬性與其他事物構成某類，又以其相異的其他屬性與其他事物構成異類。

在人類的認識史上，當着人類向着自然的深度和廣度進軍時，許多本來毫不相干的東西，一旦發現它們之間有某種共同屬性時，它們便一變異類而為同類，於是「異類不比」就轉化成同類可比。

「異類不比」是兩千多年前提出來的一個古老命題。「木與夜孰長」是以問句方式對這個命題作出例解。

中國古代的墨家主張「異類不比，說在量」。墨家舉例說：「木與夜孰長？智與粟孰多？爵、親、行、賈，四者孰貴？麋與霍孰高？麋與霍孰霍？蚓與瑟孰瑟？」墨經的意思是說，異類的量不能比較。木頭與夜晚是不同類的事物，木頭的長短屬於空間概念，而夜晚的長短屬於時間概念，不可比較；智慧與粟，前者屬於精神，後者屬於物質，也不能說二者之間屬多屬少；爵位的輕重、親屬的親疏、德行的高下、價格的貴賤，四者屬於不同的類，也不好相提並論；……蚓解作蟬，蟬聲與瑟聲都很悲淒，一屬於昆蟲，一屬於樂器，你能說哪個悲於哪個嗎？

墨家指出，異類的量不能簡單相比，這是對的，但是墨家沒有進一步闡述不同類的兩個物，有可能發現某一屬性相同，因而在某一方面又成為同類事物，這是他們的局限性。

「黃白雜」之劍
—— 邏輯史話之七

《呂氏春秋·別類》篇中記載着這樣一件軼事：

> 相劍者曰：「白所以為堅也，黃所以為牣也，黃白雜則堅且牣，良劍也！」難者曰：「白所以為不牣也，黃所以為不堅也，黃白雜則不堅且不牣也。又柔則錈，堅則折；劍折且錈，焉得為利劍？」

研究一下上面的對話，是頗有意思的。你看，相劍者（鑒定寶劍的人）的經驗之談是：「白（錫）是用來使劍堅硬啊，黃（銅）是用來使劍柔韌啊，黃白相摻雜就既堅硬又柔韌，是好劍啊。」而為難他的人卻又推出了截然相反的結論：「白是用來使劍不柔韌啊，黃是用來使劍不堅硬啊，黃白相摻雜就既不堅硬又不柔韌啊。而且，柔韌就會捲曲，堅硬就會斷折，劍既會斷折又會捲曲，怎麼能稱為利劍呢？」

一個說「黃白雜」的結果是堅和韌兩種優點結合在一起，就成為好劍；另一個說「黃白雜」則是「不堅」與「不韌」兩種缺點的拼湊，因而得到的是劣劍。

兩種說法，誰是誰非，能不能提出一個邏輯標準來鑒別一

下呢？

　　讓我們考查一下《呂氏春秋》的作者是怎樣來評論的。

　　這個故事引自《似順論》，作者以「似順」名篇，點出一篇之旨在於主張對事物應該作具體分辨。「物多類，然而不然」，即是說，事物多相類似，有的情況，看來是對的而實際是錯的。

　　為說明這個觀點，《似順論》篇以一系列的常識作例證。草類中有一種叫莘，有一種叫藟，單獨吃就會毒殺人，合在一起吃就能治好病。受蠍類毒蟲咬傷敷上藟這種毒藥就可以解毒。漆是液體，水是液體，摻和這兩種液體就變硬，受潮濕就變乾。銅性柔軟，錫性柔軟，融合二者就成為堅硬的金屬，用火燒煉它就化為液體。有的受潮而變乾，有的則用火燒而化作液體。

　　作者認為，物類性能本不相同，怎麼能用類推的辦法去掌握呢？這是說，物類本不必同，不能從莘、獨食殺人，「合而食之則益壽」，就推出凡草類獨食殺人的，合而食之都能益壽。受蟲蛇毒，藟能起到以毒攻毒的作用，但不能以此類推所有的毒都能以毒相攻。同理，不能認為凡合兩種液體就能變硬，凡合兩種柔性金屬就變剛。具體的物類有具體的特性，不能一概而論。

　　接着《似順論》篇進一步說明不可以類推知的道理。方形的東西有小有大，但同為方形，因而是同類；小馬與大馬，形體雖有大小之別，也屬同類；小智與大智與同屬智，但與大智不同類（大智知人所不知，見一隅則以三隅反，而小智聞十，裁通其一，故不可以為類）。這三個例子是說有的類推是可以的，有的則不可以。甚麼情況下可類推，甚麼情況下不能類推，作者並沒有告訴我們，作者只是用常識說明了以類推知是或然的。如果不懂得這種或然

性，固執於某種物類所顯示的特性來推知一切，就會鬧出把治半身不遂的藥加大劑量就可以救活死人一樣的笑話。

既然不能盲目地以類推知，又不能從邏輯上提出一標準來鑒別「黃白雜」的劍是好劍還是壞劍。就出現了你可以說是好的，我卻可以說是壞的，誰都無法通過類推來得到證明的情況。儘管說法各不相同，劍的實質卻不會因此而改變。因此，作者反對主觀臆想，主張以耳聞目見的感性知識來判斷是非，從而達識別「妄說」的目的。這個觀點包含了從實際出發的思想，基本上是正確的。

我們說，實踐是檢驗真理的唯一標準，「黃白雜」的究竟是好劍還是壞劍，試一下不就得了嗎？假如相劍者與難者各自獨立地提出一套相劍經來，那我們說解決的辦法是訴諸實踐，我們對這個軼事的評論到此也就可以結束了。然而不然。問題是為難者反駁了相劍者，而且為難者據以為推的論據又恰恰是從相劍者的前提中推導出來的，這從文意上可看出來。

問題的本身在於，哲學與邏輯是交織在一起的。單從哲學方面來解釋還不能盡如人意。人們之所以會對這個軼事發生興趣並且覺得為難者的話有幾分道理，正是誤以為為難者的話是合乎邏輯的。因此有必要對為難者的反駁作邏輯的分析。

有的文章把上面的對話整理成如下兩個假言聯言推理。

相劍者的推理：

> 如果劍是白的則堅，
> 如果劍是黃的則韌，
> 劍是又白又黃的，

> 故劍是又堅又韌的（是良劍）。

為難者的推理：

> 如果劍是白的則不韌，
> 如果劍是黃的則不堅，
> 今劍是又白又黃的，
> 故劍是不韌不堅的（不是良劍）。

　　根據這兩個推理的論式，誰也不能說服誰，因為他們都合乎推理的規則，因此，只能把他們的前提放在事實的面前進行檢驗，只有大前提合乎事實，結論才可能是正確的。這樣解釋似乎仍可商討。

　　首先，問題在於為難者的假言前提是從相劍者的假言前提中引申出來的。仔細考察便會發現，這樣引申有問題。

　　相劍者的兩個假言前提是充分條件假言判斷。這表明白是堅的充分條件，而不是必要條件，因此推不出「劍是白的則不韌」，同理，由「黃的則韌」推不出「黃的不堅」。由此看來，為難者的反駁是不合邏輯的。

　　其次，兩個推理的第二個前提「劍是又白又黃的」，其中的「白」與「黃」已不是原來意義上的白與黃，即與假言前提中的白與黃是不相同的。「黃白雜」就是黃白雜，指的是錫和銅的合金，並非錫與銅的混合物。因此，這兩個論式的第二個前提並沒有肯定假言前提的前件，這兩個論式根本不是假言聯言推理，換句話說，

前提與結論沒有必然聯繫。

　　依筆者愚見，相劍者不過是提出了三個經驗命題，第一是白錫能使劍堅（劍白為堅），第二是黃銅能使劍韌（劍黃為韌），第三是用錫銅合金鑄劍則是又堅又韌的好劍（黃白雜為好劍）。前兩個命題與後一命題之間不存在推導關係。「黃白雜則堅且韌」，是個經驗命題，其真假只能由實踐來檢驗。總而言之，為難者的非難是不合理的。

王充抨擊「文摯不死」之說

—— 邏輯史話之八

　　下面是古代儒家著作中的一個故事：齊王得了頭痛病，派人到宋國請來名醫文摯為他治病。文摯看過病情，便私下對太子說：「大王的病，一定能好。但是大王的病一好，我就要掉腦袋。」太子問：「為甚麼？」文摯回答說：「不激怒大王，頭痛病就好不了。要是大王發怒，遷怒於我，我必死無疑。」太子向文摯連連磕頭，苦苦哀求說：「如果治好了大王的毛病，我與王后一定會在大王面前以死相爭，為你開脫，大王必定會聽我母親的話。希望你不要有顧慮。」文摯回答說：「好吧！那就捨生為王吧。」

　　他與太子約定，一連三次都不去診病，齊王被氣得發暈。文摯終於來了。可是他鞋也不脫，肆無忌憚地邁步上床，一腳踩在衣服上。齊王氣得一句話也不說。文摯一面診脈，一面火上加油，挖空心思說氣話。齊王怒不可遏，大喝一聲，坐了起來，頭疼病即刻消失了。

　　為了解恨，齊王下令，將文摯活活地煮死。太子與王后急忙上前說情，無奈齊王不聽。可憐文摯被拋入盛滿沸湯的大鼎中，煮了三天三夜。真也怪，文摯顏色不改，一似生前。更奇怪的是，文摯居然開口了：「如果你一定要我死，那麼為甚麼不把蓋子蓋上，以便隔絕陰陽之氣呢？」齊王下令加上蓋，於是文摯才死去。

據說，文摯是道人，入水不濕，入火不焦，所以在滾湯中煮了三天三夜，連顏色都不會改變。

這的確是一個頗為生動的法術故事。東漢時，社會上口口相傳，人人知曉。王充卻認為，這完全是胡說八道。他在《論衡・道虛》篇中抨擊說：「夫文摯而烹三日三夜，顏色不變，為一覆之故，絕氣而死，非得道之驗也。」接着，他指出這個故事有五虛。

「諸生息之物，氣絕則死。死之物，烹之輒爛。致生息之物密器之中，覆蓋其口，漆塗其隙，中外氣隔，息不得泄，有頃死也。如置湯鑊之中，亦輒爛矣。」因此，有氣息的文摯，「烹之不死，非也」。故事說，文摯非死且能言，「言則以聲，聲以呼吸。呼吸之動，因血氣之發。血氣之發，附於骨肉。骨肉之物，烹之輒死。今言烹之不死，一虛也。」

「既能烹煮不死，此真人也，與金石同。金石雖覆蓋，與不覆蓋者無以異也。今言文摯覆之則死，二虛也。」

「置人寒水之中，無湯火之熱，鼻中口內不通於外，斯須之頃，氣絕而死矣。寒水沉人，尚不得生，況在沸湯之中，有猛火之烈呼？言其入湯不死，三虛也。」

「人沒水中，口不見於外，言音不揚。烹文摯之時，身必沒於鼎中。沒則口不見，口不見則言不揚。文摯之言，四虛也。」

「烹輒死之人，三日三夜顏色不變，癡愚之人，尚知怪之。使齊王無知，太子群臣宜見其奇。奇怪文摯，則請出尊寵敬事，從之問道。今言三日三夜，無臣子請出之言，五虛也。」

王充是東漢前期最富於獨立思考的唯物論哲學家，進步思想家。他對儒家學說在各方面的唯心表現，進行全面批評。在《論衡》

一書中，他總結了漢代自然科學的成果，用鮮明生動、明確易懂的文字語言，來表達科學的事實，反對盛行的迷信讖緯學說。他抓住上面這個具有代表性的宣傳法術的荒誕故事，嫻熟地運用形式邏輯的駁論方法，層層批駁，讀來令人痛快淋漓。

下面我們逐個來分析王充揭露「五虛」所運用的推理方式。

第一虛是通過運用兩個連鎖推理來揭露的。

> 文摯乃有生命之物，氣息不通，又被火煮，
> 凡有生命之物氣絕則死，
> 所以，今凡死物一煮則爛，
> 文摯會爛（當然會死）。

這個結論與故事上說的文摯有呼吸，烹而死相矛盾，以真推假，所以故事說文摯烹而不死是假的。接着又運用一個連鎖推理駁斥文摯煮了三天三夜尚能開口。

> 說話靠聲音，
> 發聲靠呼吸，
> 呼吸靠血氣運行，
> 血氣運行靠骨肉，
> 骨肉一煮就死，
> 文摯是骨肉，又被煮了，
> 所以，文摯不會開口。

　　連鎖推理在中國古代，稱為連珠體。它珠珠相連，環環相扣，一氣呵成，有高山大河不可阻擋之氣勢。

　　在揭露第二虛時，王充欲擒故縱，假定文藝真的烹煮不死，有法術和金石相同，由此可推出蓋與不蓋都一樣不死，與故事説蓋一蓋就死相矛盾。

　　在揭露第三虛時，王充運用了一種在日常生活中大量運用，而在現今的邏輯課本中找不到的推理形式。請看下式：

　　　　如果冷水淹沒了人，人不能活，
　　　　那麼，在沸水中，下有猛火加熱，人更不能活。

　　這種推理形式在亞里士多德的著作中可以找到。亞里士多德舉過類似的例子：

　　　　如果神不是全知的，
　　　　那麼人更不是全知的。

　　亞里士多德解釋説，關於兩個對象所説的是相同的東西，如果它不屬於那個較可能具有它的對象，則它也不會屬於那個較少可能具有它的對象；如果它屬於那個較少可能具有它的對象，則它也屬於那個較可能具有它的對象。亞里士多德把這種推理稱為根據較多、較少的推理。

　　第四虛基本上是以日常經驗直接駁斥故事所説文藝之口沒於水能言的謊言。

　　王充在指出第五虛時，用了歸謬推理。假定文摯煮了三天三夜真的顏色不變，那麼白癡、蠢人都會覺得奇怪，但故事說沒人覺得奇怪，豈不矛盾？因此，說三天三夜不變是假的。在運用歸謬推理過程中，又運用了上面講過的較多、較少的推理。連白癡、蠢人都覺得奇怪，正常人不會奇怪嗎？齊王、太子及大臣的智力水平理當在白癡、蠢人之上。

　　王充在剝筍錘釘地批駁之後，解釋了這個虛假故事的由來。他認為，或許是由於當時的人聽說文摯實際上是被活活煮死了，根據他是個道人，就杜撰附會出烹而不死的故事。正好像黃帝實際死了，卻傳言升天；淮南王劉安對抗朝廷，身敗名裂，世人見他留下的道術之書「深冥奇怪」，便傳言他成仙而升天。王充認為，世俗之人有這種傳虛的嗜好，所以文摯的故事會流傳到今天。就我們現在看來，這種解釋還是合乎情理的。

半費之訟

—— 邏輯史話之九

　　普羅塔歌拉斯（約公元前 481—前 411 年）是古希臘智者派的開創者。智者派並非是一個固定的集團派別。所謂智者都是當時的一批職業教師，他們以雅典為中心周遊於希臘各邦，向人們傳道、授業、解惑。講授的內容有辯論、修辭、邏輯等等。他們還教人怎樣具有美德，成為一個良好公民，以及怎樣具有能言善辯的本領，在政治活動中出人頭地。通過講授，他們向學生收取一定的學費。

　　詭辯術在今天是一個臭名昭著的名稱。但是在歷史上一開始它並不具有貶義。它的前身就是智者們傳授的論辯術。

　　拿普羅塔哥拉斯的著名命題「人是萬物的尺度」來說，命題本身並不包含矛盾，可是對它的解釋卻會導致矛盾。客觀唯心主義者柏拉圖曾舉例說明它的意義：譬如颳同樣的風，有的人覺得冷，有的人覺得不冷，或者有的人稍微覺得有點冷，有的人則覺得很冷。這就是說，風對於每一個人顯現出一個不同的樣子。柏拉圖認為，普氏把事物對他的「顯現」與他的「感覺」當成了一回事。

　　的確，這個命題誇大了個人的主觀作用，把感覺的相對性誇大成絕對的。因此，從這個命題可以推出任何構成矛盾的正反判斷都是真的。這就否定了客觀真理，從相對主義走向了唯心主義。

　　本來，智者派在早期反對唯心主義和貴族奴隸主思想家的自然論的鬥爭中，有一定的進步意義。但是由於他們在論辯中不講職業道德，有意識地採取不正當的論辯方法，玩弄邏輯，大搞文字遊戲，以至獲得詭辯派的「好名聲」。

　　古希臘著名的「半費之訟」就是與普羅塔哥拉斯的名字連在一起的。

　　有一個叫歐提勒士的人，向普羅塔哥拉斯學法律。兩人訂下合同：學生先付一半學費，另一半學費待畢業以後，歐提勒士第一次出庭打贏官司時付清。但是歐氏畢業後遲遲不出庭打官司。老先生收費心切，就向法庭提出訴訟，並提出下面這個二難推理：

　　　　如果歐氏這次官司打勝，那麼按照合同，他應付給我另一半學費，

　　　　如果歐氏這次官司打敗，那麼按照法庭判決，他也應付我另一半學費，

　　　　這次官司歐氏或者打勝，或者打敗，

　　　　所以，他總應付我另一半學費。　　　　　　　　　　(1)

　　良師出高徒。老先生沒料到親自傳授的詭辯術，被學生第一次出庭就用來對付自己。歐氏針對普氏的二難推理，提出一個相反的二難推理：

　　　　如果我這次官司打勝，那麼按照法庭判決，我不應付普氏另一半學費，

　　如果我這次官司打敗，那麼按照合同，我也不應付普氏
另一半學費，

　　這場官司或者打勝，或者打敗，

　　所以，我不應付普氏另一半學費。　　　　　　　　　(2)

　　據說，這場官司當場就難倒了法官，無法作出判決。我們應
該怎樣來評論這場官司呢？

　　首先，我們應該肯定，為了擺脫普氏提出的二難推理所造成
的困難，歐氏依葫蘆畫瓢，構造出一個相反的二難推理，不失為
一種破斥方式。

　　一般來說，二難推理在實際應用中，形式方面的錯誤比較少
見，其錯誤往往表現於前提內容的虛假。因此，傳統邏輯破二難
推理的方法除了指出形式錯誤外，不外這樣三種。一是指出假言
前提不真，二是指出選言前提不窮盡，三是構造相反的二難推理。

　　從形式方面來看，師徒兩人的二難推理似乎也有可以指摘的
地方，但詳加考察則不然。

　　根據二難推理複雜式的規則，普氏的二難推理的結論應為選
言判斷，如下式：

　　　如果歐氏這次官司打勝，那麼按照合同他應付給我另一
半學費，

　　　如果歐氏這次官司打敗，那麼按照法庭判決他也應付我
另一半學費，

　　　這次官司歐氏或者打勝，或者打敗，

　　　　所以，或者（按照合同他應付我另一半學費），或者（按
　照法庭判決他也應付我另一半學費）。　　　　　　　　　　（3）

　　根據真值表，結論（3）與結論（1）的真值情況完全相同，可
以用（1）來取代（3）。因此從推理形式上來看，普氏本人作出的
二難推理也是正確的。同理，歐氏的二難推理從形式上看也是正
確的。
　　有人把普氏的二難推理的假言前提加以改寫，整個式子成為：

　　　　如果歐氏打勝並且按照合同，他應付給我另一半學費，
　　　　如果歐氏打敗並且按照法庭判決，他也應付我另一
　學費，
　　　　歐氏或者打勝，或者打敗，
　　　　所以，他總應付我另一半學費。

　　這個式子的假言前件是聯言判斷。一個聯言判斷為真時，它
的各個聯言支都得為真。現在選言前提各支只肯定了聯言判斷中
的一支，因此，從推理形式上看，其結論並不是必然得出的。但
是由於前提是經過改寫的，而這樣改寫不符合普氏的本意，我們
就不必加以討論了。
　　話說回來，普氏與歐氏的結論，即（1）與（2），構成矛盾，他
們各自又都是從自己的前提中必然得出的，這說明，推理的前提
有問題。
　　師徒兩人所訂的合同是含糊的。當歐氏第一次替別人打官

司，打贏了得付老師另一半學費，打輸了則不應付，這都不會發生問題。本來，徒弟尚未出庭，師徒兩人也不存在執行合同的問題。現在，老師挑起了爭端，在他們兩人之間打起官司來，問題就來了。有的邏輯教科書認為，既然兩個人為了執行合同而發生糾紛，向法庭提出訴訟，就只能服從法庭的判決，而不再根據合同處理。筆者很贊同這樣的分析。以此為根據，可以判定普氏的二難推理的錯誤在於第一個假言前提是假的。

這個假言前提的後件是一個聯言判斷（這與有人把前件改寫為聯言判斷大不相同）。一個聯言判斷，當它的所有聯言支為真時，整個聯言判斷為真。但是我們前面已經指出，打勝了只能按照法庭判決，即不付，而不應按照合同行事，因此，該聯言判斷的第一個聯言支是假的，並且整個聯言判斷也是假的。由於該假言判斷的前件為真，而後件為假，因而，該假言判斷為假。

普氏的錯誤在於採取了兩個標準：按照合同和法庭判決。他在不同的情況下採用不同的有利於己的標準。歐氏如法炮製，構造出一個反二難推理，實質上是用特殊的方法來指出普氏有一前提是假的，他雖然駁斥了普氏，但他的二難推理本身也有一個前提是假的，即第一個假言判斷是假的。理由與普氏的第一個假言前提為假相同。

阿基里斯追不上烏龜嗎？

—— 邏輯史話之十

烏龜爬行，兔子迅跑，要問哪個跑得快，那是三尺孩童都可以回答你的。

為了諷誡驕傲自滿的人，有則寓言故事特意安排兔子呼呼一覺，使它輸給奮力爬行的烏龜。看來，兔快龜慢，就連寓言也從這一點出發講的。

人與龜賽跑，哪個快？還用問嗎？

但是古希臘有一位叫芝諾的人，偏偏語出驚人地說，如果讓烏龜先走一段路的話，那就讓阿基里斯來追龜也是永遠追不上的。阿基里斯何等樣人？據說他就像《水滸傳》裡的戴宗一樣很善於奔走。

是芝諾置常識於不顧而大放厥詞，還是別有深意？向來的哲學書、邏輯書以及科普讀物都是肯定前者而否定後者，都是異口同聲地把芝諾說成反對運動的荒唐人物。

筆者認為問題亦非如此簡單。芝諾究竟是一位雄辯的哲學家、數學家，請看他是怎樣論證阿基里斯追不上烏龜的。

芝諾說，當阿基里斯向前追的時候，烏龜也開始向同一方向爬行，當阿基里斯到達烏龜的出發點時，龜已經向前爬行了一段，當他追到烏龜的新的出發點時，龜又已經向前爬行了一段，依此

類推，以至無窮。

　　阿基里斯竟然永遠追不上龜，這真是天大的荒唐。與芝諾同時代的人明知這說法與事實不符，卻說不出個所以然來。芝諾的推論是完全合乎形式邏輯的。問題出在哪裡呢？這就是本文所要深究的。

　　據說當時有一個叫第歐根尼的人，是個久居木桶、足不出戶的隱士哲學家。他聽到芝諾的說法時，一反常態，爬出大桶，一語不發地走來走去，用行動來駁斥芝諾的觀點。他的一個學生見此便心滿意足，不料老師拿起手杖就要打他。第歐根尼怪他的學生頭腦過於簡單。他認為，芝諾既然提出了理由來為自己辯護，你就應該用道理去駁他，簡單地用行動來駁斥是無助於這個理論問題的解決的。

　　上面這件軼事被德國古典哲學家、辯證法大師黑格爾收集在《哲學史講演錄》裡。對此，列寧也極為讚賞地說：「不壞！」問題不在於是否感覺到了運動，而在於是否理解了運動，用甚麼概念來表示運動。芝諾思考的正是用甚麼概念來表達運動的問題。在今天，運動在概念上如何表述，這已是常識問題。機械運動是怎麼實現的呢？運動物體在某一個瞬間，既在某一點，又不在某一點。運動是連續性和間斷性的統一。表達運動需要「連續」與「間斷」這樣兩個時空概念。

　　儘管烏龜可以以越來越小的距離走在阿基里斯的前面，但是這有個限度。無窮多個越來越小的分數相加，其總和有一個具體限度，數學上叫它做極限。

　　烏龜領先的極限在哪裡呢？這可以計算出來。我們假定阿基

里斯的速度是烏龜 10 倍，烏龜領先阿基里斯 1/10 公里，而阿基里斯與烏龜同時朝同一方向行進。當阿基里斯走完 1/10 公里時，烏龜在前面又走了 1/100 公里；當阿基里斯再走完 1/100 公里時，烏龜又走完 1/1000 公里；當阿基里斯再走完這段距離時，烏龜又領先 1/10000 公里，這個過程無窮地延續下去，但是它又可以收縮起來，請看下式：

$$1/10+1/100+1/1000+1/10000+\cdots\cdots=0.\dot{1}=0.1111\cdots\cdots=1/9$$

　　烏龜領先的單位距離盡可以無窮小地延續下去，但其總和為 1/9。就是說烏龜領先的距離不會超過 1/9 公里，而阿基里斯也就在 1/9 公里的地方，可以超過烏龜。

　　在芝諾那個時代，人們對時空沒有辯證的認識。當時有兩種時空觀，一種認為時空無限可分，一種認為並非無限可分，而是存在最小不可分單位。兩種觀點之間展開激烈的辯論，誰是誰非，沒有定論。芝諾提出了四個悖論，是以當時的兩種時空觀為前提的。這四個悖論是：（一）二分法（運動物體永遠不能到達終點）；（二）阿基里斯追烏龜；（三）飛矢不動；（四）運動場（二倍等於一半）。前兩個悖論以時空無限可分並且有限時間通過無窮點是不可能的為前提，後兩個悖論以時空存在最小不可分單位並且無長度為前提。究竟哪個前提符合實際呢？芝諾比同時代人高出一籌，他以兩種時空觀為前提，進行嚴密的推理，結果是無論哪種前提都必然地導致矛盾。

　　以阿基里斯追龜為例，該悖論大前提是時空無限可分並且有限時間通過無窮點是不可能的。如果說阿基里斯能夠追上烏龜，那麼與上述前提相違背；如果說阿基里斯追不上烏龜，這顯然與實際不符。總之，不管說追得上追不上都陷入矛盾。悖論就是這樣一種特殊的邏輯矛盾：如果說某一命題是真的，又會推出它是假的；如果說該命題是假的，又會推出它是真的。芝諾悖論的形式不完全，它只說了一半。

　　由於芝諾悖論的推導過程是合乎邏輯的，而所得結論又陷入矛盾，不管芝諾的主觀願望如何，它都在客觀上給人啟示，各執一端的兩種時空觀都是片面的。

　　在哲學史上，黑格爾第一次揭示了時空的辯證性質。我們不能遺忘芝諾的功績，更不能重複第歐要尼的學生所犯的錯誤。

伽利略落體運動推理是非辯

—— 邏輯史話之十一

　　古希臘的亞里士多德被馬克思稱為古代最博學之士。亞里士多德說過：「如果神不是全知的，那麼人更不是全知的。」亞里士多德去世以後，他的這一遺訓旋即被許多人忘記了。

　　亞里士多德曾認為，人的神經是在心臟裡匯合的。後來解剖學家邀請宣揚這個觀點的經院哲學家參觀人體解剖，讓他們親眼看到了人的神經是在大腦裡匯合的。但經院哲學家卻對解剖學家說：「我看到了這一切。但是，假如在亞里士多德的著作裡沒有與此不同的說法，即神經是往心臟裡匯合的，那我一定會承認神經在大腦裡匯合的真理。」在經院哲學家看來，亞氏的話句句是真理，即使被實踐推翻了也是不能違背的。

　　其實，亞里士多德的錯誤論斷又何止一例。只是由於千百年來，迷信權威的思想統治着不少人的頭腦，從未加以懷疑而已。

　　就拿落體運動來說，這位古代的力學權威曾斷言：「快慢與其重量成正比。」也就是說，重的要比輕的落得快些。其後 1800 多年來，人們都是這樣說，這樣想的。

　　到了 16 世紀，公元 1548 年，布魯日這個地方誕生了一位著名的力學家，名字叫西蒙・斯台文。這人自學成才，直到 35 歲才進了盧萬大學。隨後任會計員和軍事工程師，後來做到拿騷的莫

理司公爵的技術顧問，晚年任荷蘭的軍需長一直到死。公元1586年斯台文出版了一本論力學的著作，內容包括有好幾件重要的研究成果，他做了一項實驗，否定了亞里士多德的重物比輕物墜落得快的見解。斯台文寫道（讀者可參見英國斯蒂芬‧F. 梅森的《自然科學史》中譯本）：「反對亞里士多德的實驗是這樣的：讓我們拿兩隻鉛球，其中一隻比另一隻重十倍，把它們從三十尺的高度同時丟下來，落在一塊木板或者甚麼可以發出清晰響聲的東西上面，那麼，我們會看出輕鉛球並不需要比重鉛球十倍的時間，而是同時落到木板上，因此它們發出的聲音聽上去就像是一個聲音一樣。」斯蒂芬‧F. 梅森認為斯台文的這一實驗曾經被人錯誤地說成是伽利略（1564—1642）做的。大家都聽說過伽利略在比薩斜塔做過落體運動的實驗。至於斯台文與伽利略孰先孰後，有無淵源關係，這並非本文所關心的問題。

　　亞里士多德的論斷被實驗所推翻，這是鐵一樣的事實，無人否認。斯台文破壞有功，但無建樹，所以不大為世人所知。工匠和工程師往往能夠發展科學方法和新的實驗，但鮮有能發展新的理論體系者。在力學上提出新理論的是那些對工藝傳統感覺興趣，並且反對舊學術傳統的那些學者。伽利略正是推翻古代力學和建立近代力學的代表人物。

　　為了找出物體在引力下墜落時的實際情況，伽利略作了一項實驗來測量光滑金屬球沿傾斜平面滾過一定距離所需要的時間。這是因為物體在引力下的自由墜落太快了，沒法直接觀察，所以伽利略就「沖淡引力」，設計了傾斜平面的方法，使他的金屬球在引力下墜落時速度可以測量。實驗的結果是，他發現一切物體不

論輕重都以同樣的時間經過同樣距離墜落，距離同墜落時間的平方成正比，或者換一種説法，落體速度隨時間均勻地增加。

據説，促使伽利略去做上述實驗的原因，是伽利略用了一個十分簡單的推論，推出了亞里士多德論斷中包含的矛盾。

本來，亞里士多德的論斷簡而言之是四個字：重快輕慢。清楚明白，何來矛盾之有？一個論斷可以是假的，但假的論斷不一定是矛盾的。

且看伽利略是如何推論的？

伽利略問道，如果把一件重的東西和一件輕的東西束在一起，從高處拋下來，那將會是甚麼情形？按照亞里士多德的觀點，墜落的時間可以是兩個物體各自墜落時間的平均數，也可以是一個具有兩個物體重量總和的物體從同一高度落下來的時間。「這兩個結果的互不兼容」，伽利略寫道，「證明亞里士多德錯了」。

假如這互不兼容的兩個結果確實是從亞里士多德的論斷中合乎邏輯地推論出來的，那麼，就從邏輯上推翻了亞里士多德的論斷。

問題是，伽利略引入了一個假定，輕重不同的兩個物體「束在一起」，這「束在一起」的物體，究竟是一個物體呢，還是兩個物體？再則，伽利略運用反證法時事先引入了一個平均數原理，這個平均數的原理能成立嗎？形式邏輯的同一律要求思想有確定性，一個思想前後必須保持一貫。

「束在一起」的兩個物體，推論者把它看作是一個物體呢？還是看作兩個物體？這是兩種不同的思想，不能混為一談。把本來不相同的兩個思想看作相同的，這是違反同一律的。

如果推論者把它看作一個物體，那它始終是一個物體，其墜落時間只能是輕重物體重量的總和的物體從同一高度落下來的時間。

如果推論者把它看作兩個物體，那麼墜落時間就只能取其平均值。二者必居其一。形式邏輯的同一律不允許把同樣的對象一會當成一個物體，一會又當成兩個物體。伽利略的推論的出發點並沒有遵守同一律。

為了更清楚地說明這一點，我們不妨舉出一個「束在一起」的特例。在一整塊鋼板上劃一虛線，三分之二的一塊，用 A 來表示，三分之一的一塊用 B 來表示，我們把這塊鋼板從相同的高度上墜落兩次，你說會有不同的時間嗎？再則，輕重物體束在一起，其下落速度取各自速度的平均數，這個原理既不是從亞氏那裡引來的，也未經過證明的，是一種巧詞。其實，自由下落的物體是失重的，不可能相互影響。因此，伽利略的推論，亞里士多德泉下有知，他大概會說：我對此是不負責任的。

伽利略是有功績的，他建立的落體運動的公式是符合客觀實際的。大概也正因為如此，數學家、物理學家都不會去過多地挑剔他的推理。但是，對邏輯工作者來說，不能不對它加以認真的考察。

伽利略的推理似乎是很有說服力的，但有說服力並不等於有證明力。筆者曾將本文觀點寫成論文求教於邏輯界專家、學者，贊成者有之，反對者亦有之。我相信：真理會越辯越明的。

福爾摩斯「知識簡表」的啟示

—— 談談邏輯教師的知識修養

有一道邏輯練習題，不僅考住了許多學生，也難倒了不少邏輯教師。這道題目要求用矛盾律或排中律來回答。題目如下：

有人向一家種子公司寫了一封信，信上寫道：「請寄一些無籽西瓜的種子來。」為此，甲、乙、丙三人議論開來。

甲：「簡直是無稽之談，無籽西瓜怎麼會有種子？認為無籽西瓜有種子，就是認為無籽西瓜有籽，這在邏輯上是自相矛盾的。」

乙：「凡是植物都有種子，西瓜是植物，西瓜肯定有種子；無籽西瓜是西瓜，所以無籽西瓜也有種子。這是邏輯推理的結論。但是，如甲所說，無籽西瓜有種子又是邏輯不通，無籽西瓜一顆籽也沒有，事實上是沒有種子的。所以，邏輯和事實是兩回事。」

丙：「無籽西瓜當然有種子，這是不存在甚麼邏輯矛盾的。如果從無籽西瓜中直接取得種子當然不可能，但是可以通過別的途徑取得無籽西瓜的種子。認為無籽西瓜沒有種子，在邏輯上才是不可設想的。」

請問：甲、乙、丙三人誰說得對？為甚麼？

拿過題目粗粗一看，各自說得都很在理，誰是誰非不易回答。對邏輯教師來說，分析三人對話中的邏輯關係，倒不是難事。讓我先來簡要分析各人的觀點。甲主張無籽西瓜沒有種子，乙主張

邏輯上有而事實上無，丙則主張有。甲與丙各執一端，針尖對麥芒，乙持兩可之說，是個騎牆派。由於甲與丙的說法構成邏輯矛盾，根據矛盾律和排中律，其中必有一假，也必有一真。邏輯的力量僅此而已，究竟真理歸屬於誰，它在本題中無能為力。

再來看看甲為甚麼主張「無籽西瓜無種子」。他先把「無籽西瓜有種子」這個命題解釋成「無籽西瓜有籽」，然後進行歸謬反駁，否定有種子的命題，從而反證「無籽西瓜無種子」。甲的說法能否成立，看來關鍵在於「無籽西瓜有種子」與「無籽西瓜有籽」等否劃等號。也就是說，甲的解釋是否遵守同一律，兩命題是否同一。這個答案只能靠事實來提供，邏輯毫無辦法。

乙表面上是持兩可之說，實際上偏向甲。他以無籽西瓜無籽作為事實論據直接論證「無籽西瓜無種子」。甲、乙兩人的說法都隱含了這樣一個思想，不可能從別的途徑得到種子。

丙正好相反，他認為可以從別的途徑得到種子，「無籽西瓜無籽」不等於「無籽西瓜無種子」。很明顯，要判明兩個命題是否同一，甲的解釋是否遵守同一律，還得請「知識老人」來做最後仲裁。

下面我把結論性意見簡要述說一下：生物學知識告訴我們，由於無籽西瓜無籽，所以直接從中取得種子是不可能的，但是可以通過雜交的辦法得到的種子。丙的說法是正確的。甲的說法之所以錯誤，是因為他把「無籽西瓜無籽」與「無籽西瓜無種子」這兩個不同的命題等同起來了，違反了同一律。乙同意甲的解釋，因而乙也是不對的。他從「凡是植物都有種子」這個真實的大前提出發，運用一個復合三段論推理，並且遵守推理規則，因此這個「邏輯推理的結論」是符合實際的。這裡邏輯與事實相統一。解畢。

　　本題的解答有其特殊性。單有邏輯知識無濟於事，現代的「知識老人」比「亞里士多德」更權威。有了無籽西瓜的常識，問題就迎刃而解。

　　由此，可悟出一個道理，邏輯教師的知識修養非常重要。如果我們有了知識上的盲點，對有關問題的解答就會心中無數，任憑甲、乙、丙在腦子裡跑馬而無所適從。相反，具備了相關常識，就能去偽存真，擇其善者而從之，剔去不善者而棄之，從事實與邏輯、內容與形式的結合上予以完滿的回答。因此，要解答好本題，邏輯教師最好能事先掌握無籽西瓜的繁殖知識。

　　在普通西瓜的體細胞中，染色體都是成雙成對的二倍體。細胞成熟後都要進行減數分裂，每對染色體都一分為二，然後重新合二為一，兩兩配對進行授精。這樣長出的西瓜都是有籽的，並且代代相傳。採用噴射水仙素藥水的辦法可使二倍體的細胞變成四倍體，然後再把四倍體與二倍體進行雜交，減數分裂的結果得到了含有三倍體的西瓜種子。由於三倍體在減數分裂後是單數，不能授精形成正常配子，所以西瓜無籽，不能代代相傳。要繁殖，得重新通過雜交，得到含有三倍體的西瓜種子。一般人要種無籽西瓜得向種子公司購買，是正常的，並非無稽之談。如果我們粗知上述常識，就能清晰明白地解題。既講了邏輯，又講了常識。否則，「以其昏昏」，不可能「使人昭昭」。

　　邏輯習題一般有這樣兩類：一類是單靠邏輯知識來回答的；另一類是應用題，要具備常識才能正確解答。

　　邏輯是一門基礎課，工具課。它必須為其他學科服務。邏輯教學中有很多應用題，都涉及各科知識。邏輯教學以傳授邏輯知

識為主，用過多的各科知識淹沒邏輯知識，那是喧賓奪主，捨本逐末。能把滲透傳日常生活和各科知識中的邏輯問題講活講透，這樣的邏輯課一定引人入勝。內容與形式既不能一鍋煮，又不能油水分離，分得清，合得攏，才能相得益彰。誰都可能碰上自己空白的知識領域，那就臨陣磨槍，臨時抱佛腳吧。查查《辭海》，翻翻參考書，請教一下行家。最好的辦法是主動出擊，努力提高自己的知識修養。

作為一個邏輯教師，應該具備哪些方面的知識修養呢？英國作家柯南·道爾在《血字的研究》中為主人公大偵探福爾摩斯開了一張富有啟發性的「知識簡表」，值得借鑒。

福爾摩斯的知識範圍涉及 12 項，簡述如下：

他的文學、哲學、天文知識等於零；政治學知識淺薄；植物學知識不全面，但對於莨蓿製劑和鴉片知之甚詳。關於煙灰，他能辨識 140 多種；地質學知識偏於實用，但也有限，他能一看辨出不同的土質；化學知識精深；解剖學知識準確；驚險文學涉獵廣泛；提琴拉得很好；善使棍棒，也精於刀劍拳術；關於英國法律具有充分實用的知識。

讀過英國作家柯南道爾探案小說的人都知道，福爾摩斯非凡的探案成就與其特異的知識結構密切相關。王通訊、雷禎孝在《試論人才的知識結構》中評論說，在今天看來，福爾摩斯由於受到當時科學水平的限制，其知識構成遠非最佳結構，但是它有如下 6 點重要啟示：

第一，要實現某種功能，必須有相應的某種知識結構才

行。結構不同，功能也會不同。

第二，單有一門知識是不夠的，必須有多門知識。知識面要廣，然後是圍繞某種目標的廣。

第三，在這多門知識中，哪些知識應該充分掌握，哪些知識應該達到精深的程度，哪些知識需要泛覽，哪些知識只要略知則可等等，以實現功能的需要為準。

第四，這些知識不像倉庫中堆積起來的混和物，而是按一定結構組織起來的化合物。

第五，與實現這些功能無關的知識甚至可以不要。

第六，這些知識並不全是為了工作，有一部分也用於豐富自己的生活，例如拉提琴。

我很贊成王通訊、雷禎孝兩位人才專家對福爾摩斯「知識簡表」的評判。我以為，一個人的知識結構與其成就一般來說是成正比的。愛因斯坦攀登上理論物理學的高峰之前，也因知識結構欠缺而走了一段彎路。他在大學學習期間，忽視了數學學習，常常請同學幫他記筆記以應付學業。當他後來向廣義相對論進軍時，卻苦於沒有非歐幾何這件基本的武器。於是，他掉轉馬頭，吃回頭草，用了七年功夫補上這一課。

一個形式邏輯教師的最佳知識結構該是怎樣的呢？試作探討如下：一個優秀的形式邏輯教師要一專多能。

首要的是專。專，顧名思義，是要精通形式邏輯知識。不但要精，而且要準確。如果連邏輯教科書都編寫錯了，還能指望教給學生甚麼呢？在我的邏輯教學和科研見聞當中，就有過「以其昏

昏」而不能「使人昭昭」的事。

多能，就是「知識面要廣，然後是圍繞某種目標的廣」。我國古代的學者很贊成文史相通。今天，我們不但要文史相通，更要文理相通。著名語言學家趙元任說過：「要做一個哲學家，須讀哲學以外的書。」大凡有成就的教學工作者，他們的專業知識必定是精通的，而知識面也必定是廣博的。「談山海經」在上海人口中往往是貶義詞。既然在生活中，既然在百科知識中都有邏輯，對一個邏輯教師來說，不妨多懂點山海經，多談點山海經。我們不妨在談天說地中輕輕鬆鬆地聊聊邏輯奧秘。給學生一杯水，自己得備有一桶水，厚積才能薄發。

在邏輯的各門類中，首先，要懂點現代邏輯。要懂點數理邏輯中的基礎知識，即命題邏輯和謂詞邏輯。能演算更好。倘能熟練運用謂詞邏輯來準確表述任何語詞和語句，那他一定躋身頂尖的形式邏輯教師之列。

其次，要懂點中外邏輯史。

形式邏輯與哲學、語言學、數學都有親緣關係。一個形式邏輯教師要有哲學的基本知識，這無須多言。語法、修辭、邏輯同為文理科的工具學科。學一點語言邏輯，再學一點修辭邏輯都很有必要。數學修養好的教師，解答邏輯問題肯定高人一籌。

著名的數學家德摩根說過，對於數學家和邏輯學家來說，邏輯和數學是兩隻眼睛，許多人往往睜着一隻眼睛，而閉上一隻眼睛，他們偏信一隻眼睛比兩隻眼睛看得更好，但實際上，兩隻眼睛當然比一隻看得更好。

如果我們把邏輯知識看作一隻眼睛，而把與所研究的問題有

關的知識看作另一隻眼睛，同時發揮兩隻眼睛的作用，我們無論解答甚麼邏輯問題，一定能像庖丁解牛一樣做到得心應手，「霍霍乎游刃有餘」。

最後，我要說再添上寫作能力和口才吧。辯論是孕育邏輯學的溫床。邏輯教學的特殊性更要求邏輯教師具有嚴謹準確而又妙筆生花的寫作能力和辯才無礙善講故事的演講能力。妙筆生花是有助於講活邏輯知識。善講故事可以改變邏輯的刻板面孔。我獲悉，形式邏輯已成為不少高校的金牌課程，也湧現出一批口吐蓮花的金牌教授。我相信，他們無一不是一專多能的高手。

以上建議，亦用以自勉。讀者諸君，不知當否？

繁 體 版 後 記

為寫繁體版後記，我諮詢了我的老師復旦大學出版社原總編輯高若海先生。他説了一句：「你還是與香港讀者有緣。」所言甚是，在繁體版後記中我就該講這話。

有緣，遲早都會來的。與香港讀者交文字緣，有 30 多年了。上世紀 80 年代末到 90 年代，我在香港佛教《內明》等雜誌發表好幾篇關於印度佛教因明（辯論術、邏輯、認識論三合一的學問）的論文。遠在印度加爾各答的華僑佛教總會會長悟謙法師讀過後還專門請我去交流。其實在此前，我與著名法學家倪正茂先生合撰的通俗邏輯著作《邏輯與智慧》在 1985 年於湖南人民出版社出版。素不相識的香港邏輯學家黃展驥先生率先來函稱讚拙著為「國內同類著作中最好的一本」。《澳門日報》全文轉載著名雜文家公今度（生前曾任復旦大學新聞學院院長）發表於《新民晚報》的書評《學邏輯，長智慧》。台灣警官學校還把它當作學邏輯的參考教材。

古語云：「口之於味，有同嗜焉。」港澳台讀者對我的鼓勵成為我繼續寫作「趣味邏輯縱橫談」的動力。本人的專集和修訂本在上海人民、北京大學和復旦大學出版社相繼出版。90 年代台灣搶先出過一個繁體版（原計劃分上中下三冊），因故只出了上冊。

　　現在這個繁體版有三個長處。一是文字較乾淨，寫作和校對
的差錯最少；二是題目最多，盡力填補形式邏輯內容方面的空缺；
三是適應海外華人讀者閱讀習慣，刪除一些時事實例。

　　本書過去曾以不同書名先後在不同出版社出版。在編撰和出
版過程中，高若海先生提出很多寶貴的修改意見以及作序，沈善
增先生也以他的一篇書評作為序文。此外，我的高中同窗、曾任
北京大學出版社副社長的王春茂編審、復旦大學出版社的孫總編
輯、河北省社科院的徐麟（解成）研究員、我的復旦同事歐陽靖先
生，都曾給予過各種支持和鼓勵。特此表示衷心的感謝。

　　繁體版問世，了卻我多年心願，為之擊節讚賞，並為香港中
和出版有限公司獻上鮮花一束。

鄭偉宏和南

2019 年 6 月 26 日

責任編輯　　張俊峰
書籍設計　　彭若東
排　　版　　高向明　肖　霞
印　　務　　馮政光

書　　名　　趣味邏輯縱橫談

作　　者　　鄭偉宏

出　　版　　香港中和出版有限公司
　　　　　　Hong Kong Open Page Publishing Co., Ltd.
　　　　　　香港北角英皇道 499 號北角工業大廈 18 樓
　　　　　　http://www.hkopenpage.com
　　　　　　http://www.facebook.com/hkopenpage
　　　　　　http://weibo.com/hkopenpage

香港發行　　香港聯合書刊物流有限公司
　　　　　　香港新界大埔汀麗路 36 號 3 字樓

印　　刷　　美雅印刷製本有限公司
　　　　　　香港九龍官塘榮業街 6 號海濱工業大廈 4 字樓

版　　次　　2019 年 7 月香港第 1 版第 1 次印刷

規　　格　　32 開 (140mm×210mm) 480 面

國際書號　　ISBN 978-988-8570-43-0

本書繁體字版由復旦大學出版社有限公司授權本公司在全世界地區出版發行。